Risky Stories – Storytelling strategisch im Risiko-, Krisen- und Fehlermanagement anwenden

Ilka Heinze · Thomas Henschel · Jens Hirt

Risky Stories – Storytelling strategisch im Risiko-, Krisen- und Fehlermanagement anwenden

Ilka Heinze
Fachbereich onlineplus
Hochschule Fresenius
Berlin, Deutschland

Thomas Henschel
Hochschule für Technik und Wirtschaft Berlin
Berlin, Deutschland

Jens Hirt
Hochschulen Fresenius für Wirtschaft &
Medien GmbH
Berlin, Deutschland

ISBN 978-3-658-40309-6   ISBN 978-3-658-40310-2 (eBook)
https://doi.org/10.1007/978-3-658-40310-2

Die Deutsche Nationalbibliothek verzeichnet diese Publikation in der Deutschen Nationalbibliografie; detaillierte bibliografische Daten sind im Internet über http://dnb.d-nb.de abrufbar.

Springer Gabler
© Der/die Herausgeber bzw. der/die Autor(en), exklusiv lizenziert an Springer Fachmedien Wiesbaden GmbH, ein Teil von Springer Nature 2023

Lektorat/Planung: Ann-Kristin Wiegmann
Springer Gabler ist ein Imprint der eingetragenen Gesellschaft Springer Fachmedien Wiesbaden GmbH und ist ein Teil von Springer Nature.
Die Anschrift der Gesellschaft ist: Abraham-Lincoln-Str. 46, 65189 Wiesbaden, Germany

Geleitwort

Die Welt der Unternehmen ist durch eine Vielzahl von Risiken geprägt, die zu Krisen füh-ren können. Gerade in den letzten Jahren wurde deutlich, dass neben unternehmensspezi-fischen Risiken gerade auch Risiken aus dem Umfeld, speziell volkswirtschaftliche und geopolitische Risiken hohe Relevanz haben. Nach der Wirtschafts- und Finanzkrise 2009/2010 folgte 2020 mit der Covid19-Pandemie die nächste Wirtschaftskrise und be-reits 2022 mussten sich die Unternehmen mit einer weiteren komplexen Wirtschaftskrise auseinandersetzen. Die am Ende der Covid19-Pandemie sowieso zu erwartenden Pro-bleme mit Lieferketten und die Inflationskrise wurden verstärkt durch eine Energiekrise, als Folge des russischen Angriffs auf die Ukraine. Wie so oft, ist der Alltag der Ent-scheidungsträger in Unternehmen entscheidend durch Maßnahmen zur Bewältigung von Krisen geprägt, die das Resultat sind von Risiken, mit denen man sich (zu) lange nicht beschäftigt hat. Offensichtlich wäre eine präventive Beschäftigung mit Chancen und Ge-fahren (Risiken) bei einer nicht sicher vorhersehbaren Zukunft grundsätzlich empfehlens-wert. Theorie und empirische Studienlage zeigen entsprechend auch klar, dass bessere Fähigkeiten eines Unternehmens im Umgang mit Unsicherheit helfen, den Unternehmens-erfolg nachhaltig abzusichern und zu steigern. Neben finanzieller Stabilität und einer ro-busten Strategie ist es gerade die Fähigkeit eines Unternehmens im Umgang mit Risiken – mit Chancen und Gefahren – die empirisch belegbar für den Erfolg wichtig ist. Die Früherkennung von Risiken erlaubt eine rechtzeitige Reaktion, was schwere Unter-nehmenskrisen vermeiden hilft. Die Fähigkeit bei unternehmerischen Entscheidungen, z. B. über die Strategie oder Investitionen, die mit solchen immer verbundenen Risiken gegen die erwarteten Erträge abwägen zu können, verbessert das Ertrag-Risiko-Profil und damit den Unternehmenswert.

In Anbetracht dieser klaren wissenschaftlichen Erkenntnisse erscheint es zunächst ver-wunderlich, dass Studien vor allem den kleinen und mittelgroßen Unternehmen (KMU) regelmäßig recht schwach entwickelte Fähigkeiten im Bereich Risikomanagement testie-ren. Dabei lässt sich leicht erkennen, dass schwere Verluste, gescheiterte Investitionen und Akquisitionen darauf zurückzuführen sind, dass damit verbundene Risiken nicht erkannt wurden. Erklären lassen sich die eklatanten Schwächen vieler Unternehmen im Risiko-management am ehesten aus einer psychologischen Perspektive. Aus der psychologischen

Forschung kann man eine ausgeprägte „Risikoblindheit" ableiten, die die Menschen mehr oder weniger stark betrifft. Menschen mögen sich nicht mit Risiken befassen und schätzen Bedeutung bzw. Relevanz von Risiken falsch ein. Und selbst fundierte Risikoanalysen werden bei Entscheidungen oft nicht adäquat berücksichtigt. Der Gesetzgeber hat auf dieses grundlegende Problem in Deutschland damit reagiert, dass zunehmend restriktivere Mindestvorgaben an das Risikomanagement geschaffen wurden. Seit dem Jahr 2020 sind durch den §1 des Gesetzes über den Stabilisierungs- und Restrukturierungsrahmen für Unternehmen – kurz StaRUG – alle Kapitalgesellschaften (einschließlich der mittelständischen GmbHs und Tochtergesellschaften von Konzernen) verpflichtet, schwere Krisen, sogenannte „bestandsgefährdende Entwicklungen" früh zu erkennen. Da sich solche meist aus Kombinationseffekten mehrerer Risiken ergeben, bedeutet dies, dass ein Unternehmen fortlaufend die wesentlichen Risiken identifizieren, quantifizieren und zur Beurteilung der Kombinationseffekte der Risiken und des Gesamtrisikoumfangs eine Risikoaggregation durchführen muss. Trotz der gesetzlichen Vorgaben bestehen in vielen Unternehmen eklatante Wissenslücken beim Umgang mit Risiken und die Umsetzung der neuen gesetzlichen Anforderungen kommt eher schleppend voran.

Vor dem Hintergrund dieser Situation sollte man sich fragen, wie ein schneller Ausbau der Fähigkeiten der Unternehmen im Umgang mit Chancen und Gefahren erreicht werden kann. Wir wissen, wie wichtig diese Fähigkeiten sind – und in der Zukunft werden sie voraussichtlich noch wichtiger werden. Allein auf gesetzlichen Druck und zunehmend persönliche Haftungsrisiken zu setzen, erscheint wenig befriedigend. Wichtig ist offenkundig bei den maßgeblichen Personen – und das ist neben Mitgliedern einer Geschäftsleitung auch die in ihrer täglichen Arbeit mit Risiken befassten Belegschaft – mehr „Risk Awareness" zu schaffen. Man benötigt eine offene Risikokultur, bessere Fähigkeiten im Umgang mit Risiken und adäquate Wege der Wissensvermittlung. Die Praxis zeigt aber, dass die Schaffung von Risk Awareness durchaus nicht einfach ist. Wichtig ist hier ein intelligentes Kommunikationskonzept und „frische Ideen", wie man die zentralen Gedanken einer risikoorientierten Unternehmensführung transportieren kann. Und genau solche frischen Ideen zur Annäherung an das für den Erfolg so wichtige Thema Risikomanagement bietet dieses Buch des Autorenteams von Prof. Dr. Ilka Heinze, Prof. Dr. Thomas Henschel und Dr. Jens Hirt. Es versteht sich auch ausdrücklich als ein „Transportmittel" für wichtige Informationen zum Risikomanagement. Und es nutzt mit dem Weg des Storytelling einen auch in anderen Feldern fruchtbaren Ansatz, der belegbar gut geeignet ist, auch ansonsten vielleicht schwierig vermittelbare Informationen adressatengerecht aufzubereiten. Genau wie wir aus der psychologischen Forschung wissen, dass sich Menschen nicht gerne mit Risiken beschäftigen, wissen wir, dass Menschen „geborene Geschichtenerzähler" sind. Storytelling ermöglicht eine wirksame Form der Kommunikation und ist geeignet, auch schwierige Sachverhalte zu transportieren. Entsprechend gelingt es dem Autorenteam, mit ihrem Ansatz die durchaus oft schwierige fachliche Materie des Risikomanagements in einer neuen für die Schaffung von mehr „Risk Awareness" geeigneten Weise aufzubereiten. Ausgehend von der Erläuterung des grundlegenden Konzepts des Storytelling werden die wichtigsten Felder des Risikomanagements behandelt. Wir lernen über Robustheit von Unternehmen und organisatorische Resilienz. Wir erfahren von den notwendigen Kompetenzen im Krisen- und Risikomanagement und lernen viel über die Methoden für Risikoanalyse, Risikoaggregation, Risikobewältigung und Risikoreporting. Auch auf in der Praxis „kritische" Themen, wie ein adäquates Fehlermanagement und das Erfordernis einer passenden Fehlerkultur, gehen die Autoren ein.

Die Leserinnen und Lesern des Buchs können sich entsprechend auf eine intelligente, nützliche und erfrischende Synthese des Konzepts des Storytelling mit den Inhalten des Risikomanagements freuen.

FutureValue Group AG   Prof. Dr. Wolfgang Gleißner
Leinfelden-Echterdingen, Deutschland
im Oktober 2022

Danksagung

Als Autorenteam möchten wir uns an dieser Stelle ganz besonders für die Unterstützung unserer Illustratorin Maike Mahira Koller bedanken. Sie arbeitet als Illustratorin und Animatorin in Frankfurt am Main und ihr kam die schwierige Aufgabe zu, unsere Vorstellungen in stimmige Bilder zu übersetzen. Dank ihrer Geduld und hohen fachlichen Expertise ist ihr das meisterhaft gelungen! Finden wir. Doch schauen Sie selbst: ihre Beiträge finden Sie in den Abb. 1.1, 2.1, 2.2, 3.4, 3.6, 4.3, 4.4 und 6.1.

Wenn Sie mehr über Maike Mahira Koller und ihre Arbeit erfahren möchten, besuchen Sie doch am besten ihre Website: https://maikekoller.de/

Berlin, im Oktober 2022   Ilka, Thomas & Jens

Inhaltsverzeichnis

Abbildungsverzeichnis

Tabellenverzeichnis

Dieses Buch entsteht mitten in einer Krise – COVID-19 hält die Welt in Atem, nicht nur viele Unternehmen, sondern auch unsere Gesellschaft und die Menschen in diesen Systemen kommen an die Grenzen des Bewältigbaren. Gerade in diesen Zeiten hat ein Berufsbild Hochkonjunktur: das des Risikomanagers. Und das nicht zum ersten Mal – auch im Rahmen der Finanzkrise 2008 konnte dieses Phänomen beobachtet werden, und bereits da wurde adressiert, dass ein Risikomanager neben fachlichen Fähigkeiten vor allem gute Soft Skills benötigt, vor allem Teamfähigkeit, Kommunikationsstärke, Konsequenz, Vorbildfunktion, Empathie/Perspektivenübernahme, Konflikt- und Kompromissfähigkeit und Emotionale Intelligenz genannt (Romeike & Hager, 2009). Diese Kompetenzen werden jedoch in Fachbüchern zum Risikomanagement kaum adressiert. Das vorliegende Buch will diese Lücke schließen, indem es aufzeigt, wie durch die Methode des Storytelling Soft Skills trainiert und angewandt werden können, und zwar ganz spezifisch für den Einsatz im Risikomanagement. Dabei denken wir Risikomanagement etwas weiter, indem wir auch das Krisen- und Fehlermanagement mit einbeziehen. Mit diesem ganzheitlichen Ansatz steuern wir ein Ziel an – das der organisationalen Resilienz. Wir diskutieren also, wie durch ein gutes Ausbalancieren von strukturierten und effizienten Prozessdenken einerseits und kreativen Freiräumen andererseits eine gesunde stabile und gleichzeitig anpassungsfähige Unternehmenswelt entstehen kann. Auf dieser Reise erhalten Sie als Leser:in nicht nur fachlich relevante Informationen, sondern zudem Anregungen, wie Sie erforderliche Veränderungen im Unternehmen geschickt kommunizieren, damit Widerstände verringern und die Umsetzung reibungsloser vorantreiben können.

An dieser Stelle wollen wir auch gleich mit einer Geschichte starten – nämlich der zur Entstehung dieses Buches. Beginnen wir mit Ilka und Thomas, die seit mehr als zehn Jahren zusammenarbeiten, forschen … und leben. In dieser Zeit haben die beiden nicht nur in Deutschland, sondern auch in Großbritannien, Italien, Schweden und Ungarn gelebt und

I. Heinze et al., *Risky Stories – Storytelling strategisch im Risiko-, Krisen- und Fehlermanagement anwenden*, https://doi.org/10.1007/978-3-658-40310-2_1

dort überall Unternehmer:innen, Geschäftsführer:innen, Finanz- und Personalexpert:innen zu deren bedeutendsten unternehmerischen Entscheidungen befragt. Die Antworten, von denen wir am meisten lernen konnten, waren stets Geschichten. Unsere Interviewpartner:innen haben häufig mit Metaphern, Glaubenssätzen und Erlebnissen bei uns Bilder erzeugt, durch die wir nicht nur Fakten besser analysieren und interpretieren konnten, sondern auch auf der emotionalen Ebene ein tieferes Verständnis erlangen konnten.

Und dieses Interesse am Storytelling hat dazu geführt, dass wir begonnen haben, die Methode auch bei unseren Präsentationen und Vorträgen anzuwenden. Dabei waren wir als Laien schnell frustriert – irgendwie wurden unsere Vorträge nie so richtig spannend. Warum? Als Wissenschaftler:innen wollen wir ja Beweise liefern, also Zahlen, Daten und Fakten sprechen lassen. So funktionieren Geschichten aber nicht, es fehlte irgendwie immer an Resonanz. Es hat eine ganze Weile gedauert, bis wir hier die richtige Balance finden konnten, uns in der Welt der sprachlichen Bilder sicherer fühlten und schlussendlich auch unsere Zuhörer:innen von interessanten und motivierenden Beiträgen profitieren konnten.

Dadurch entstand dann auch die Idee für dieses Buch. Um die Geschichten noch reichhaltiger zu präsentieren und auch ein wenig Einblick in die Welt der Medien- und Marketingpsychologie zu bieten, haben wir den Autorenkreis um Jens erweitert – eine ideale Ergänzung, wie wir finden.

Sind wir als Autoren und Story-Experten jetzt am Ziel unserer Reise? Bestimmt nicht, denn unsere Umwelt, unsere Gesellschaft verändert sich, und so verändern sich die Geschichten, die erzählenswert sind bzw. unsere Interpretation dieser Geschichten. Wir lernen immer wieder dazu, finden heraus, was funktioniert und was nicht. Heute laden wir Sie als unsere Leser:innen ein, ein Stück des Weges mit uns zu gehen und für sich selbst herauszufinden, an welchen Zielort Ihre persönliche Reise Sie bringen soll.

Die Struktur des vorliegenden Buchs soll dabei ein „Transportmittel" für Sie sein, damit Sie es etwas bequemer haben. Sie müssen nicht alle Berge erklimmen, tiefe Täler durchschreiten oder sich aus morastigem Grund befreien, sondern Sie suchen sich die für Sie lohnenden Ziele aus. Dabei beginnen wir unseren gemeinsamen Weg in dieser Einführung quasi mit einer Landkarte zum Storytelling. Hier können Sie sehen, in welchen Regionen welche Attraktionen zu finden sind. Danach stimmen wir Sie schon mal auf die „final destination" ein, indem wir das Konzept der organisationalen Resilienz vorstellen.

Sind Sie bereit? Dann geht es los – werfen Sie mit uns einem Blick auf die Methoden-Landkarte.

1.1   Der Weg: Storytelling

Warum begegnet uns die uralte Kunst des Geschichtenerzählens jetzt auch im beruflichen Alltag? Die kurze und prägnante Antwort ist: Weil auch erwachsene Menschen Geschichten lieben. Wir alle sind umgeben von Geschichten, finden sie in Büchern, hören sie im Radio oder in Podcasts, lesen sie im Internet oder schauen sie im Fernsehen, bei Netflix, YouTube oder Amazon. Was ist das Besondere an Geschichten, warum wirken sie so gut?

1.1.1   Wirkung des Storytelling

Dass wir Menschen geborene Geschichtenerzähler sind, lässt sich durch die Hirnforschung auf verschiedene Art erklären. Aus Sicht der Evolutionspsychologie spielt hier die Amygdala, einem zentralen Bestandteil unseres Gehirns, eine wichtige Rolle. Ihre Aufgabe ist es, Situationen emotional zu bewerten, um die Analyse sowie die Wiedererkennung von z. B. furchterregenden Ereignissen zu ermöglichen. Damit die Amygdala diesen Job bewältigen kann, nutzt sie eine Art Filter: sie verknüpft Ereignisse mit Emotionen und speichert diese. Blanke Daten, Zahlen, Fakten und langweilige PowerPoint-Präsentationen stellen nun aber keine Ereignisse dar und lösen an sich auch kaum Emotionen aus. Daher fällt es uns viel schwerer, diese Informationen zu speichern. Wenn allerdings die Amygdala Informationen speichert, sind diese fest in unserer Erinnerung verwurzelt; solche Ereignisse können mitunter sogar körperlich nachempfunden werden. Dann sprechen wir über ein sogenanntes „Körpergedächtnis".

Eine weitere Erklärung liefert der Wissenschaftsjournalist Daniel Goleman. Er beschreibt die Zusammenarbeit von Neocortex als den Gehirnbereich für unser rationales Denken und dem limbischen System für unsere Emotionen als eine meistenteils harmonische Verbindung, die jedoch aus dem Takt gerät, wenn das limbische System Eindrücke und Informationen schneller verarbeitet, als das die Neocortex tut (Goleman, 2006). Und das passiert, wenn wir Geschichten hören. Wir verbinden Worte mit Logik, Gefühle mit sinnlichen Reizen und konstruieren somit ein mentales Bild, welches die Wirkung der Geschichte verstärkt und andauern lässt.

Die Tatsache, dass Emotionen unsere Entscheidungen stärker beeinflussen, ist ebenfalls ein bereits gut erforschtes Phänomen. Der Nobelpreisträger Daniel Kahneman beschreibt mehrere Forschungsstudien, die nachweisen, wie stark z. B. unsere finanziellen Entscheidungen von Emotionen und Intuition getrieben werden (Kahneman, 2011). Wie Emotionen unsere Kaufentscheidungen beeinflussen, zeigt auch eine Studie des in Großbritannien ansässigen Institute of Practitioners in Advertising: die Forscher analysierten die sachlogischen und emotionalen Inhalte von mehr als 1400 Marketing-Kampagnen und stellten dabei fest, dass Werbebotschaften, die auf rein sachlicher Basis beruhen, lediglich zu 16 % erfolgreich waren. Und die auf emotionaler Ansprache beruhenden Werbebotschaften? Die waren mit 31 % fast doppelt so erfolgreich. Und nun schätzen Sie mal den Erfolg von Werbeaktionen, die auf eine Kombination sachlogischer und emotionaler Botschaften setzen. Kurze Denkpause … diese sind zu lediglich 26 % erfolgreich (Dolan, 2017). Ein klares Ergebnis – Emotionen sind unsere stärkste Entscheidungsbasis!

Aber auch unsere Hormone werden durch das Storytelling getriggert. Der Neuroökonom Paul Zak und sein Team haben herausgefunden, dass bei Menschen durch Geschichten das Hormon Oxytocin freigesetzt wird, welches uns Sicherheit und Vertrauen in der aktuellen Situation empfinden lässt. Das Forscherteam konnte nachweisen, dass Menschen in diesen Situationen stärker zur Kooperation bereit waren und auch stärker bereit waren, an Spendenaktionen teilzunehmen (Zak, 2014).

All diese wissenschaftlichen Erkenntnisse zeigen sehr gut, dass Geschichten es schaffen, Logik zu überstimmen und uns unseren Gefühlen folgen zu lassen. So hat die Wissenschaft zur Etablierung von Storytelling in der Unternehmenswelt beigetragen. Damit Sie das Phänomen noch besser verstehen können, schauen wir uns nun gemeinsam an, was wir unter Geschichten verstehen, wie wir diese besser greifen können und welche verschiedenen Arten es gibt.

1.1.2 Der Anlass für das Storytelling

Storytelling ist unsere effektivste und authentischste Form der Kommunikation. Gut gesponnene Geschichten ermöglichen emotionale Verbindungen zwischen uns Menschen. Genau das, was wir in unserer heutigen Geschäftswelt benötigen. Sie müssen eine Präsentation vorbereiten? Beginnen Sie mit einer Geschichte. Sie wollen einen Kollegen auf Ihre Seite bekommen? Erzählen Sie eine Geschichte. Sie wollen den Verkauf nun zum Abschluss bringen oder ein Job-Interview mit einer Einstellungszusage verlassen? Überzeugen Sie mit Ihrer Geschichte. Sie wollen Ihr Risikomanagement fest im Unternehmen verankern? Sie ahnen die Antwort – nutzen Sie Geschichten Ihres und anderer Unternehmen dafür. Aber wie sehen solche Geschichten aus? Wann sind sie erfolgreich?

Der erste Schritt besteht darin, die Methode in Bezug zu einer bestimmten Situation im Unternehmen zu bringen. In unserem Buch wird es dabei stets um die Implementierung oder Verbesserung des Risiko- bzw. Krisenmanagements oder der Fehlerkultur gehen. Für einen leichteren Einstieg greifen wir aber auf ein Beispiel von Gabrielle Dolan auf, mit dem sie den Einsatz von Storytelling bei Australia Post, dem australischen Postunternehmen, beschreibt. Da das traditionelle Briefgeschäft aufgrund der verstärkten Nutzung digitaler Kommunikationswege immer mehr zurückging, hat das Unternehmen im Jahr 2015 eine Umstrukturierung des gesamten Unternehmens in die Wege geleitet. Dem Unternehmen war es dabei wichtig, dass die neu definiten Werte bei allen Mitarbeitern ankommen und von diesen verstanden, akzeptiert und gelebt werden. Dazu wurde ein zweitägiges Storytelling-Event mit dem Namen „Grapevine" veranstaltet, zu gut Deutsch also Buschtrommel, Flurfunk oder Gerüchteküche. Alle Teilnehmer wurden im Vorfeld gebeten, eine persönliche Geschichte zu teilen, die sie selbst mit den Werten von Australia Post in Verbindung bringen. Sind Sie schon neugierig? Bevor mehr erzählen, noch ein Wort zu den verschiedenen Arten von Geschichten.

1.1.3 Arten von Storytelling

Beim Storytelling mit Business-Bezug macht es grundsätzlich Sinn, vier Arten von Geschichten zu unterscheiden: die Tragödie, den Triumph, die Anspannung und die Veränderung. Lassen Sie uns gleich mit den ersten beiden Genres starten. Eine der größten Tragödien, über die viele Geschichten erzählt wurden, ist der Untergang der Titanic. Bestimmt haben Sie mindestens einmal den Film mit Kate Winslet und Leonardo di Caprio in den

Hauptrollen gesehen? Und einer der größten Triumphe für viele Deutsche war der Gewinn der Fußball-Weltmeisterschaft im Jahr 2014. Die Geschichte dazu erzählt Andreas Bourani in seinem Lied „Auf uns", welches mit den Worten beginnt: „Wer friert uns diesen Moment ein. Besser kann es nicht sein". Können Sie sich erinnern, wie Sie sich nach dem Titanic-Film fühlten? Und wie bei Andreas Bouranis Lied? Sicher sehr unterschiedlich.

Eine Tragödie entwickelt sich – wie bei der Titanic – aus einem Unglück. So ein Unglück begegnet uns in verschiedenen Formen – von großen Katastrophen hin zu kleinen, eigentlich trivialen Ereignissen, die Bedauern oder Trauer auslösen. Und häufig sind es die kleineren Tragödien, die uns im Unternehmenskontext als Material für gute Geschichten dienen. Und damit gehen wir zurück zu Gabrielle Dolan und ihren Erfahrungen mit Australia Post: Scott, einer der Teilnehmer des „Grapevine"-Events, beschreibt mit seinem „tragischen" Ereignis, was für ihn Arbeitssicherheit bedeutet. Er erzählt, wie er seiner Frau zu Weihnachten ein Fahrrad schenkt. Seine Frau konnte bis dahin nicht Rad fahren. Nun also der erste Versuch! Alles ging glatt, bis sie eine Kreuzung erreichte und nicht wusste, wie sie lenken sollte. Scott rief aus einiger Entfernung: Dreh den Lenker! Dreh! Dreh! Erst nachdem sie stürzte, erkannte er die Sinnlosigkeit seiner Rufe: sie wusste ja eben nicht, wie sie den Lenker drehen sollte. Scott nutzt diese Geschichte, um zu beschreiben, was er häufig im Unternehmen erlebt: die Arbeitsschutz-Verantwortlichen stellen jede Menge Ausrüstung, Informationen und Anleitungen zur Verfügung und denken dann, nun sind alle sicher, jeder kann auf sich selbst achten. Und das ist genau falsch – anzunehmen, dass jeder weiß, wie die Ausrüstung, die Informationen und Anleitungen einzusetzen sind. Stattdessen sollten die Mitarbeiter mehr gegenseitige Verantwortung übernehmen und die unerfahrenen Kollegen sollten mit einer stützenden Hand vor kleinen und großen Katastrophen geschützt werden.

Ganz anders als die tragischen Geschichten, befassen sich die Triumph-Stories natürlich mit Erfolgen und dem Feiern dieser Erfolge. Dabei ist es wichtig zu wissen, dass bei dieser Art von Geschichten nicht immer der Erzähler als Protagonist im Mittelpunkt stehen sollte. Viel besser wirken solche Geschichten häufig, wenn der Erzähler anderen bei deren Erfolg geholfen hat oder die Beobachtung des Erfolgs andere wichtige Lernerfahrungen ermöglichte. Das hat John Rizzo als Head of Strategy bei Bupa gemacht. Das im Gesundheitssektor tätige Unternehmen ist durch mehrere Akquisitionen stark gewachsen, die Mitarbeiterzahl hatte sich annähernd verdoppelt. In dieser Situation wurde ebenso wie bei Australia Post ein neues Wertesystem entwickelt und die Implementierung mittels eines Storytelling-Events initiiert. Bei diesem Event erzählte John Rizzo die Geschichte seiner Mutter und ihres fünf Jahre andauernden Kampf um die Finanzierung eines „sensory room" für behinderte Kinder. Dabei schilderte er seine Erinnerung an Gespräche beim Abendessen der Familie, die sich über die Zeit von frustrierten Schimpftiraden der Mutter zu einer Erfolgsgeschichte entwickelten. Johns Mutter kämpfte nicht für sich, sondern für andere. Für John war diese Erfahrung ein Beispiel für Leidenschaft und Selbstlosigkeit, zwei der neuen Kernwerte des Unternehmens. Durch das Teilen dieser Geschichte konnte John zeigen, wie stark ihm diese Werte am Herzen liegen und welche positiven Auswirkungen das Leben dieser Werte sowohl für das gesamte Unternehmen als auch für die einzelnen Mitarbeiter haben kann.

So unterschiedlich die tragischen und die triumphalen Geschichten auch sein mögen, eines haben sie gemeinsam – sie sind sehr klar in ihrer Aussage, laut, mit großer Kulisse. Dagegen sehen Geschichten der Genres Anspannung und Veränderung eher bescheiden und leise aus, ich stelle mir da immer ein in Wasserfarben gemaltes Bild vor. Aber auch für diese Art von Geschichten gibt es in unseren Unternehmen die richtige Zeit und den richtigen Ort.

Beginnen wir mit der Anspannung. Solche Geschichten handeln von Konflikten oder Reibungen, oft auf interpersoneller Ebene – weil zwei Menschen einfach „verschieden ticken", oder aber weil Wertvorstellungen nicht überein passen, Verhalten kritisiert werden. Schauen wir doch mal wieder bei der Australia Post vorbei: Jonathan, ein erfahrener Produktmanager, erzählt davon, dass bei einer Urlaubsreise der Familie unterwegs ein Reifen platt war. Jonathan hat über eine Stunde geschwitzt und geflucht, um den Reifen zu wechseln. Mehrere Male hielten Autos an und die Insassen boten ihm Hilfe an. Er lehnte immer ab. Nachdem er endlich das neue Rad montiert hatte und sich zurück ans Steuer setzte, fragte ihn sein achtjähriger Sohn, warum er denn die Hilfsangebote alle abgelehnt hatte. Beim Nachdenken darüber verstand er erst, dass ihn sein Selbstbild und sein Stolz daran hinderten, eine effiziente Lösung für ein Problem zu finden. Er zeigte nun den Mut, diese Geschichte mit seinen Kollegen zu teilen, die daran erkennen können, wie wichtig Demut, Selbstreflektion und Respekt vor den Fähigkeiten und Meinungen anderer Menschen in unserem täglichen Leben ist.

Wieder anders gelagert sind die Geschichten zur Veränderung. Diese haben wesentliche Umstellungen im Fokus und eignen sich besonders dafür, Fähigkeiten wie Mut, Flexibilität oder Resilienz zu adressieren. Bei dieser Art von Geschichten sind tagtägliche Ereignisse weniger gut geeignet, sondern eher die wirklich einschneidenden Veränderungen im privaten oder beruflichen Leben. Aber denken Sie unbedingt daran: nicht die sachlogischen Fakten bleiben in unserer Erinnerung haften, sondern die dabei empfundenen Gefühle. Beziffern Sie nicht den Einkommens- oder Prestigegewinn, den Ihnen Ihr neuer Job gebracht hat, sondern erzählen Sie von Ihrer Leidenschaft, Begeisterung und Freude an Ihrer neuen Arbeit, mit Ihrem neuen Team. Rose von Australia Post hat auf diese Art ihren ersten Job in Australien bekommen. Nach ihrer Zuwanderung aus Irland bewarb sie sich als Rezeptionistin im medizinischen Bereich, ohne entsprechende Kenntnisse in diesem Feld. Als im Job-Interview nach genau diesen medizinischen Kenntnissen gefragt wurde, erzählte sie die Geschichte ihrer Immigration und der damit unter Beweis gestellten Willenskraft und Zielstrebigkeit. Sie argumentierte, dass genau diese Eigenschaften sie dazu befähigen, in Nullkommanichts ein Training für die neue Rolle zu absolvieren. Zwei Wochen später hatte sie den Job!

Nachdem Sie die vier Genres kennengelernt haben, sagen Sie vielleicht: Naja, stimmt schon, nette Geschichten, gute Beispiele, aber bringt das wirklich mehr, als den Mitarbeitern klare Daten, Fakten, Handlungsanleitungen zu geben? Die Frage, ob und wie Storytelling bei Transformationen wirkt, hat sich auch das Management von Australia Post gestellt. Und so wurden die Teilnehmer:innen des „Grapevine"-Events vor dem Beginn gefragt, ob sie sich zutrauen, die Werte des Unternehmens zu erklären. Zu diesem Zeitpunkt bejahten 50 % diese Frage, nach dem Event waren es 97 %. Als kritischer Leser oder kritische Leserin werden Sie nun sicher sagen: „Na gut, aber wie lange hält das an?"

Ein Jahr nach dem Event hat eine Mitarbeiterbefragung gezeigt, dass bei den Mitarbeitern, die an dem Event teilgenommen hatten, das Engagement um 13 %, der Stolz auf den Unternehmenssinn um 19 % und die Verbindung mit den Unternehmenswerten ebenfalls um 13 % höher lag. Außerdem konnte festgestellt werden, dass in Teams, bei denen mindestens ein Mitarbeiter am Event teilgenommen hat, das durchschnittliche Engagement ebenfalls höher war. Also ein deutliches Zeichen, dass die Mitarbeiter nach dem Event ihr Werteverständnis aktiv an ihrem Arbeitsplatz geteilt haben – und genau das war eines der Hauptziele von „Grapevine".

Bevor wir uns gleich dem Prozess beim Storytelling zuwenden, noch ein letzter Hinweis: Häufig glauben Manager:innen, wenn sie zwei, drei Stories auf Lager haben, und die Details bzw. den Kontext je nach Situation anpassen, sind sie gut gerüstet. Aber da ist Ärger vorprogrammiert – wer immer die gleiche Story erzählt, klingt wie eine fehlerhafte Schallplatte und Ihre Zuhörer:innen werden denken: nicht schon wieder …

Sie benötigen also ein ganzes Lager voll guter Geschichten aus allen vier Genres. Später zeigen wir Ihnen noch, wie Sie so ein Lager anlegen können. Jetzt aber erst ein paar Ideen zum strategischen Einsatz Ihrer Stories.

1.1.4   Prozess des Storytelling

Ganz am Anfang des Kapitels ist Ihnen bereits die Metapher der „Landkarte" des Storytelling begegnet, damit meinen wir die Art und Weise, wie wir im Unternehmenskontext Geschichten strategisch einsetzen können.

Gabrielle Dolan empfiehlt eine vierteilige Vorgehensweise, die wir für die Adaption des Storytelling im Risikomanagement gerne aufgreifen.

Die vier Bereiche Skills, Capture, Share und Generate erlauben es uns, das Storytelling strategisch einzusetzen (s. Abb. 1.1). Daher ist es wichtig, diese Bereiche nicht als nacheinander linear ablaufende Prozessschritte zu verstehen, sondern als sich überlappende bzw. auch gleichzeitige Themenbereiche. An dieser Stelle wollen wir nur eine kurze allgemeine Erläuterung der Idee eines solchen strategischen Storytelling geben. In den entsprechenden Teilen des vorliegenden Buches gehen wir dann explizit auf deren Anwendungsmöglichkeiten beim Risiko-, Krisen- und Fehlermanagement ein.

Bevor Sie mit der Implementierung der Methode starten, steht stets die Frage des zu kommunizierenden Business Cases, der Situation im Unternehmen, für die das Storytelling verwendet werden soll. Klassische Beispiele dafür sind die Kommunikation einer neuen Geschäftsstrategie oder einer Change-Initiative. In unserem Fall hängt diese Fragestellung von der spezifischen Situation in Ihrem Unternehmen ab: Wie ist der Entwicklungsstand Ihres Risikomanagements? Gibt es bereits ein standardisiertes Krisenmanagement? Wie wird mit Fehlern umgegangen? Sie finden dazu in den einzelnen Kapiteln Methoden und Anregungen, um das Storytelling auf die jeweiligen Bereiche anwenden zu können. Sollte Ihr Unternehmen bereits den erwünschten Resilienz-Zustand erreicht haben, hilft das Storytelling bei der Erhaltung dieses Zustandes durch ein entsprechendes Wissensmanagement sowie zur Kultur-, Führungs- und Mitarbeiterentwicklung. Auch darauf gehen wir im Verlauf des Buches noch detaillierter ein.

Abb. 1.1 Vorgehen beim Storytelling im Risiko-, Krisen- und Fehlermanagement. (Quelle: Eigene Darstellung)

Ganz egal, auf welcher Entwicklungsstufe Sie Ihr Unternehmen jetzt gerade sehen, am Anfang stehen stets die im Prozess als **Skills** bezeichneten Fähigkeiten und Kompetenzen. Die insbesondere für das Storytelling erforderlichen Kompetenzen beschreiben wir im nächsten Gliederungspunkt. Die insgesamt in Bezug auf das Risiko-, Krisen- und Fehlermanagement erforderlichen Strukturen, Abläufe, Personen und Rollen finden Sie im nächsten Kapitel. Das darauffolgende Kapitel mit der Überschrift **Capture** beschreibt die jeweiligen Grundlagen in den drei Managementbereichen und die Geschichten, die diese Grundlagen illustrieren helfen. Damit sind Sie gerüstet für den **Share**, mit dem wir in die Kommunikation einsteigen und dabei aufzeigen, wie das Storytelling proaktiv und strategisch für diese Zwecke eingesetzt werden kann. Das fünfte Kapitel widmet sich dem **Generate**: wir verstehen darunter die Schaffung organisationaler Resilienz und zeigen dabei anhand einiger bereits geteilter Stories, wie Veränderungssituationen automatisch zur Herausbildung neuer Stories führen. Im unserem Schlusskapitel stellen wir die Vorgehensweise beim Storytelling noch einmal strukturiert in den jeweiligen Story-Archetypen vor und geben praktische Tipps für die Entwicklung Ihres Geschichtenlagers und zur schmackhaften Verwendung der dort bevorrateten Stories – Sie erhalten damit also Zugang zu unserer **Storytelling-Toolbox**.

Klingt zwar alles logisch, aber doch auch recht komplex? Sie zweifeln, ob das wirklich was für Sie ist? Diese Bedenken möchten wir Ihnen im nächsten Abschnitt nehmen.

1.1.5   Fähigkeiten für das Storytelling

Da Sie dieses Buch in der Hand halten oder am Bildschirm aufgerufen haben, vermuten wir jetzt einfach mal, dass Sie – genau wie wir – in Ihrem Berufsleben viel zu viele langweilige PowerPoint-Präsentationen mit endlosen Zahlen, Statistiken und Informationen durchleiden durften. Sie haben die Erfahrung gemacht, dass Ihr Gehirn wie ein durchnässter Schwamm immer schwerer wurde und einfach keine neuen Informationen mehr aufnehmen konnte. Und nun suchen Sie nach einer anderen Lösung. Die gute Nachricht – Sie haben sie gefunden, denn wie bereits erwähnt, wird mit Hilfe von Storytelling unser Gehirn anders erreicht und damit werden bessere Lern- und Entwicklungsergebnisse ermöglicht. Die schlechte Nachricht – die Fähigkeit zum Storytelling ist nicht jedem von uns in die Wiege gelegt und es verlangt Anstrengung, ein wirklich kompetenter Geschichtenerzähler zu werden. Denn Storytelling erfordert Kreativität, die es mit analytisch-methodischer Kompetenz zu verbinden gilt. Mit dem vorliegenden Buch möchten wir Ihnen aufzeigen, wie sich eine solche Verbindung für das Risikomanagement bzw. die organisationale Resilienz erzielen lässt. Für viele unserer Leser und Leserinnen wird sicher gerade der Wunsch nach mehr Kreativität das schlagende Kaufargument gewesen sein. Sie haben schon bemerkt – dieses Buch ist kein Lehrbuch für das Storytelling per se, dennoch hier einige Empfehlungen, die uns selbst beim Erlernen der Methode geholfen haben. Schauen Sie auch in die durch uns benannten Quellen, um weiterführende Informationen und Anregungen zu bekommen.

Veit Etzold und Thomas Ramge zeigen in ihrem Buch zum Equity Storytelling eine Struktur, die wir für die Entwicklung einer einzelnen Geschichte gut empfehlen können. Sie nennen diese Methode Think-Tell-Sell. Damit meinen sie die drei Fähigkeiten,

1. das Potential im Business Case bzw. der Veränderungssituation zu entdecken
2. aus den vorliegenden Fakten eine spannende Geschichte zu entwickeln und
3. die Geschichte Ihrer Zielgruppe überzeugend und authentisch zu erzählen (Etzold & Ramge, 2014).

Zum Einstieg möchten wir Ihnen noch einige kurze Tipps zur Entwicklung Ihrer ersten eigenen Geschichten geben. Aber hier kommt gleich ein Disclaimer – gerade für Neulinge ist es oft hilfreich, eine Idee zu skizzieren und diese dann mit einem erfahrenen Storyteller weiterzuentwickeln. So werden die Geschichten erst richtig „rund", das ist zumindest unsere Erfahrung.

Und hier noch einige Worte zu möglichen Quellen für Ihre Geschichten: Wertschätzen Sie die kleinen alltäglichen Begebenheiten, denn diese liefern häufig die authentischsten Geschichten. Das kann eine besonders freundliche Begegnung in der U-Bahn oder ein besonders kundenorientiertes Verhalten in Ihrem Lieblingsrestaurant sein. So haben wir zum Beispiel eine gemeinsame Erinnerung an eine Frühstückkellnerin in einem Hotel auf Guernsey, die uns jeden Morgen mit einem strahlenden „What can I do for you this morning" begrüßte und uns damit selbst einen besseren Start in den Tag ermöglichte. Solche

eigentlich trivialen Dinge, die es dennoch schaffen, in uns tiefe, andauernde Gefühle auszulösen und sich somit in unserer Erinnerung verankern können, sind genau aufgrund ihrer Alltäglichkeit geeignet, viele Menschen zu erreichen. Nicht jede oder jeder von uns
erlebt das Gefühl, einen Marathon zu vollenden, eine Doktorarbeit zu verteidigen oder
einem Kind zur Welt zu verhelfen. Also können Sie vermutlich mit solchen Geschichten
nur einen Bruchteil Ihrer Zuhörer erreichen. Überlegen Sie also genau, mit welcher Art
von Geschichten Sie die Mehrzahl Ihres Publikums am besten erreichen können. Nicht
immer sind das die schillerndsten oder dramatischsten Geschichten.

Notieren Sie daher kleine Alltagsbegebenheiten, sammeln Sie Geschichten aus Presse,
Funk, TV und sozialen Medien etc. Ich selbst habe dafür immer ein Ideenbuch dabei, andere
bevorzugen vielleicht digitale Lösungen – probieren Sie es aus und finden Sie heraus, was
für Sie am besten funktioniert. Wir hatten ja schon vorhin das „Geschichtenlager" angesprochen, welches Ihnen hilft, das Storytelling auch für kurzfristige Anlässe einsetzen zu können.
Um zum Anlass passende Stories parat zu haben, empfiehlt Gabrielle Dolan folgendes Vorgehen: für Geschichten mit Business-Bezug entwerfen Sie am besten eine Tabelle, in der Sie
alle bisherigen Positionen oder Tätigkeiten eintragen. In jeder dieser Sektionen sollte es jeweils ein Feld für die verschiedenen Arten von Stories (Triumph, Tragödie, Anspannung und
Veränderung) geben. Überlegen Sie nun – eventuell mit Hilfe Ihrer Kollegen – welche Erlebnisse Ihnen in Erinnerung geblieben sind und tragen Sie diese in die entsprechende Kategorie ein. Ähnlich können Sie auch für nicht berufsspezifische Stories vorgehen. Dabei beginnen Ihre Überlegungen mit den Erfahrungen und Erlebnissen in Ihrem Leben, mit Ihrer
Familie, mit Freunden oder Feinden. Tragen Sie diese Geschichten dann ebenfalls in eine
Tabelle mit den Kategorien Triumph, Tragödie, Anspannung und Veränderung ein. Auf diese
Art und Weise haben Sie schnell ein kleines „Geschichtenlager" angelegt und es fällt Ihnen
leicht, neue Erfahrungen in diese Struktur zu integrieren. Damit sind Sie auch für kurzfristige Anlässe gut gerüstet. Wie nützlich ein solches Lager ist, zeigt die folgende kurze Epi-
sode: Sabine, eine befreundete Unternehmerin, ist Expertin für die Entwicklung von Ritua-
len. Vor kurzem sprachen wir über die Veränderungen der Vorweihnachtszeit durch die
Auswirkungen von COVID-19. Ich erzählte davon, wie wichtig der gemeinsame Besuch
eines kleinen, in den Tiefen des Thüringer Waldes versteckten Weihnachtsmarktes für unsere
Familie ist. Sabine hat diese Geschichte notiert, da sie die Emotionen erreichten. Einige
Wochen später erhielt sie einen Anruf vom Radio, um ein Interview zum Thema Adventszeit
ohne Weihnachtsmärkte zu geben. Sie hatte nur zwei Stunden Zeit, sich auf das Interview
vorzubereiten. Die Geschichte vom Waldspaziergang war aus ihrem Lager abrufbar und
damit konnte sie im Interview eine Story erzählen, die die Zuhörer auf der emotionalen
Ebene erreicht hat. Etwas Vor- und Aufbereitung ist natürlich für jeden Anlass noch nötig,
lassen Sie uns darüber als Nächstes sprechen.

Wenn Sie Ihre Geschichte gefunden haben, brauchen Sie einen Spannungsbogen und
Sie müssen Ihre Protagonisten interessant und „farbenfroh" gestalten. Das passiert alles
noch „am grünen Tisch", häufig eine geraume Zeit, bevor Sie Ihre Story das erste Mal einem Publikum präsentieren. Dennoch sollten Sie bei der Entwicklung Ihrer Geschichte
auch immer schon an die geplante Kommunikation, quasi Ihr Podium, denken. Unsere

Erfahrungen haben gezeigt, dass ein paralleles Entwickeln von Inhalt und Vortragsweise die effizienteste Methode ist. Barbara Bosch, Speaker Coach aus Berlin, empfiehlt dazu drei einfache Methoden (Bosch, 2020). Zuerst sollten Sie Ihre Geschichte in eine Dreier-Folge gliedern: Beginn, Hauptteil und Ende. Klingt simpel und irgendwie bekannt, oder? Es handelt sich dabei um die schon vom griechischen Philosophen Aristoteles empfohlene Methode, welche auch heute noch an unseren Schulen gelehrt wird. Mit einem richtig guten Beginn haben Sie von Anfang an Ihr Publikum für sich gewonnen. Für solch einen guten Einstieg sorgt Barbaras nächster Tipp: A-I-R. Die Formel steht für Atmosphäre, Interesse und Relevanz.

Eine angenehme **Atmosphäre** zu schaffen, gilt sowohl für Sie selbst als auch für Ihr Publikum. Durch eine gute, entspannte Standposition, Blickkontakt zum Publikum, ein Lächeln und eine kurze Atempause vor dem Beginn bereiten Sie sowohl sich selbst als auch Ihre Zuhörer auf das Bevorstehende vor. Starten Sie nicht mit unnötigen Floskeln oder überflüssigen Informationen, sondern kommen Sie schnell zum Thema, zum Kern Ihres Anliegens. Stellen Sie sich Ihre Geschichte wie ein Puzzle vor und überlegen Sie, welche Teile benötigt werden, damit sich das Gesamtbild ergibt. Damit erzeugen Sie **Relevanz**. Und wir haben ja bereits beschrieben, dass **Interesse** leichter mit Emotionen anstatt Logik zu erzielen ist. Also achten Sie darauf, dass Emotionen und nicht Fakten im Vordergrund stehen (dann muss die Amygdala Ihrer Zuhörer weniger filtern). So empfiehlt es sich zum Beispiel, Ihren Protagonisten Namen zu geben, das fördert Vertrauen und Empathie.

Die einzelnen Teile Ihrer Story sollten nicht nur miteinander, sondern auch mit dem Zweck bzw. Ziel Ihrer Geschichte verbunden sein. Solche „Brücken" können Sie durch kurze Sätze wie zum Beispiel „ich erzähle Ihnen das, weil …" oder „das erinnert mich daran, was wir hier erreichen wollen" bauen. Mit solchen „Reset"-Signalen leiten Sie auch das Ende Ihrer Story, häufig der wichtigste Bestandteil, ein. Auch dafür hat Barbara Bosch eine Formel parat: Z-A-C, das steht für Zusammenfassen, Anknüpfen an den Anfang und Call to action.

Die eigentliche Geschichte ist dann erzählt, um bei Ihrem Publikum aber das gewünschte Ergebnis zu erzielen, ist noch etwas mehr zu tun. Einen guten Effekt können Sie mit einer kurzen Pause erzielen. Starten Sie dann damit, die wesentlichen Aussagen (Faustformel: nicht mehr als drei) **zusammenzufassen**. Nutzen Sie eine „Brücke", um noch einmal den Anfang bzw. Grund Ihrer Geschichte **anzuknüpfen**, diesen in die Erinnerung Ihres Publikums zurückzurufen. Jetzt sind Ihre Zuhörer informiert, emotional beteiligt – das ist der Moment, um mit einem **„Call to action"** die nächsten Schritte einzuleiten. Auch das kann auf einer emotionalen Ebene passieren, zum Beispiel mit einem Satz wie „stellt Euch vor, was wir erreichen können, wenn wir genau wie Sabine die anscheinend unüberwindbaren Hindernisse Stein für Stein abtragen können".

Damit haben wir unsere Reisevorbereitungen beendet. Das Ticket haben Sie gebucht, als Sie das Buch erworben haben. Koffer und Ausrüstungsgegenstände haben wir in diesem Kapitel zusammengepackt. Bevor die Reise nun gleich beginnt, möchten wir Ihnen noch einen Ausblick auf das Ziel geben.

1.2   Das Ziel: Organisationale Resilienz

Das Phänomen Resilienz hat in der letzten Dekade großes Interesse gewonnen, sowohl im individuellen als auch im organisationalen Kontext. In der Psychologie wird darunter die dynamische Fähigkeit eines Menschen verstanden, mit negativen Ereignissen und Situationen umzugehen, also eine besondere Art von Widerstandsfähigkeit (Borgert, 2013). Aufgrund der starken Veränderungen unserer Arbeitswelt ist die Fähigkeit zur individuellen Resilienz in vielen Unternehmen ein Kultur- und Führungsthema geworden. Dazu dient vielen Unternehmen das vom Google-Softwareingenieur Chade-Meng Tan konzipierte Programm „Search Inside Yourself" (Tan, 2012) quasi als Blaupause für eigene Programme. Das Konzept lehrt praktische Techniken, die helfen, emotionale und kognitive Belastbarkeit, Gleichmut und innere Ruhe zu entwickeln und damit die eigene Resilienz zu steigern. Somit wird die individuelle Resilienz der Führungskräfte und Mitarbeiter eines Unternehmens zum Bestandteil der organisationalen Resilienz. Was können wir uns nun darunter genau vorstellen?

Organisationale Resilienz beschäftigt sich mit der Fähigkeit von Unternehmen, in einer sich ständig veränderten Umwelt, die Adaptionen verlangt, zu überleben und die eigene Vitalität zu erhalten. Dabei besitzt ein resilientes Unternehmen die Fähigkeit, die eigenen technologischen, ökonomischen und sozialen Ressourcen in einer effizienten, verlässlichen und flexiblen Art und Weise so zu nutzen, dass sowohl Herausforderungen und Krisen überstanden, andererseits aber auch Chancen erkannt und genutzt werden können (Tengblad, 2018).

Dabei kam dem Risikomanagement in der Vergangenheit häufig die Rolle zu, formale Planungsprozesse zur proaktiven Risikoidentifikation zu implementieren, und mittels Notfallplänen ein formales Krisenmanagement zu etablieren (Branicki et al., 2018). Der Fokus liegt damit auf der Vermeidung von negativen Situationen. Wir möchten in diesem Buch einen anderen Ansatz verfolgen, indem wir nicht nur auf Vermeidungsstrategien des traditionellen Risikomanagements setzen, sondern Situationen, die nach Improvisation und Ideenreichtum verlangen und deren Ausgang unsicher ist, in unsere Überlegungen mit einbeziehen. Denn genau darin liegt das Geheimnis der resilienten Organisation: Wenn Rückschläge passieren, müssen wir sicherstellen, dass wir davon lernen können, dass wir bessere Antworten finden und innovativ agieren. Dafür gibt es kein allgemeines Rezept, sondern jedes Unternehmen muss für sich selbst den richtigen Ansatz herausfinden. Was wir aber anbieten können, ist ein Ansatz, der aufzeigt wie durch das Zusammenspiel von Risiko-, Krisen- und Fehlermanagement genau diese Lernfähigkeit und Innovationskraft unterstützt werden kann. Welche konkreten Schritte dazu notwendig sind und wie Sie die Implementierung eines solchen Ansatzes in Ihrem Unternehmen mit dem Storytelling unterstützen können, zeigen wir in den weiteren Kapiteln auf.

Nachdem die Reise gebucht, alle Reisevorbereitungen getroffen, die Landkarte studiert und das Ziel Sie neugierig gemacht hat, begeben wir uns auf vier Reiseetappen (Sie erinnern sich: Skills, Capture, Share und Generate). Stellen Sie sich diese Etappen am besten als exotische Städte vor. Je nach Ihrem Erfahrungsgrad wird Ihnen jede dieser Etappen entweder schon sehr bekannt vorkommen, so als ob Sie diesen Ort schon häufiger besucht haben. Oder etwas bekannt, da Sie schon mal kurz da waren oder Ihnen jemand schon ganz viel davon berichtet hat. Eventuell betreten Sie ja aber auch vollkommenes Neuland. In diesem Fall sollten Sie auf jeden Fall noch an Reiseführer (also zum Beispiel ein Fachbuch zur jeweiligen Thematik) denken, damit Sie gut gerüstet sind.

Sie besichtigen nun auf Ihren Etappen verschiedene Orte, z. B. Kirchen, Restaurants, Museen, den Strand … Diese werden hier repräsentiert durch die Themenfelder des Risikomanagements, des Krisenmanagements und des Fehlermanagements. So lernen Sie am besten die vielfältigen Möglichkeiten der Gestaltung dieser Managementbereiche und der damit in Verbindung stehenden Geschichten kennen. Sind Sie bereit für den Aufbruch in die Welt des Storytelling? Dann los …

Literatur

Borgert, S. (2013). *Resilienz im Projektmanagement: Bitte anschnallen, Turbulenzen! Erfolgskonzepte adaptiver Projekte*. Springer Gabler.

Bosch, B. (2020). *Workbook: In 15 min. zur perfekten Präsentation*. www.barbarabosch.com. Zugegriffen am 13.02.2023.

Branicki, L. J., Sullivan-Taylor, B., & Livschitz, S. R. (2018). How entrepreneurial resilience generates resilient SMEs. *International Journal of Entrepreneurial Behavior & Research, 24*(7), 1244–1263. https://doi.org/10.1108/IJEBR-11-2016-0396

Dolan, G. (2017). *Stories for work: The essential guide to business storytelling*. Wiley. https://ebookcentral.proquest.com/lib/kxp/detail.action?docID=4816149. Zugegriffen am 13.02.2023.

Etzold, V., & Ramge, T. (2014). *Equity storytelling*. Springer Fachmedien. https://doi.org/10.1007/978-3-658-03889-2. Zugegriffen am 13.02.2023.

Goleman, D. (2006). *Social intelligence: The new science of human relationships*. Bantam Books.

Kahneman, D. (2011). *Thinking, fast and slow. Penguin psychology*. Farrar Straus and Giroux.

Romeike, F., & Hager, P. (2009). *Erfolgsfaktor Risiko-Management 2.0: Methoden, Beispiele, Checklisten ; Praxishandbuch für Industrie und Handel* (2., vollst. überarb. u. erw. Aufl.). Gabler.

Tan, C.-M. (2012). *Search inside yourself: Das etwas andere Glücks-Coaching*. Arkana.

Tengblad, S. (2018). Organizational resilience: Theoretical framework. In S. Tengblad & M. Oudhuis (Hrsg.), *Work, organization, and employment. The resilience framework: Organizing for sustained viability* (S. 19–38). Springer. https://doi.org/10.1007/978-981-10-5314-6_2

Zak, P. J. (2014). Why your brain loves good storytelling. *Harvard Business Review* (28), 1–5. https://hbr.org/2014/10/why-your-brain-loves-good-storytelling. Zugegriffen am 13.02.2023.

Skills

2

Am Anfang sieht alles immer sehr komplex und irgendwie schwer aus und unsere Aufgabe ist es nun, diesen Einstieg zu erleichtern. Am besten gelingt das, wenn wir mit den Basics beginnen. In unserem Fall geht es zunächst einmal darum, ein gemeinsames Verständnis für die Begriffe Risiko, Risikomanagement, Krisenmanagement, Fehlermanagement sowie organisationale Resilienz herzustellen. Danach werfen wir einen Blick auf die grundsätzlichen Kompetenzen, die für einen ganzheitlichen Ansatz in diesen Bereich sowie die Etablierung einer entsprechenden Kultur im Unternehmen benötigt werden.

2.1 Grundlegende Begriffe kurz erläutert

2.1.1 Die Begriffe Risiko und Risikomanagement

Eine allgemeingültige und anerkannte Definition für den Begriff des Risikos gibt es nicht. Häufig wird das Risiko aber als die eventuelle oder mögliche Abweichung, im positiven oder negativen Sinne von dem eigentlich erwarteten Ergebnis verstanden (Romeike, 2018). Diese Abweichungen begegnen uns nicht nur im unternehmerischen Kontext, sondern auch im Alltagsleben. Sicher erleben Sie täglich Situationen, bei denen Sie abschätzen müssen, mit welchem Einsatz das gewünschte Ergebnis erzielt werden kann. Nehmen wir an, Sie müssen an einem Montagmorgen um 8.00 Uhr am Schreibtisch sitzen, um sich noch ausreichend auf die um 9.00 Uhr stattfindende wichtige Videokonferenz vorbereiten zu können. Für alle Morgenroutinen (duschen, mit dem Hund Gassi gehen, frühstücken, Sport machen …) benötigen Sie 1,5 h, d. h. Sie müssten um 6.30 Uhr aufstehen. Der Wecker klingelt und Sie sind noch sooooo müde – nun müssen Sie die erste Entscheidung des Tages treffen. Liegen bleiben und die Zeit bei den Morgenroutinen einsparen? Oder bei der Vorbereitung der Videokonferenz? Oder doch

© Der/die Autor(en), exklusiv lizenziert an Springer Fachmedien Wiesbaden GmbH, ein Teil von Springer Nature 2023
I. Heinze et al., *Risky Stories – Storytelling strategisch im Risiko-, Krisen- und Fehlermanagement anwenden*, https://doi.org/10.1007/978-3-658-40310-2_2

lieber die Müdigkeit in Kauf nehmen? Diese Entscheidung werden Sie aufgrund Ihrer Risikoneigung, also Ihrer individuellen Einstellung hinsichtlich der positiven oder negativen Abweichung (bezüglich Ihrer Fitness oder Ihrer beruflichen Leistung) treffen. Die Risikoneigung
zeigt also, ob eine Person bereit ist potenzielle Risiken einzugehen oder in ihrer Entscheidungsfindung eher risikovermeidend handelt. Die erste Variante wird dabei mit Risikoaffinität und
die zweite mit Risikoaversion bezeichnet.

Und genauso ist es auch in einem Unternehmen – je nach Risikoneigung der Geschäftsführung werden Entscheidungen unterschiedlich getroffen. Dazu müssen potentielle Risiken aber
erst einmal erkannt und für eine Entscheidung aufbereitet werden – und das passiert durch das
Risikomanagement. Laut Diederichs (2017, S. 31) stellt das Risikomanagement „… die Ge-
samtheit der organisatorischen Maßnahmen und Prozesse dar, die auf die Identifikation, Beurteilung, Steuerung und Überwachung von Risiken abzielen und eine Gestaltung der Risikolage
ermöglichen". Dabei umfasst das Risikomanagementsystem die Summe aller Regelungen, die
einen systematischen Umgang mit Risiken und Kontrollen im Unternehmen sicherstellt. Der
Anreiz für Unternehmen zum Risikomanagement besteht darin, Unternehmensziele effektiver
zu erreichen. Soll beispielsweise der Wert des Unternehmens gesteigert werden, ist ein Risikomanagement nur sinnvoll, wenn es die Einzahlungsüberschüsse erhöht oder die Kapitalkosten
verringert.

2.1.2   Die Begriffe Krise und Krisenmanagement

Der etymologische Ursprung „krisis/κρίσις" bedeutet „Entscheidung". Eine Krise im betriebswirtschaftlichen Sinne zeigt sich durch das Vorhandensein von Entscheidungseinschränkun-
gen, durch eine Bedrohung der Unternehmensziele bzw. der Unternehmensfortführung sowie
durch ungeplante, ungewollte und zeitlich begrenzte Abläufe, deren Ausgang unbekannt sind
(Henschel & Salzmann, 2021). Anhand dieser Charakteristika können auch verschiedene
Schweregrade von Krisen unterschieden werden. Die Einteilung in solche Schweregrade erfolgt üblicherweise je nach Fortschreiten der Handlungseinschränkungen, der zunehmend ver-
strichenen Zeit und der Bedrohungsstärke. Dabei werden klassisch die Stufen der strategischen
Krise, der Ergebniskrise, der Liquiditätskrise und final die der Insolvenz unterschieden. Mit
jeder nächsthöheren Stufe nimmt der Handlungsbedarf drastisch zu (Winnenbrock, 2020). Dabei können die Krisenursachen sehr vielfältig sein und treten zumeist multikausal und in hoher
Komplexität auf (Kolb & Welter, 2006).

Ziel des Krisenmanagements ist nun die Früherkennung bevorstehender oder bereits begin-
nender Krisen. Auch die Betreuung des Unternehmens nach dem Abklingen der Krise, sowie die
anschließende Krisenvorsorge sind wichtige Bestandteile des Krisenmanagements (Behringer,
2017). In der Literatur wird das eigentliche Krisenmanagement häufig in die Phasen der Krisenerkennung (also vor Eintritt der Krise), des Kriseneintritts und der Krisenbewältigung sowie
der Wiederherstellung der ursprünglichen Arbeitsfähigkeit und des Lernens aus der Krise gegliedert. Die letzte Phase bildet dann direkt den Übergang in das Fehlermanagement sowie der
Fehlerkultur.

Gesondert behandelt wird zumeist die Phase kurz vor dem Höhepunkt und während des Siedepunkts der Krise. Für diese Sonderstellung im Krisenmanagement sind zwei Faktoren wesentlich. Zum einen die Beteiligten: Während bei den potentiellen, ansteigenden oder den abflauenden und ruhenden Phasen einer Krise die Beteiligten zumeist in irgendeiner Weise mit dem Unternehmen verbunden sind, interessiert sich in prekären Krisensituationen oftmals auch die mediale Öffentlichkeit für diese Schicksalsstunden. Immerhin sind sie narrativ reizvoll und damit potenziell gut verkäuflich. Die Krise ist damit jetzt öffentlich skandalisierbar und droht dem Handlungsvermögen zu entgleiten. Und nun kommt ein zweiter Faktor hinzu: die unterschiedlichen Perspektiven aufgrund unterschiedlicher Detailkenntnisse, unterschiedlicher Blickwinkel auf die Ursachen, auf die passende Kommunikationsform oder den Zeitfaktor. Die Konsequenzen Ihrer Entscheidungen sind aufgrund der eingeengten eigenen Perspektive nur schwer absehbar und können zu fatalen Fehlern führen. Gerade weil diese aus einer subjektiven Sicht ja aus dem „richtigen" Standpunkt heraus erfolgen. Das kann den Handlungsdruck durch die Öffentlichkeit wiederum erhöhen. Um in solch einer eskalierenden Skandalisierungsspirale den Überblick zu behalten, sind besondere Kompetenzen gefragt, auf die wir im Folgenden noch zurückkommen werden.

Noch besser ist es natürlich, solche Ausschläge möglichst zu vermeiden oder zumindest sinnvoll zu nutzen. Und dazu sind im Unternehmen neben dem Risiko- und Krisenmanagement zusätzlich auch ein professionelles Fehlermanagement sowie eine positive Fehlerkultur erforderlich. Was darunter zu verstehen ist, sehen Sie im folgenden Abschnitt.

2.1.3   Die Begriffe des Fehlermanagements sowie der Fehlerkultur

Ein Fehler wird definiert als unbeabsichtigte Abweichung von einem Ziel, einer Regel oder einem Standard (Frese & Keith, 2015). Also ein negatives Ereignis, etwas Unangenehmes, was möglichst vermieden werden sollte. Das gilt natürlich auch für den Unternehmensalltag. Auch hier werden täglich, ja sogar stündlich, Fehler gemacht oder Fehlentscheidungen getroffen. Die alltäglichen Irrtümer und Patzer sind uns häufig gar nicht bewusst, dennoch passieren sie laut einer Studie der NASA selbst bei Risikoberufsgruppen wie Piloten im Schnitt alle vier Minuten (Smith, 1979). Häufig verursachen Fehler Verwirrung und Selbstzweifel, besonders, wenn wir überzeugt waren, zutreffende Schlüsse zu ziehen oder richtig zu handeln. Daher fällt es vielen Menschen schwer, sich aktiv mit ihren Fehlern auseinanderzusetzen und den Ursachen auf den Grund zu gehen. Das viel zitierte Sprichwort, „aus Fehlern klug zu werden" setzt aber auf genau diese Voraussetzung: die Fehler nicht zu verdrängen, sondern sie einzugestehen und zu analysieren. Denn nur so kann Lernen stattfinden und zukünftige Erfolge geschaffen werden. Stattdessen wird häufig versucht, Fehler zu vertuschen oder es erfolgt eine externe Schuldzuweisung. In vielen Unternehmen wird dieses Verhalten durch erfolgsbasierte Anreizsysteme noch verstärkt. So wird denn auch das Ziel des Fehlermanagements fatalerweise lediglich beschrieben als das Etablieren von systematischen Prozessen und Methoden zur Fehlervermeidung und zur Qualitätssicherung. Lee und Miesing (2017) gehen hier einen Schritt weiter: ihr Konzept beinhaltet neben den vier typischen Phasen der Fehleridentifikation, der Fehleranalyse, der Fehlerkompensation und der Fehlerkorrektur auch den Hinweis auf die Erfordernis der systematischen Erfassung der paradoxen Auswirkungen von Fehlern mit dem Ziel, sowohl aus den negativen als auch aus den positiven Effekten zu lernen.

Ohne Fehler kein Antibiotikum, keine Mikrowelle und keine Kartoffelchips. Und dennoch praktiziert nicht erst das moderne Management einen gefährlich borniertern Umgang mit eigenen Fehlern, diesem wichtigen Lehrmeister. 1486 behauptete ein Mann in Spanien selbstbewusst, in wenigen Tagen die 4000 Kilometer bis Zipangu (Japan) segeln zu können. Da die tatsächliche Distanz 18.000 Kilometer beträgt, hatte der Mann dann wirklich Glück, als er auch noch in die falsche Richtung lossegelte. Durch seinen Doppelfehler stieß er nach zweieinhalb Monaten auf eine Insel vor dem amerikanischen Kontinent, machte seine Auftraggeber unermesslich reich und veränderte die Weltgeschichte. Er hatte gefunden, was er nicht gesucht hatte und weigerte sich bis zum Tod, zuzugeben was er gefunden hatte: einen neuen Kontinent, Amerika. Sicher, er hatte die Ausmaße Europas gewaltig über- und jene der Erde gewaltig unterschätzt. Doch hätte er diesen Fehler zugegeben, hätte Christoph Kolumbus Ruhm nicht für alle Zeiten das Image eines überspannten Spinners begleitet, als den ihn schon der spanische Hofchronist João de Barros beschrieben hatte. Hätte er sich mehr über sein Handeln definiert und weniger Angst davor gehabt, man könne ihn so negativ einschätzen, wie es de Barros getan hatte – sein Selbstbewusstsein hätte seine Geschichte bis heute begleitet und nicht sein stures Festhalten an einem offensichtlichen Fehler. Mit der Behauptung, seine Entdeckung habe bewiesen, dass die Erde nur zu einem Siebentel von Wasser bedeckt sei, verließ er 1506 die Welt und bleibt ihrer Geschichte doch erhalten als jemand „just this side of the edge of insanity" (Encyclopædia Britannica (1974)).

Nach Leon Festinger (1957) bezeichnen wir Strategien, mit denen wir uns die lästigen Widersprüche zwischen unnachgiebigen Fakten und eigenen Weltbildern zurechtbiegen, als kognitive Dissonanz-Vermeidung. Besonders das Anerkennen von Fehlern gegenüber sich selbst oder Anderen steht einem Bedürfnis nach harmonischer Ausgeglichenheit entgegen. Dabei wäre es im Sinne einer produktiven Entwicklung hilfreich. Durch den Fokus des Fehlermanagements auf der Fehlervermeidung werden häufig Potentiale für das Lernen aus Fehlern nicht ausgeschöpft, das zeigen vor allem Studien im internationalen Ländervergleich. Dieses Manko tritt z. B. in deutschen Unternehmen zutage und wird unter anderem auf die kulturelle Besonderheit der hohen Unsicherheitsvermeidung zurückgeführt (Horvath et al., 2021). Wiegel und Frese (2018) zeigen in ihren Untersuchungen zur Fehlerkultur, dass Deutschland mit Platz 60 den vorletzten Platz unter den wichtigen Industriestandorten einnimmt. Zwar profitieren wir, ebenso wie das letztplazierte Singapur, dafür wiederum von großer Gründlichkeit. Bei Innovationen, Lernprozessen und den daraus folgenden Markteinführungen hinken wir allerdings seit langem hinter risikoaffineren Standorten hinterher.

Um hier eine bessere Position zu erzielen, müssen Unternehmen ihr Fehlermanagement breiter aufstellen und den Fokus um die Lern- und Entwicklungsdimension erweitern. Dazu braucht es eine entsprechend offene Fehlerkultur im Unternehmen. Der Begriff „Fehlerkultur" besagt, dass ein Unternehmen akzeptiert, dass Menschen Fehler machen und das Unternehmen offen mit diesen Fehlern umgeht. So kann Wissen geteilt, in Fehler-Situationen Unterstützung angeboten und Fehler schnell identifiziert und auch abgestellt werden (van

Dyck et al., 2005). Mit dieser Definition wird klar, dass die offene oder konstruktive Fehlerkultur eine erweiterte Perspektive auf das Fehlermanagement bietet und damit integraler Bestandteil eines lern- und entwicklungsorientierten Fehlermanagements sein sollte.

Ansonsten würde eine Tradition des Verbergens und Verschweigens fortgesetzt, die branchenübergreifend immer wieder Unternehmen gefährdet hat. 1995 brach die ehrwürdige britische Barings Bank wegen einer Reihe von Fehlspekulationen eines einzelnen Mitarbeiters zusammen. Dessen Spekulations-Ziel war in der destruktivsten Phase längst nicht mehr persönlicher Reichtum gewesen, sondern das bloße Verschleiern bereits begangener Fehlspekulationen. Hätte die Bank die Handlungen Nick Leesons am Singapore International Monetary Exchange überlebt, wenn es Mitarbeitern erlaubt gewesen wäre, gravierende Fehler zuzugeben? Wir wissen es nicht, aber als Leesons Derivatenhandel erste Verluste aufwies, versuchte er diese mit der Philosophie „if in trouble, double" unbemerkt auszugleichen. Das führte zu immer höheren Verlusten, bis letztendlich ein Erdbeben vor der Küstenstadt Kobe Leesons Konstrukt wie ein Kartenhaus zusammenfallen ließ. Um seine zunehmend eklatanten Fehlspekulationen zu verbergen, hatte Leeson auf ruhige Indizes gewettet. Doch das Erdbeben riss den japanischen Nikkei nach unten und Leeson versuchte mit weiterem Geld seines Arbeitgebers, den Fall der Börse im Alleingang zu bremsen. Bekanntermaßen misslang dies und Barings war ruiniert – sie musste mit 1,5 Milliarden Dollar einen Teil der Schulden begleichen. Dass es so weit kommen konnte, hatte auch systemische Ursachen. Zwar eskalierten seine Handlungen mit zunehmender Panik. Die Verheimlichung möglicher Fehler war aber bereits davor ein fester Bestandteil der Unternehmenskultur. Leeson hatte lange vor seinem Absturz unter der Nummer 88888 (die 8 steht im Fernen Osten für „Glück") ein geheimes Konto speziell für das Verbergen möglicher Verluste eingerichtet. Eine in der Branche nicht unübliche Vorkehrung des Selbstschutzes. Als sich der Schaden in seinem Fall dann doch nicht mehr verbergen ließ, flüchtete er und hinterließ an seinem Arbeitsplatz einen Zettel mit dem Wort „Sorry" (Greener, 2006; Peachey, 2011).

Als Reaktionen auf den Barings-Zusammenbruch wurden die Regeln und Kontrollen im Finanzsektor verschärft. Die Erkenntnis, dass die Kultur eines effizienten Perfektionismus die eigentliche Ursache des Problems war, wurde von vielen Organisationen jedoch nicht erkannt. Das zeigt auch eine von Jan U. Hagen (2017) durchgeführte Befragung von 360 deutschen Führungskräften, bei der festgestellt wurde, dass der offene Umgang mit Fehlern in den meisten Unternehmen noch nicht selbstverständlich ist.

Dennoch sind die Weichen für Veränderung bereits gestellt: „Perfekt war gestern" titelte Obmann (2017) im Handelsblatt, um auf eine neue Entwicklung beim Umgang mit Fehlern und deren Konsequenzen aufmerksam zu machen. Die Autorin berichtet über ein gescheitertes Pilotprojekt beim Allianz-Konzern. Der damalige Personalchef Christian Finckh hatte trotz vorheriger Bedenken der IT-Abteilung ein Umfragetool eingesetzt, welches beim Go-Live mit 800 Mitarbeitenden (einschließlich des Vorstandschefs) fehlschlug. Statt der erwarteten Schelte bekam Finckh von Vorstandschef Oliver Bäte Rückenhaltung und eine neue Chance, das System doch noch zum Einsatz zu bringen. Ohne die Bereitschaft, Neues zu testen und dabei auch Risiken einzugehen und Fehler zu machen, ist Innovation nicht möglich – das hatten Finckh und Bäte erkannt. Etwas mehr von deren Souveränität hätte vermutlich auch Leeson und seinen Vorgesetzten geholfen. Eine Studie der Unternehmensberatung EY aus dem Jahr 2018 zur Fehlerkultur in deutschen Unternehmen zeigt, dass die Bedeutung einer offenen Fehlerkultur mittlerweile zwar größtenteils bekannt ist, die bisher implementierten Maßnahmen aber nicht ausreichen, um einen tiefgreifenden Kulturwandel auszulösen. Diese Ergebnisse zeigen deutlich, dass das Problembewusstsein allein nicht automatisch einen Kulturwandel verursacht, sondern dazu eine umfassende, tiefgreifende Organisationsentwicklung benötigt wird.

Ein ganzheitliches Fehlermanagement, welches neben der Fehlervermeidung auch die möglichen positiven Effekte von Fehlern erfassen kann, muss also in eine entsprechende Unternehmenskultur eingebettet werden. Im nächsten Kapitel stellen wir dazu praktische Empfehlungen vor. Doch lassen Sie uns zunächst den letzten Begriff in unserem Begriffe-Reigen definieren – die organisationale Resilienz.

2.1.4   Der Begriff der organisationalen Resilienz

Auf das Konzept der organisationalen Resilienz sind wir bereits kurz in unserer Einleitung eingegangen, hier noch einmal das Wichtigste in Kürze: Der Begriff der Resilienz wird ganz allgemein als die Eigenschaft eines Systems definiert, nach einer Schlagseite wieder einen stabilen Zustand erreichen zu können. Der Begriff hat seinen Ursprung in den Materialwissenschaften und beschreibt dort die Eigenschaften eines Materials, nach äußerem Einwirken wieder den ursprünglichen Zustand einzunehmen, d. h. nicht zu zerreißen, zu zerbrechen oder deformiert zu bleiben (Danner-Schröder & Geiger, 2016).

Die besondere Kategorie der organisationalen Resilienz beschreibt die Fähigkeit eines Unternehmens oder einer Organisation, trotz Krisen und Turbulenzen nachhaltig leistungsfähig zu sein. Ein Schlüsselfaktor für die Entwicklung der organisationalen Resilienz ist die Führungskultur, die schließlich die gesamte Unternehmenskultur entscheidend bestimmt (Philipsen & Ziemer, 2014).

Zusammengefasst können wir für alle hier diskutierten Begriffe und Konzepte festhalten, dass die empirische Forschung in jedem der Themengebiete eine ausreichende Wissensbasis geschaffen hat und damit für die Unternehmenspraxis genügend Möglichkeiten bestehen, das theoretisch entwickelte und empirisch getestete Wissen in die Praxis umzusetzen. Doch dazu benötigen unsere Mitarbeiter*innen und Führungskräfte entsprechende Kompetenzen, die wir im folgenden Abschnitt näher betrachten werden. Dabei fokussieren wir zunächst auf die Management-Kompetenzen, bevor wir die kreativen Kompetenzen wie das Storytelling diskutieren.

2.2   Grundlegende Kompetenzen etwas ausführlicher diskutiert

Das Kompetenzmanagement stellt eine wesentliche und strategisch bedeutende Aufgabe im Bereich des Talent Managements dar. Die klassische Personalentwicklung, die vor allem durch betriebliche Aus- und Weiterbildungsmaßnahmen gestaltet wird, ist in der aktuellen Unternehmenslandschaft, die auch häufig als „VUKA-Welt" bezeichnet wird, nicht mehr ausreichend. Bei dem Begriff VUKA handelt es sich um ein Akronym, welches auf den Begriffen Volatilität, Unsicherheit, Komplexität und Ambiguität beruht. Die Autoren Judith Stiehm und Nicolas Townsend (2002) beschreiben die Reaktion des US Army War College auf den Zusammenbruch der UdSSR und des gesamten europäischen Ostblocks zu Beginn der 1990er-Jahre. Der Wegfall des einen Feindes verlangte es, neue Sicht- und Reaktionsweisen zu finden und umzusetzen, in einer Welt, die von schnellen Veränderungen (Volatilität), Ungewissheit, Komplexität und Mehrdeutigkeit (Ambiguität) bestimmt wird. Konkret können die vier Begriffe wie folgt beschrieben werden:

Volatilität   Bedingt durch die permanente Natur des Wandels, befindet sich unser gesamtes Umfeld in einem Zustand ständiger, dynamischer Anpassung. Eine zunehmende Innovationsgeschwindigkeit, der globalisierte Markt und niedrige Eintrittsbarrieren sorgen für immer schwieriger vorhersagbare Rahmenbedingungen beim wirtschaftlichen Handeln.

Ungewissheit   Durch das sich ständig wandelnde Umfeld können regelmäßig unerwartete Umstände eintreten, die das Wettbewerbsumfeld verändern.

Komplexität   Die globalisierte Wirtschaft führt zu immer anspruchsvolleren und unüberschaubar hoch komplexen Interdependenzen. Zusätzlich werden auch die politischen, gesellschaftlichen und sozialen Rahmenbedingungen immer instabiler.

Ambiguität   Die Verfügbarkeit von Informationen steigt immens, wobei diese oft widersprüchlich und daher schwer eindeutig zu interpretieren sind. Einfache Kausalzusammenhänge lassen sich kaum noch herstellen, so dass es an Möglichkeiten fehlt, standardisierte Prozesse oder Best Practices anzuwenden.

In dieser Situation sehen sich viele Unternehmen nicht nur einem durch den demografischen Wandel verursachten Fachkräftemangel gegenüber, sondern müssen zusätzlich einen Kompetenz-Shift hin zu den neu erforderlichen Kompetenzen bewältigen. Daher schauen wir uns zunächst an, welche Kompetenzen in den drei Aufgabenbereichen zukünftig stärker benötigt werden, ehe wir am Ende dieses Kapitels unsere Überlegungen zum Aufbau dieser Kompetenzen darstellen.

2.2.1   Kompetenzen für das Risikomanagement

Aufgrund unterschiedlicher gesetzlicher, branchen- und unternehmensspezifischer Anforderungen an das Risikomanagement ergibt sich ein sehr umfangreiches und heterogenes Kompetenzprofil für Risikomanager (Vanini & Kempcke, 2020). Empirische Studien zeigen, dass erfolgreiche Risikomanager*innen vor allem über die Kompetenzen Kommunikationsfähigkeit, Eigeninitiative und Engagement, Verantwortungsbewusstsein sowie analytisches Denken und strukturiertes Arbeiten verfügen müssen (Vanini & Gutacker, 2019). Dies lässt sich durch die erwarteten Veränderungen begründen. So zeigen Hopfener und Bier (2018) in ihrer Studie, dass Dokumentations- und Überwachungsaufgaben nur im minimalen Bereich bestehen bleiben, da nicht nur die Risikoreduzierung im Fokus steht, sondern verstärkt auch das Erkennen und Nutzbarmachen von Chancen. Um die angestrebte Positionierung und damit die Rolle einer Ansprechperson „auf Augenhöhe" zu erreichen, brauchen die Risikomanagerin oder der Risikomanager erst einmal Sichtbarkeit bei der Geschäftsführung. Es reicht nicht mehr aus, gute Analysen zusammenzustellen. Vielmehr müssen diese Analysen im persönlichen Dialog mit den Entscheidungsträgern besprochen und eigene Gedanken eingebracht werden.

Die dazu benötigten Fähigkeiten lassen sich klassisch in persönliche, soziale, fachliche und methodische Kompetenzen einteilen, dieser Struktur folgen wir nun auch.

2.2.1.1 Persönliche Kompetenzen

Diese Fähigkeiten werden häufig auch als „Soft Skills" bezeichnet und umfassen verschiedene Charakter- oder Persönlichkeitseigenschaften. In den bereits zitierten Studien von Vanini und Gutacker (2019) sowie Vanini und Kempcke (2020) werden vor allem Selbständigkeit, Authentizität, Durchsetzungsvermögen, Teamfähigkeit und Flexibilität als besonders gefragt für das Risikomanagement genannt. Somit zeigt sich bereits eine aktuelle Herausforderung: Häufig stehen Selbständigkeit und Durchsetzungsvermögen im Widerspruch zur Teamplayer-Rolle. Je nach individuellem Charakter sollte eine für das Unternehmen und die Teamrollen passende Balance gefunden werden.

Aber auch analytische Kompetenzen sind von zentraler Bedeutung für das Risikomanagement. Wie eingangs in unserem kurzen Beispiel gezeigt, findet gerade in diesem Kompetenzfeld ein extremer Wandel statt. Noch vor wenigen Jahren wurde unter „Entscheidungsunterstützung für das Management" eine gut strukturierte Datenerfassung und -analyse in der Form von Management-Reports verstanden. In einigen Unternehmen durften die Risikomanager*innen dann eine Interpretation dieser Daten mitliefern, die nach unserer praktischen Kenntnis häufig von den Entscheidungsträger:innen vollkommen ignoriert wurde. Heute gehört zur analytischen Aufgabenstellung das proaktive Handeln. Die Risikomanagerin oder der Risikomanager sollen durch kritisch-konstruktives Hinterfragen der Organisation bzw. des Geschäftsmodells der Geschäftsführung neue Impulse geben, um die häufig einseitige Perspektive der Führungskräfte aufzubrechen und so fatale Fehlentscheidungen zu vermeiden helfen. Diese Kompetenzanforderung bringt uns direkt in das Feld der sozialen Kompetenzen.

2.2.1.2 Soziale Kompetenzen

Auch die sozialen Kompetenzen gehören zu den Soft Skills, sind aber nicht auf die eigene Person, sondern auf den Austausch mit dem Umfeld bezogen. Die Studien von Ute Vanini und Kollegen zeigen, dass im Risikomanagement insbesondere der Kommunikationskompetenz eine Schüsselrolle zukommt. Die bereits beschriebene erforderliche Fähigkeit zum kritisch-konstruktiven Hinterfragen von Sachverhalten erfordert bestimmte kommunikative Fertigkeiten wie zum Beispiel die Kenntnis verschiedener Kommunikationsmodelle und -stile.

Hier ist es besonders für die Risikomanager*innen mit starker analytischer Kompetenz häufig eine größere Herausforderung, eigene Kommunikationspräferenzen (Zahlen, Daten, Fakten) an die Präferenzen anderer Stakeholder (Erlebnisse, Geschichten, Visionen) anzupassen.

Wie bereits erwähnt, besteht mehr denn je das Erfordernis der Sichtbarkeit im Unternehmen. Das erfordert die Einbindung der Risikomanagement-Funktion in das unternehmensinterne Netzwerk. Dabei ist das persönliche Agieren der Verantwortlichen von entscheidender Bedeutung (Vanini & Gutacker, 2019).

Doch nicht nur im Bereich der Soft Skills, sondern auch bei den Hard Skills, nämlich den fachlichen und methodischen Fähigkeiten, ergeben sich gerade neue Herausforderungen für Risikomanager*innen.

2.2.1.3 Fachliche und methodische Kompetenzen

Im Bereich der für das Risikomanagement erforderlichen Hard Skills dominieren zwar weiterhin die spezifischen Organisations- und Prozesskenntnisse (Vanini & Gutacker, 2019). Auch Kompetenzen hinsichtlich der Bewertung von Risiken und Chancen, der Entscheidungsfähigkeit, sowie zum Verständnis der gesetzlichen Anforderungen zum Risikomanagement stellen klassisch wesentliche Erfolgskriterien dar. Damit wird deutlich, dass eine umfangreiche Berufserfahrung im Risikomanagement von Vorteil ist.

Obwohl in der Studie von Vanini und Gutacker (2019) die IT-Kenntnisse an letzter Stelle genannt wurden, ist festzustellen, dass durch die Digitalisierung und Industrie 4.0 dieser Bereich für das Risikomanagement und die Unternehmen an Bedeutung gewonnen hat. So rangieren Cyberrisiken (zum Beispiel Identitätsdiebstahl, Weitergabe sensibler Daten oder Betriebsunterbrechung durch Hackerangriffe) in der Liste der neuartigen Risiken auf den ersten Plätzen (Vorbringer & Schlätzer, 2020, S. 268 f.) Aber auch die bereits angesprochene stärkere Fokussierung auf Chancennutzung bewirkt eine größere Bedeutung von IT-spezifischen Kompetenzen, vor allem im Bereich der Business Analytics und der Künstlichen Intelligenz (KI). Der Einsatz von KI im Risikomanagement bietet ganz neue Möglichkeiten, zum Beispiel für Wettbewerbsanalysen, Kundenanalysen oder Trendbeobachtungen. Die Studie von Hopfener und Bier (2018) zeigt allerdings auch, dass die Befragten zwar die Relevanz erkennen, jedoch bei der Einführung zögerlich sind. Diese Beobachtung passt zur allgemein hohen Unsicherheitsvermeidung in deutschen Unternehmen, darauf kommen wir auch später noch einmal mit detaillierten Studienergebnissen zurück.

Etwas anders gestaltet sich das Bild bei den Business Analytics. Diese stellen einen Teilbereich der Business Intelligence dar und verfolgen das Ziel, unternehmerische Entscheidungen auf der Grundlage einer entsprechenden Datenbasis zu treffen. Die dabei zum Einsatz kommenden Datenanalysemethoden nutzen neuartige Technologien wie neuronale Netze, Zeitreihenanalysen und weitere Lernverfahren, um Prognosemodelle (Predictive Analytics) zu erstellen oder Kausalanalysen sowie Handlungsempfehlungen für die Zukunft (Prescriptive Analytics) zur Verfügung zu stellen (Vorbringer & Schlätzer, 2020, S. 261 f.). Hopfener und Bier (2018) zeigen, dass die Anwendung von Big-Data- und Predictive-Analytics-Methoden für ein optimales Risikomanagement eine sehr hohe Bedeutung hat, und derzeit bereits bei einem Viertel der Befragten zum Einsatz kommt.

Zusammengefasst kann für alle Kompetenzbereiche gesagt werden, dass neue Anforderungen an die Risikomanager:innen gestellt werden. Im Bereich der persönlichen Kompetenzen ist es die Fähigkeit zum ausgewogenen Verhältnis zwischen Proaktivität, Selbständigkeit und Teamarbeit. Bei den sozialen Fähigkeiten ist insbesondere die Fähigkeit zur Anpassung an verschiedene Kommunikationserfordernisse zu nennen. Und bei den fachlichen und methodischen Kompetenzen wird neben den gestiegenen Anforderungen im betriebswirtschaftlichen Bereich vor allem IT-spezifisches Wissen gefragt sein. Abb. 2.1 fasst unsere Vorstellungen von Sammeln dieser Kompetenzen noch einmal bildlich zusammen.

Doch schauen wir nun, wie es um die Kompetenzanforderungen im Bereich des Krisenmanagements bestellt ist.

2.2.2   Kompetenzen für das Krisenmanagement

Im Rahmen unserer verschiedenen Forschungsprojekte haben wir viele Führungskräfte und Verantwortliche im Risiko- und Krisenmanagement von Unternehmen in Deutschland, Großbritannien und Schweden interviewt. Ein entscheidender Unterschied zum Risikomanagement gleich vorweg: kaum ein Unternehmen besetzt die Position eines dezidierten Krisenmanagements. Diese Rolle wird erst relevant, wenn ein kritisches Ereignis antizipiert wird oder mitunter sogar erst beim Eintreten dieses Ereignisses. Und vor allem bei kleinen und mittelgroßen Unternehmen wird das Krisenmanagement dann zum Teil des operativen Tagesgeschäfts. Nur wenige Unternehmen suchen in derartigen Situationen gezielt nach Unterstützung, die zum Beispiel im Rahmen von Interim-Management mit erfahrenen, krisenerprobten Expert*innen sehr wohl möglich wäre.

Bereits bei der Begriffsklärung des Krisenmanagements haben wir zwei wesentliche Faktoren angesprochen, die unter solchen Umständen das Hinzuziehen eines externen Managements ratsam erscheinen lassen: das mediale Interesse und die dadurch erhöhte Anzahl

Abb. 2.1 Wichtige Kompetenzen für das Risikomanagement. (Quelle: Eigene Darstellung)

der Perspektiven. Letzteres führt zu schwer überschaubaren Folgen bei der Entscheidungsfindung und kann die Krise weiter zuspitzen. Geradezu exemplarisch hierfür ist die Geschichte um den Sturz des Bundespräsidenten Christian Wulff. Den hatten die positiven
Schlagzeilen um den frischen Wind, den er und seine Frau Bettina ins Amt brachten, wohl
etwas zu viel Auftrieb gegeben. Damit verbunden war eine zweite Fehleinschätzung: Wulff
nahm an, dass Menschen in seinem Umfeld mehr an persönlicher Freundschaft denn an der
Nähe zur Macht interessiert seien. Dabei wirkten die von seinen Freunden angenommenen
Gefälligkeiten wie Champagnerflaschen, Wochenendaufenthalte oder günstige Kredite im
Vergleich zu den Partys eines Berlusconi oder dem prunkvollen Sommerpalast Erdogans
beinahe kleinkariert. Sie veranlassten aber einige Medien, regelmäßig darüber zu berichten.
Erst dadurch begann die Staatsanwaltschaft Hannover gegen Wulff wegen Vorteilsnahme
im Amt zu ermitteln. Das empfand Christian Wulff wohl als arg übers Ziel hinausgeschos-
sen. Doch zwischen seiner marginalisierenden Einschätzung und der empörten medialen
Öffentlichkeit, die bald vor dem Schloss Bellevue mit Schuhen in der Hand seinen Rücktritt
fordern sollte, klafften Welten. Diese falsche Einschätzung von Kommunikations- und Zeit-
faktoren veranlassten Wulff, sein Krisenmanagement selbst in die Hand zu nehmen – mit
einem Anruf am 12.12.2011 bei seinem Freund, dem "Bild"-Chefredakteur Kai Diekmann.
Wulffs Nachricht auf Diekmanns Anrufbeantworter beginnt legendär: „Guten Abend Herr
Diekmann, ich rufe Sie an aus Kuwait. Bin grad auf dem Weg zum Emir und deswegen hier
sehr eingespannt, weil ich von morgens acht bis abends elf Termine habe. Ich bin in vier
Golfstaaten unterwegs und parallel plant einer Ihrer Journalisten seit Monaten eine unglaubliche Geschichte, die morgen veröffentlicht werden soll.' Statt damit der medialen
Skandalisierung ein Ende zu setzen folgte ein Kräftemessen zwischen dem Bundespräsidenten und der „Bild"-Zeitung. Als Ergebnis dieses Kampfes zwischen Politiker und Ta-
geszeitung stand am 17. Februar 2012 Christian Wulffs Rücktritt. Was jeden Experten zur
Verzweiflung getrieben hätte, hinterlässt uns das Beispiel dafür, dass wir die Tragweite
heraufziehender Krisen nicht immer richtig einschätzen und deren Management manchmal
besser outsourcen sollten.

Natürlich weht der Wind in der politischen Öffentlichkeit besonders rau. Doch auch im
Unternehmenskontext benötigt das Krisenmanagement besondere Eigenschaften und
Kompetenzen bei den handelnden Personen. In diesem Abschnitt bieten wir Ihnen dazu
einen kleinen Einblick in unsere aktuellen Forschungsergebnisse. Henschel und Salzmann
(2021) haben 681 Führungskräfte zu ihren Erfahrungen im Krisenmanagement befragt
und konnten mittels einer qualitativen Datenanalyse die Kernthemen Führung, Beziehungen und Netzwerke, Managementtechniken sowie System- und Prozessdenken identifizieren. Im Folgenden betrachten wir diese vier Kompetenzfelder im Detail.

2.2.2.1 Führungsfähigkeit
Obwohl wir vom Krisenmanagement sprechen, steht die Fähigkeit zur Führung an erster
Stelle. Der amerikanische Organisationsexperte John P. Kotter beschreibt die unterschiedlichen Herangehensweisen beim Managen und beim Führen in den drei Dimensionen Ressourcen, Menschen und Kontrolle. Die Dimensionen Ressourcen und Kontrolle sind dabei

eher rational zu bewerten und werden als Management-Aufgaben betrachtet. Die Dimension der Menschen bezieht sich dagegen auf die sozialen, psychologischen und kommunikativen Aspekte rund um Teams und individuelle Mitarbeitende und entspricht den Führungsaufgaben (Kotter, 2001). Besonders im Krisenmanagement müssen beide Kompetenzbereiche durch die handelnden Personen abgedeckt werden können. Schauen wir uns nun zuerst den Kompetenzbereich der Führung an.

Praktisch bedeutet Führungskompetenz im Krisen**management** die Umsetzung eines proaktiven Führungsstils. Es gilt zu gewährleisten, dass das Unternehmen zeitnah Veränderungen in der Unternehmensumwelt oder kritische Entwicklungen innerhalb des Unternehmens erkennen und darauf adäquat reagieren kann. Hierbei ist es besonders wichtig, die Mitarbeitenden aller Hierarchieebenen konsequent in diesen Prozess einzubinden. Allerdings haben wir hier häufig ein Führungsvakuum angetroffen. Unternehmen hatten dann zum Beispiel Krisenpläne etabliert, wie ein IT-Sicherheitskonzept oder Vertretungs- und Nachfolgeregelungen für Schlüsselpersonen und Geschäftsleitung. Ein solches Konzept in der Schublade zu haben ist jedoch kein Garant dafür, dass beim plötzlichen Eintreten einer Krise die Mitarbeitenden dann – auch in Ausnahmesituationen – in der Lage sind, das Konzept auch abzurufen und umzusetzen.

Unter Stress reagieren wir häufig überfordert und eigentlich bekannte, aber nicht alltäglich zum Einsatz kommende Routinen fallen uns nicht gleich ein. So geschah es auch bei einer Durchsuchung der Geschäftsräume einer Wirtschaftsprüfungsgesellschaft. Alle Mitarbeitenden wurden regelmäßig zu den verschiedenen Anforderungen an Berufsträger (also Wirtschaftsprüfer*innen) und deren Angestellten geschult. Unter anderem hat die Wirtschaftsprüferkammer eine Richtlinie „Verhaltenshinweise bei Durchsuchungs- und Beschlagnahmemaßnahmen bei Berufsangehörigen" herausgegeben. Als nun aber in einem konkreten Fall die Staatsanwaltschaft mit einem ganzen Heer uniformierter Polizisten vor der Bürotür stand, die Niederlassungsleiterin unerreichbar in einem Kundentermin war und der Stellvertreter gerade im Flugzeug saß, konnte sich keiner der anwesenden Angestellten an diese Richtlinie erinnern. In der Konsequenz beschlagnahmte die Staatsanwaltschaft wahllos alle Unterlagen des betroffenen Mandanten, ohne jede Überprüfung, was davon nach § 97 StPO überhaupt beschlagnahmefähig bzw. – frei ist. Im Anschluss an diesen Vorgang hatte die Wirtschaftsprüfungsgesellschaft große Mühe, die Unterlagen zurückzuerhalten, ohne die eine weitere Betreuung des Mandats gar nicht möglich war. Dabei hätte ein Blick in die Richtlinie gezeigt, dass nach § 106 StPO die Berufsträgerin (also die Niederlassungsleiterin) ein Recht auf Anwesenheit bei der Durchsuchung gehabt hätte. Die Staatsanwaltschaft hat hier durch das einschüchternde Verhalten der mit der Durchsuchung Beauftragten zwar eindeutig ihre Kompetenzen überschritten, damit jedoch ihr Ziel erreicht – und einigen Schaden beim Mandanten und dessen Wirtschaftsprüferin angerichtet. Dieser Schaden hätte verhindert werden können, wenn die Mitarbeitenden auf das Erkennen von krisenhaften Entwicklungen und die Wahl der besten Handlungsoption beim Eintreten einer Krise vorbereitet gewesen wären. Das Beispiel zeigt auch, dass selbst regelmäßige theoretische Schulungen nicht ausreichen. Für das Testen von Krisenmanagementplänen eignen sich praktische Schulungen, z. B. durch Einsatz von gamifizierten E-Learning-Lösungen oder durch Simulationen besser.

Aber auch die Vorbildwirkung einer Führungskraft stellt eine wichtige Kompetenz beim Krisenmanagement dar. Wer etwas erwartet, sollte mit gutem Beispiel vorangehen. Das ist nicht neu, zeigt sich aber gerade im öffentlichen Raum bei jeder neuen Krise in unterschiedlichen Ausprägungen.

Stellen Sie sich dazu einmal vor – und leider dürfte das seit dem Jahr 2020 ein Leichtes sein – es gäbe eine Pandemie. In Ihrem ganzen Land herrscht ein strenger Lockdown. Keine Pub-Besuche und kein öffentliches Leben mehr, keine Reise- und Bewegungsfreiheit. Das trifft Sie und Ihre Lebensqualität hart und es trifft sie vermutlich noch härter, wenn Ihre wirtschaftliche Existenz von den Anti-Pandemiemaßnahmen gefährdet wird. Aber gut, in einer Pandemie müssen alle eben zusammenhalten. Wir sitzen im selben Boot und haben Rücksicht zu nehmen. Dann müssen Sie erfahren, dass Ihr Regierungschef währenddessen an zahlreichen Partys am Regierungssitz teilnahm. Sein Büro lud dazu ein, es wurde getanzt und getrunken. Und als der Alkohol alle war, wurden Kühlschränke mit Nachschub in die Downing Street bestellt. Ihre Führung hält es mit den eigenen Vorschriften also nach dem Motto „Tut nicht was ich tue, tut was ich sage!" Die Reaktionen auf das Bekanntwerden dieses eklatanten Fehlverhaltens verschlimmern das Ganze noch. Versuchte Medienzensur und wenig plausible Ausreden. Kein gutes Vorbild. Und eher demotivierend, wenn es darum geht, den Krisenanordnungen zu folgen.

Und nun stellen Sie sich dieses Szenario vor: Alle empfinden mit den Menschen in unterbezahlten systemrelevanten Berufen, wie Krankenschwestern, Busfahrern oder Supermarktkassierern, die sich den höchsten epidemischen Gefahren aussetzen. In dieser Zeit müssen auch Sie in einem Supermarkt in der Schlange stehen. Als Sie sich umdrehen, steht hinter Ihnen eine freundliche ältere Dame mit einem Einkaufswagen. Moment, die kennen Sie doch? Es ist Ihre Regierungschefin. Doch eher motivierend, nicht wahr? Führungspersonen sollten sich stets bewusst sein, dass ihr Verhalten vor allem in Krisenzeiten unter einem besonderen Fokus steht. Denn Sonderrechte gefährden in Krisenzeiten das gesamte System. Zugleich können positive symbolische Handlungen enorme Auswirkungen haben. Denn es handelt sich dabei eben nicht um Petitessen, die vom Blick auf das Wesentliche ablenken, wie britische Konservative den Party-Kritikern entgegenhielten. Erst die Bestätigung von Maßnahmen durch Handlungen institutionalisiert diese. Die Umsetzung eigener Forderungen kann nur dann erfolgreich sein, wenn sie bei einem selbst anfängt.

2.2.2.2 Beziehungs- und Netzwerkpflege

Das Beziehungsmanagement stellt eine soziale Kompetenz dar, welcher im Rahmen des Krisenmanagements eine besonders wichtige Rolle zukommt. Die Vernetzung der Unternehmen im Rahmen ihrer Wertschöpfungskette hat in den vergangenen Jahren stark an Gewicht gewonnen und stellt einen bedeutenden Wettbewerbsfaktor dar. Damit stellt die Kommunikations- und Beziehungsfähigkeit eine Schlüsselfunktion für ein effektives Krisenmanagement dar. So hat unsere Forschung gezeigt, dass Unternehmen durch eine proaktive Kommunikationspolitik in der Lage waren, ein besseres Verständnis bei ihren Kunden und Lieferanten (dazu zählen wir auch die Finanzgeber) für die aktuelle Situation zu erreichen. Häufig berichteten die Unternehmen, dass anfängliche Sorgen bezüglich einer offenen Krisenkommunikation durch das von ihren Geschäftspartnern gezeigte Verständnis und Vertrauen ins Gegenteil gekehrt werden konnten. Aus den Netzwerken sind Hilfsangebote entstanden, die das Bewältigen auch existentieller Krisen erst ermöglicht haben.

Lassen Sie uns das anhand von zwei Geschichten näher betrachten: Die erste Geschichte erzählt vom Schicksal eines anonym bleibenden Berliner Geschäftsmanns: dieser hatte gute zehn Jahre gehabt. Auf einer Gesetzeslücke im Immobilienrecht aufbauend, konnte er sich und seiner Familie ein Leben im Wohlstand ermöglichen. Als früher Vertreter des Homeoffice residierte er in seiner stilvollen Altbauwohnung hinter einem großen Mahagoni-Schreibtisch und empfing so seine Geschäftspartner. Doch als die Gesetzeslücke geschlossen wurde, ging es schnell bergab und er geriet in die roten Zahlen. Er stellte sein Geschäft auf neue Angebote um, die neue Aufträge mit sich bringen würden (dachte er). Mit immer neuen Schulden hielt er sich im Geschäft. Doch die neuen Aufträge kamen nicht. Er hatte nicht um Hilfe gebeten. Und noch schlimmer: er empfing potenzielle Kunden und Geschäftspartner nach wie vor hinter seinem riesigen Schreibtisch. Eine dominante Position, die Macht demonstriert. Nachdem die Insolvenz unabwendbar und seine Situation nicht mehr zu verleugnen war, sagte ihm ein Bekannter: „Ich hätte so einige kleinere Aufträge für Dich gehabt, doch Du hast in mir stets den Eindruck gemacht, als seien sie nicht interessant genug für Dich. Ich hätte nie gedacht, dass Du Hilfe brauchst." Hier fielen also das Unvermögen, um Hilfe zu bitten mit einer fatalen Außendarstellung zusammen. Die Geschichte unseres gescheiterten Geschäftsmannes ist dank des Schreibtischs bildhaft und gut nachvollziehbar.

Und nun entführen wir Sie von Berlin nach Kalifornien, genauer gesagt nach Los Angeles: Hier hatte Ivan Misner, in den frühen 1980er-Jahren ein Consulting-Unternehmen gegründet. Nach anfänglichen Erfolgen und Investitionen in Mitarbeiter und Geschäftsräume brach 1984 Misners wichtigster Kunde weg, während die Banken monatlich weiter beträchtliche Hypothekenzahlungen in Rechnung stellten. In dieser Situation entschied sich Misner für einen eher unüblichen Weg: er vertraute sich einigen engen Geschäftspartnern an und bat sie um Empfehlungen seiner Dienstleistungen in ihre Netzwerke. Und der Plan ging auf – innerhalb kürzester Zeit konnte Misner nicht nur die Umsatzlücke schließen, sondern weiter auf Wachstumskurs gehen (Misner & Morris, 2017). Misner hat aus diesem ersten Notruf in einer Krise ein neues Geschäftsmodell generiert: das Business Network International (BNI) ist heute ein international agierendes Franchise-Unternehmen im Empfehlungs-Marketing, welches Vertrauen und Kommunikation im Netzwerk als kritischen Erfolgsfaktor propagiert.

Die beiden Geschichten illustrieren, dass Menschen in starken Positionen häufig Ich-Botschaften vermeiden. „Ich fühle mich damit unsicher" „Ich benötige Rat" oder gar „Ich benötige Hilfe" gehören nicht zu ihrem Repertoire, da sie fürchten, man könne es ihnen als Schwäche auslegen. Ein fataler Irrtum, denn gerade sie verfügen über die Netzwerk-Potentiale, die einen Ausweg aus der Krise ermöglichen.

Neben den externen Kommunikationsaufgaben, wie in unseren Geschichten gezeigt, umfasst das Beziehungsmanagement aber auch interne Aspekte, die im Folgenden unter dem Stichwort der Prozesssicht noch näher vorgestellt werden. Vorher wenden wir uns aber noch den Managementtechniken zu.

2.2.2.3 Einsatz von verschiedenen Techniken des Krisenmanagements

Ein weiterer wichtiger Aspekt für ein gut funktionierendes Krisenmanagement sind die fachbezogenen betriebswirtschaftlichen Kompetenzen sowie das entsprechende Methodenwissen zum Erkennen und Steuern der Krise. Im Rahmen der Krisenerkennung bzw. der Krisenvorsorge stellen der Auf- und Ausbau von Risikofrüherkennungssystemen ein wesentliches Kompetenzfeld für Krisenmanagerinnen und -manager dar. Dann können mit Hilfe von Indikatoren quasi anhand eines Radars die Unternehmenswelt auf kritische Entwicklungen überwacht und entsprechende Krisenabwehr- oder -vermeidungsstrategien entwickelt werden. Ist die Krise dennoch unabwendbar, werden klassische operative Managementkompetenzen zur Planung und Umsetzung von Kostensenkungsmaßnahmen oder Zielmarktwechsel benötigt. Auch strategische Kompetenzen zum Beispiel im Bereich der Produkt- und Prozessinnovationen stellen einen wichtigen Baustein des Kompetenzclusters für das Krisenmanagement dar. Deren Arbeit setzt sich auch über das Krisenende hinweg fort, um durch die Krise hervorgetretene Prozessschwächen abzustellen und eine generelle Überprüfung und Anpassung der Krisenmanagementpläne zu initiieren.

2.2.2.4 Prozess- und Systemsicht

Eine weitere wesentliche methodische Kompetenz ist die Fähigkeit, das Krisenmanagement als permanenten Prozess zu verstehen, der untrennbar mit den einzelnen Geschäftsprozessen verbunden ist und einem kontinuierlichen Verbesserungsprozess unterzogen werden sollte. Dazu ist eine systematische und vollständige Dokumentation aller Geschäftsprozesse erforderlich, untergliedert nach Leistungs- und Unterstützungsprozessen. Anhand der Prozessbeschreibungen können kritische Pfade definiert und Krisenmanagementaktivitäten antizipiert werden. Die interne kommunikative Aufgabe besteht nun darin, den Mitarbeitenden die Rollen und Aufgaben in einer Form verständlich zu machen, die zu einer eigenständigen Handlungsbefähigung im Krisenfall beiträgt.

Die Prozess- und Systemkompetenz bildet zusätzlich eine Klammer über alle vier Kompetenzbereiche, die mit ihren strategischen und operativen Handlungen sinnvoll zu kombinieren sind, um den maximalen Erfolg des Krisenmanagements für das Unternehmen zu realisieren. Angefangen bei der Strategie des Unternehmens, über die Unternehmenskultur und den Führungsstil, sind sowohl interne Geschäftsprozesse als auch die externen Wertschöpfungsbeziehungen unter Berücksichtigung aller Stakeholder des Unternehmens mit einzubeziehen.

Unsere Forschung hat gezeigt, dass vor allem in kleinen und mittelgroßen Unternehmen die Krisenmanagement-Kompetenzen auf Geschäftsführungsebene vorhanden sein müssen, damit eine gute Balance zwischen Vorsicht und Aufmerksamkeit für Frühwarnsignale auf der einen Seite und Mut und Entschlossenheit für innovative Chancennutzung

auf der anderen Seite entstehen kann. Eine solche Krisenmanagement-Kompetenz beinhaltet dann auch die Fähigkeit, sich im Bedarfsfall rechtzeitig externe Unterstützung für
das Krisenmanagement zu holen. Dabei ist der Begriff des Krisenmanagements aus unserer Sicht weiter zu fassen und sollte neben typischen Krisensituationen wie die Sanierung,
den Turnaround oder die Insolvenz auch alle anderen besonderen Situationen, wie zum
Beispiel die Neuausrichtung, Umstrukturierung oder Transformation, berücksichtigen.
Das sind ebenfalls typische Einsatzbereiche für das Interim-Management (Bloemer, 2008).

Welche Eigenschaften befähigen nun ausgerechnet die Interim-Manager:innen zum erfolgreichen Krisenmanagement? Laut Kaiser, Paust und Kampe (2007) gehören eine hohe
intrinsische Motivation, das Interesse an persönlicher Weiterentwicklung, umfangreiche Me-
taqualifikationen wie Selbstorganisations-, Sozial- und Kommunikationsfähigkeiten sowie
hohes branchen- oder themenbezogene Best Practices zu den besonderen Eigenschaften der
externen Professionals. Zusätzlich beschreiben die Autoren unter dem Stichpunkt „Aufgaben-
fokussierung statt Loyalität" das besonders in Umbruchsituationen erforderliche Eigeninte-
resse an sachlichen Ergebnissen und professionellen Lösungen. Und zwar ohne die Furcht,
einem Vorgesetzten unangenehme Wahrheiten sagen zu müssen (Kaiser et al., 2007, S. 18).

Mit dem Appell, im Krisenmanagement nicht nur auf eigene, interne Ressourcen zu
setzen, beenden wir unsere Überlegungen und setzen unseren Ritt durch die Welt der
Kompetenzen nun im Bereich des Fehlermanagements fort.

2.2.3 Kompetenzen für das Fehlermanagement

Wie bereits in unserer Begriffsklärung diskutiert, sollte das Fehlermanagement stets der
Philosophie einer offenen Fehlerkultur folgen. In unserem Dreiklang von Risiko-, Krisen-
und Fehlermanagement hat diese Komponente erst in jüngerer Vergangenheit erwähnens-
werte Aufmerksamkeit erfahren. Daher ist bisher auch kaum empirisch belegtes Wissen
über die erforderlichen Kompetenzen für gutes Fehlermanagement vorhanden. Meist wird
die Anforderung „positiver Umgang mit Fehlern" als Einzelkompetenz z. B. im Cluster
der Führungskompetenzen genannt – was bedeutet diese Anforderung aber nun genau?
Lee und Miesing (2017) beschreiben die Kompetenz sehr treffend als die Fähigkeit „to
cherish adversity", also Ungemach oder Widrigkeiten wertzuschätzen. In ähnlicher Weise
benennen Frese und Keith (2015) das Erfordernis eines „positive mindset towards errors"
als wesentliche Kompetenz für einen positiven Umgang mit Fehlern. In Abb. 2.2 wird ein
solches Mindset illustriert. Daraus wird bereits deutlich, dass eine hohe Fehler-Kompetenz
vor allem eine Haltungsfrage ist. Dem Kompetenzraster unserer empirischen Forschung
folgend, diskutieren wir hier die Fehler-Kompetenz im Bereich der Führung sowie der
Methoden, Prozesse und Systeme.

Die Führungsfähigkeiten umfassen hier sehr stark auch die Selbstführung, wie bereits
durch die positive Einstellung Fehlern gegenüber aufgezeigt wurde. Darüber hinaus ist
insbesondere der Umgang der Führungskraft mit den eigenen Fehlern und die Reaktion
auf die Fehler anderer im Sinne der Vorbildwirkung ein wichtiger Faktor. Bei einigen der

Abb. 2.2 Fehler haben auch positive Effekte

von uns interviewten Unternehmen vertraten die Führungskräfte die Ansicht „na klar, Fehler sind menschlich, wenn jemand bei uns mal einen Fehler macht, hat das keine negativen Konsequenzen, wir müssen nur schauen, dass das nicht wieder passiert". Klingt doch gut, oder? Leider nur auf den ersten Blick – die Haltung Fehlern gegenüber ist weiterhin negativ und den Teammitgliedern wird das implizit vermittelt. Die Wertschätzung von erkannten Fehlern kann besser zum Ausdruck gebracht werden, wenn wie im Beispiel der Allianz die Mitarbeitenden dabei bestärkt werden, neue Wege zu gehen und dabei die Möglichkeit zu scheitern akzeptiert wird.

Im Bereich der Methoden sind zum einen soziale Aspekte wie die Fähigkeit zur Reflektion als Bestandteil des individuellen und organisationalen Lernprozesses, aber auch betriebswirtschaftliche Aspekte wie kontinuierliche Verbesserung sowie Instrumentarien des Risiko- und Qualitätsmanagements zu nennen. Besonderes Augenmerk benötigt hier allerdings das Wissen um verschiedene Aspekte des Teamverhaltens. Hagen (2017) berichtet über die Entwicklung des sogenannten „Crew Resource Management" als Konsequenz der Erforschung schwerer Unfälle in der Luftfahrt. Hier wird aufgezeigt, welche Bedeutung verschiedene Rollen im Team bei der Kommunikation in Krisensituationen sowie beim Umgang mit und Lernen aus Fehlern haben. In seinem Fazit beschreibt der Autor, dass das Ziel des Crew Resource Management – ein offenes Ansprechen und Diskutieren von Fehlern im Team – erst nach zehnjährigem Einsatz in der zivilen und militärischen Luftfahrt als implementiert angesehen werden konnte und auch weiterhin regelmäßig Führungs- und Teamtrainings zum richtigen wertschätzenden Umgang mit Fehlern erforderlich sind.

Doch auch bei der Teamzusammensetzung und deren Einsatzart gibt es neue Ansätze, die zur Verbesserung der Problemlösung beitragen sollen. Während man in Unternehmen früher versuchte, Herausforderungen durch ein Team von Spezialisten möglichst effizient und kostensparend zu lösen, geht man heute auch andere Wege. Längst hat sich gezeigt, dass diverse Teams aufgrund breiterer Kommunikations- und Denkmuster lohnende Resultate erzielen. Interessanterweise empfinden sich solche Teams selbst als weniger effizient als homogene Teams. Sie erzielen jedoch bessere und genauere Ergebnisse (Phillips et al., 2009).

Eine weitere Variante bietet der Ansatz, mehrere Teams auf die Problemlösung anzusetzen. Eine ähnliche Idee verfolgt IBM mit den „Elite Cloud Labs", in denen Developer weltweit bei der Arbeit an Prototypen kollaborieren (Steers et al., 2016). Mit diesem Vorgehen kann ein qualitativ hochwertiges und damit nachhaltiges Ergebnis erzielt werden. Wir denken dabei also auch an künftige Positionierungen und Marktanteile. Natürlich stachelt eine Teamzugehörigkeit den Wettkampfgeist gegenüber den anderen Teams an. Das Ziel ist aber eben gerade nicht, ein Sieger- und mehrere Verliererteams zu schaffen. Vielmehr soll die Lösung aus der besten Essenz aller Vorschläge entstehen.

Mit diesem Beispiel wechseln wir nun zum Kompetenzbereich der Prozesse und Systeme, und damit zu den Managementaufgaben. Sebastian Fischer und Kollegen (2018) zeigen in ihrer Studie, dass das Fehlermanagement quasi aus zwei Seiten einer Medaille besteht. Zum einen der Fehlerbehandlung im Sinne der Vermeidung negativer Fehlerkonsequenzen und zum anderen der Optimierung positiver Fehlerkonsequenzen. Die Vermeidung negativer Fehlerkonsequenzen umfasst dabei die schnelle Schadensregulierung sowie das Vermeiden weiterer Fehler. Die dazu erforderlichen klassischen System- und Prozesskompetenzen sind in den meisten der von uns befragten Unternehmen in zumindest befriedigender Art und Weise vorhanden. Spannend ist dagegen die zweite Seite – die Optimierung der positiven Fehlerkonsequenzen, zu denen das Lernen aus Fehlern, die Leistungssicherung sowie die Steigerung der Innovationsfähigkeit zählen. In Einzelfällen findet so eine „Ausbeute" bereits statt. Um eine derartige Optimierung als etablierten Prozess ablaufen zu lassen, benötigen Unternehmen Kompetenzen, die bisher häufig nicht ausreichend vorhanden sind.

Damit sind wir am Ende unseres Überblicks der für die Bewältigung aller Risiko-Krisen- und Fehlermanagementaufgaben erforderlichen Kompetenzen angekommen. Es zeigt sich also, dass klassische Managementkompetenzen immer noch wichtig bleiben, diese jedoch in einer Vielzahl von Unternehmen nicht mehr ausreichen werden. Hier muss eine unternehmensspezifische Vorgehensweise zur Schließung von etwaigen Kompetenzlücken gefunden werden. Wie das Storytelling dabei helfen kann, zeigen wir im nächsten Abschnitt.

2.3   Einsatz von Storytelling zum Kompetenzaufbau

Mit den im vorherigen Abschnitt vorgestellten Kompetenzen sollte Ihr Unternehmen gut gerüstet sein, um ein ganzheitliches und systematisches Risiko- und Krisenmanagement aufzubauen und die erforderliche Fehlerkultur zu gestalten.

Vermutlich haben Sie bemerkt, dass wir dabei die Inhalte bereits mit einigen Stories verknüpft haben. Manche haben wir unserer Beratungspraxis entlehnt, manche frei gestaltet, andere stammen aus Presseberichten wie die von Nick Leesons, Angela Merkel oder Christian Wulff, bzw. historischen Überlieferungen wie die von Christoph Kolumbus. Wir haben uns davon mehrere Effekte erhofft. Vor allem sollte die Theorie anschaulich, bildhaft und lebensnah werden. Falls es uns gelungen ist, die Geschichten unterhaltsam zu erzählen, sollten damit auch die theoretischen Inhalte eingängiger gewesen sein.

Und eventuell haben Sie während unserer Beschreibungen immer mal an Ihr Unternehmen gedacht und bereits die eine oder andere Kompetenzlücke identifiziert? Und nun fragen Sie sich, wie Sie diese – ohne große personelle Herausforderungen schultern zu müssen – schließen können? Dann empfehlen wir als erste Maßnahme den internen Kompetenzaufbau und zeigen Ihnen, wie Sie mit der Methode des Storytelling dabei Erfolge erzielen können.

Oder stehen Sie noch ganz am Anfang des Aufbaus eines Risiko- und Krisenmanagements und suchen nach Impulsen für den Aufbau und die Organisation sowie die Gestaltung einer positiven Fehlerkultur? Dann zeigen wir Ihnen in diesem Abschnitt, wie Sie das Storytelling beim Aufbau Ihrer Arbeitgebermarke sowie bei der Personalgewinnung einsetzen können.

Sie haben beim Lesen festgestellt, dass in Ihrem Unternehmen die Kompetenzfelder alle passend vertreten sind und auch Ihre Fehlerkultur bereits gut entwickelt ist? Herzlichen Glückwunsch! In diesem Fall lesen Sie unsere Vorschläge, um Ihr persönliches Lager an Stories gut aufzustocken.

Um Kompetenzen bewerten, analysieren und entwickeln zu können, bietet sich der Einsatz eines unternehmensspezifischen Kompetenzrahmens an. Dafür gibt es in der Personalmanagement-Literatur eine Vielzahl von Modellen, die von einfachen Vier-Felder-Lösungen bis zu komplexen, Softwarelösungen reichen. Was ist das richtige Modell für Ihr Unternehmen? Das hängt natürlich von vielen Faktoren ab, insbesondere von der Unternehmensgröße, dem Reifegrad und der Mitarbeiterstruktur. Auch der erforderliche Ressourceneinsatz und das Know-how Ihrer Personalabteilung sollten bei der Entscheidungsfindung berücksichtigt werden.

Beginnen wir doch hier am besten gleich mit einer Geschichte zur Einführung eines unternehmensweiten Kompetenzrahmens mit stellenspezifischen Kompetenzprofilen. Insbesondere in großen Unternehmen kann die Komplexität hier überwältigend sein. In unserer Beratungspraxis werden wir nun des Öfteren mit der Situation konfrontiert, dass die Geschäftsführung und die Personalabteilung Konzeption und Implementierung eines solchen Tools anstreben, die zweite Führungsebene und die Mitarbeiter damit aber überfordert erscheinen. In solchen Fällen „plaudern wir aus dem Nähkästchen" und erzählen:

> „Ich war selbst als Managerin mit der Aufgabe betraut, so einen Kompetenzrahmen in meinem Team einzusetzen. Zuerst war ich ganz offen, aber als ich gesehen habe, wie komplex das Ganze ist – für vier verschiedene Mitarbeitergruppen jeweils sechs Kompetenzen, die auf jeweils fünf Leistungsstufen beschrieben wurden, … ufff. Ich habe das Ganze erst mal zur Seite gelegt und eigentlich keine Lust gehabt, mich da reinzudenken. In meiner Führungsaufgabe musste ich mit

25 Teammitgliedern regelmäßig Entwicklungsgespräche führen, das kam mir mit dem neuen System wie eine Sisyphos-Aufgabe vor … Aber dann kam der Tag, als ich mit einem Mitarbeiter mit abweichendem Selbstbild ein kritisches Gespräch führen musste. Um mich gut auf das Gespräch vorzubereiten, habe ich mich dann doch mal in das Kompetenzmodell eingedacht und ganz überrascht festgestellt, dass ich anhand der Kompetenzbeschreibungen sehr bildhaft aufzeigen konnte, warum die von ihm erwartete Beförderung noch nicht stattfinden kann und welche konkreten Maßnahmen er ergreifen kann, damit es mit der Beförderung beim nächsten Mal klappt.

Diesen Motivationsschub habe ich dann genutzt, um alle Führungsthemen in meinem Bereich am Kompetenzrahmen auszurichten. Zuerst haben wir die Ausschreibungen für Nachbesetzungen und für neu geschaffene Stellen damit erstellt. Dann haben wir im Interview mit allen Kandidat:innen über die Kompetenzen und die Entwicklungsmöglichkeiten gesprochen. Die Einarbeitungspläne waren dann die logische Folge. Und die regelmäßigen Entwicklungsgespräche wie ein fehlender Puzzlestein, der das Bild komplett gemacht hat. Selbst die immer wieder aufgeschobenen Beurteilungen für Zeugnisse waren plötzlich ein Klacks. Also, mein Fazit nach zwei Jahren ist ganz klar – die zeitliche Investition am Anfang hat sich absolut gelohnt!"

So können wir erreichen, dass Kunden bereits bei der Einführung potentielle Zweifel und Widerstände direkt erkennen und adressieren.

Als eine weitere häufige Fragestellung sehen wir die Entwicklung der Fehlerkultur und der dazu erforderlichen Kompetenzen auf Seiten der Führungskräfte. Die Startup-Szene macht uns nun auch in Deutschland schon seit ein paar Jahren vor, dass Feiern wichtig ist – auch und vor allem bei Misserfolgen. Aber auch aus großen Unternehmen erreichen uns immer häufiger Berichte, wie diese Unternehmen ihre Fehlerkultur zelebrieren. Der indische Konzern Tata fördert zum Beispiel explizit die Manager:innen, die bei der Ideenentwicklung bereit sind, eventuell auch zu scheitern: Auch das bereits zitierte Beispiel der Allianz zeigt ein ähnliches Vorgehen.

Die Ursprünge dieser Fehlerkultur liegen in der japanischen Kaizen-Philosophie. Die Ressourcenknappheit nach dem Kriegsende 1945 zwang das Land, ökonomisch sparsam zu wirtschaften. Verschwendung musste gemeldet werden. Der Autobauer Toyota integrierte dies in seine Arbeitsabläufe und perfektionierte das Vorgehen als Erfolgssystem. Die Arbeitsprozesse wurden in kleinste Schritte zerlegt, um Fehler zu finden und aus den Abläufen zu entfernen. Dazu konnte auch schon mal der komplette Produktionsprozess, z. B. die Fertigungsstraßen, angehalten werden. Toyota befand sich dadurch in einem kontinuierlichen Prozess, in dem laut dem Kaizen-Erfinder Masaaki Imai (2021) kein Tag ohne Verbesserung im Unternehmen vergehen soll. Die Fokussierung auf Optimierung, Effizienz und Fehleraversion sind heute nicht mehr state of the art. Der Ansatz, aus Fehlern zu lernen, statt diese zu verbergen, ist es durchaus. Visionär war bei Toyota auch der Gedanke, dass alle Angestellten Fehler melden und sogar Abläufe anhalten sollten. Eine erfrischend hierarchiefreie Perspektive im geradezu hierarchiegetriebenen Japan.

Mittlerweile wird auch mittelständischen Unternehmen in Deutschland geraten, Formate wie z. B. einen „Failure Friday" zu implementieren, bei denen gescheiterte Projekte oder falsche Entscheidungen vorgestellt und diskutiert werden. Grundsätzlich halten wir das für eine gute Idee, aber nicht ohne Strategie. Aus unserer Erfahrung werden derartige Meetings häufig zu Foren für Selbstdarsteller*innen und dann ist der Schaden größer als der Nutzen. Daher sollte der Fokus auf dem Lernen aus den gescheiterten Projekten liegen. Dabei bietet der Business Case, also das gescheiterte Projekt oder die Fehlentscheidung das Potential der Veränderung und des Lernens.

Und hier kommt das Storytelling zum Einsatz: Die Daten und Fakten müssen zu einer spannenden Geschichte entwickelt werden, die dann authentisch und überzeugend auf die Zielgruppe zugeschnitten präsentiert wird. So etwas sollten Sie nicht dem Zufall überlassen!

Beispielhaft erzählen wir hier wieder eine Geschichte aus unserer Beratungspraxis, die gut bei einem Failure Friday hätte erzählt werden können. Der Erzähler war als Interim-Manager bei einer Transformation eines dezentralen Referentensystems zu einem firmenweiten Businesspartnersystem mit spezialisierter Aufgabenzuordnung eingesetzt und berichtet von einem Etappen-Misserfolg:

„Ihr wisst ja, dass wir die Aufgabe hatten, 6 Monate nach dem Go-Live der neuen Struktur eine Effizienzsteigerung um 20 % und eine Kostensenkung um 10 % bei mindestens stabiler Kundenzufriedenheit zu erreichen. Das hat nicht geklappt, trotz der Umstellung auf die neuen Abläufe häuften sich die nicht bearbeiteten Anfragen, unsere Teams haben Überstunden gearbeitet und auch zusätzlich noch Unterstützung aus anderen Teams bekommen. Hat alles nichts genützt. Besonders ärgerlich war dann noch eine wachsende Anzahl unzufriedener Kunden, deren Beschwerden natürlich auch noch bearbeitet werden mussten. Es war einfach kein Ende in Sicht und die Stimmung fiel in den Keller.

Natürlich habe ich nach den Ursachen geforscht und ziemlich schnell herausgefunden, dass einige Teammitglieder noch nicht so fit mit den neuen Tools waren und hier Fehler entstanden sind. Wir haben also nochmal geschult, weitere Automatisierungen und Prozessverbesserungen angestoßen, ok, es kamen Resultate, aber immer noch nicht die gewünschten KPIs.

Dann, eines Tages, hat Freund Zufall mir geholfen, das wahre Problem zu erkennen: Ich sitze da so kurz vor Feierabend bei Julia, einer der Business Partnerinnen, da klingelt deren Telefon. Sie begrüßt den Anrufer „Hi Max, das ist ja schön, dass wir uns mal wieder hören, erzähl mal, wie geht es so …" Es zeigt sich, dass Max ein Mitarbeiter aus ihrem ehemaligen Verantwortungsbereich ist, der ein Problem hat, für das meine Business Partnerin zwar nicht zuständig ist, sie aber gerne aus alter Verbundenheit (und weil es in unserer Abteilung ja gerade so chaotisch zugeht und der Max sonst so lange auf eine Lösung warten müsste) dann trotzdem für ihn löst.

Durch diesen Vorfall habe ich verstanden, warum unsere Transformation nicht die gewünschten Ergebnisse gebracht hat – bei allen Trainings neuer Abläufe, Routinen und Tools haben wir das Problem des erforderlichen „Verlernens" gewohnter Verhaltensweisen unterschätzt.

Unser Gehirn macht es sich eben gerne einfach. Was in der Kognitionspsychologie seit den Forschungen von Daniel Kahneman und Amos Tversky in den 1970ern empirisch belegt ist, hat noch nicht überall Einzug in die Managementpraxis gehalten. Da wird häufig die nächstbeste und nicht die allerbeste Alternative gewählt. Wir wollen nicht nachdenken, wenn die Lösung doch scheinbar offensichtlich ist. Und wir wollen uns nicht von Altgewohntem trennen, auch wenn uns längst klar ist, dass manche Handgriffe zu umständlich oder manche Angewohnheiten überholt sind. Einmal aktivierte Bahnen beschreitet unser kognitives System bevorzugt. Es ist wie bei der Frau, die am frühen Morgen eine einladende Hütte inmitten einer kalten Winterlandschaft entdeckte. Offensichtlich hatte sich nachts bereits eine andere Person einen Weg zur Hütte durch den tiefen Schnee gebahnt. Allerdings verlief dieser Weg in unregelmäßigen Kurven und führte mit Umwegen zum Ziel. Sollte sie sich nun auf einen direkteren Weg machen oder doch der bereits ausgetretenen, aber offensichtlich umständlicheren Strecke folgen? Die Antwort hängt stark von Ihrer Risikoneigung ab. Eine risikoaverse Haltung kostet weniger Energie bringt Sicherheit, das kann im Gebirge mit der Gefahr von Schneebrettern überlebenswichtig sein. Die erfahrene Bergwanderin wählt daher den vorgebahnten Weg und überlebt sicher. Doch was im Tiefschnee oder in neuronalen Netzen üblich ist, steht bei Unternehmen einer positiven Entwicklung allzu oft entgegen. Zum Glück befinden wir uns nicht mehr in den „Das haben wir schon immer so gemacht/Das haben wir noch nie so gemacht/Da kann ja Jeder kommen"-Zeiten. Dennoch brauchen neue Wege auch heute noch Anlaufzeit und Training.

Übersetzt auf unsere Transformation bedeutet das, neue Spuren zu setzen. In der Vergangenheit wurde von allen Teammitgliedern eine absolute Serviceorientierung erwartet, Austausch mit dem Kunden auf Augenhöhe war da kaum vorgesehen. Daher sind viele Teammitglieder noch nicht in ihren neuen Rollen angekommen, Spuren selbst zu setzen stellt ein Risiko dar. Aber das nun stattfindende „Arbeiten am Prozess vorbei" führt zu Ineffizienzen und stellt damit ein neues Risiko dar.

Gefahr erkannt – Gefahr gebannt – jetzt haben wir Maßnahmen entwickelt, um den Teams ihre neuen Rollen besser nahezubringen. In den Trainings haben wir mit echten Fällen gearbeitet, anhand derer die neuen Verhaltensweisen trainiert werden konnten. Zusätzlich haben wir jetzt einmal im Monat einen Nachmittag für die kollegiale Beratung reserviert, bei der aktuell auftretende Probleme direkt im Team gemeinsam diskutiert und gute Lösungen im Sinne unserer neuen Arbeitsweise gefunden werden können."

Zugegeben, diese Geschichte ist eher ein „kleiner Misserfolg". Planziele nicht zu erreichen ist ja fast alltäglich, aber gerade für Unternehmen mit viel Entwicklungsbedarf beim Fehlermanagement ist diese Geschichte dennoch gut geeignet, um verschiedene Aspekte der positiven Fehlerkonsequenzen zu adressieren.

Nachdem wir in diesem Kapitel die aus unserer Sicht relevanten Fragestellungen der Kompetenzen im Risiko-, Krisen- und Fehlermanagement vorgestellt haben, begeben wir uns auf die nächste Etappe unserer Reise – mit dem Ziel, die Vorgehensweisen in den drei Managementfeldern durch das Storytelling besser zu verstehen.

Literatur

Behringer, S. (2017). *Unternehmenssanierung*. Springer Fachmedien Wiesbaden. https://doi.org/10.1007/978-3-8349-3802-2

Bloemer, V. R. (2008). *Interim Management: Top-Kräfte auf Zeit: Aufgaben – Auswahl – Kosten* (3. Aufl.). *Walhalla Metropolitan*. Walhalla und Praetoria.

Danner-Schröder, A., & Geiger, D. (2016). Organisationale Resilienz: Wie Unternehmen Krisen erfolgreich bewältigen können. *Zeitschrift Führung + Organisation, 85*(03), 201–208.

Diederichs, M. (2017). *Risikomanagement und Risikocontrolling* (4. Aufl.). *Finance Competence.* Franz Vahlen. https://doi.org/10.15358/9783800652495

van Dyck, C., Frese, M., Baer, M., & Sonnentag, S. (2005). Organizational error management culture and its impact on performance: a two-study replication. *The Journal of Applied Psychology, 90*(6), 1228–1240. https://doi.org/10.1037/0021-9010.90.6.1228

Encyclopædia Britannica. (1974). *The new encyclopædia Britannica: In 30 volumes* (15. Aufl.). Encyclopædia Britannica.

Festinger, L. (1957). *A theory of cognitive dissonance* (st. Publ.). Stanford University Press.

Fischer, S., Frese, M., Mertins, J. C., & Hardt-Gawron, J. V. (2018). The role of error management culture for firm and individual innovativeness. *Applied Psychology, 67*(3), 428–453. https://doi.org/10.1111/apps.12129

Frese, M., & Keith, N. (2015). Action errors, error management, and learning in organizations. *Annual review of psychology, 66*, 661–687. https://doi.org/10.1146/annurev-psych-010814-015205

Greener, I. (2006). Nick Leeson and the collapse of barings bank: Socio-technical networks and the 'rogue trader'. *Organization, 13*(3), 421–441. https://doi.org/10.1177/1350508406063491

Hagen, J. U. (2017). *Fatale Fehler*. Springer Berlin Heidelberg. https://doi.org/10.1007/978-3-662-55484-5

Henschel, T., & Salzmann, J. (2021). Best practice im Krisenmanagement von KMU. *Controller Magazin*, (46), 35–41.

Hopfener, A., & Bier, S. (2018). Risikomanagement im Zeitalter der Digitalisierung: Rolle und Herausforderungen. *Risiko Manager, 9*, 10–16.

Horvath, D., Klamar, A., Keith, N., & Frese, M. (2021). Are all errors created equal? Testing the effect of error characteristics on learning from errors in three countries. *European Journal of Work and Organizational Psychology, 30*(1), 110–124. https://doi.org/10.1080/1359432X.2020.1839420

Imai, M. (2021). *Strategic Kaizen: Using flow, synchronization, and leveling [FSL™] assessment to measure and strengthen operational performance*. McGraw Hill.

Kaiser, S., Paust, R., & Kampe, T. (2007). *Externe Mitarbeiter: Erfolgreiches Management externer Professionals, Freelancer und Dienstleister. Linde international*. Linde Verlag Wien.

Kolb, S., & Welter, F. (2006). Turnaround-Management in KMU: Krisen erkennen, bewältigen und vorsorgen. In S. Kraus (Hrsg.), *Entrepreneurship: Theorie und Fallstudien zu Gründungs-, Wachstums- und KMU-Management* (S. 219–232). facultas wuv universitätsverlag.

Kotter, J. P. (2001). What Leaders Really Do. *Harvard Business Review, 79*, 85–98.

Lee, J., & Miesing, P. (2017). How entrepreneurs can benefit from failure management. *Organizational Dynamics, 46*(3), 157–164. https://doi.org/10.1016/j.orgdyn.2017.03.001

Misner, I. R., & Morris, J. (2017). *Givers gain:: The BNI story*. Paradigm Pub.International.

Obmann, C. (2017, März 10). Fehlermanagement in Unternehmen: Perfekt war gestern. *Handelsblatt*. https://www.handelsblatt.com/karriere/fehlermanagement-in-unternehmen-perfekt-war-gestern/19495162.html

Peachey, A. N. (2011). *Great financial disasters of our time* (3. Aufl.). *Neue betriebswirtschaftliche Studienbücher: Bd. 21*. Berliner Wissenschafts-Verlag.

Philipsen, G., & Ziemer, F. (2014). Mit Resilienz zu nachhaltigem Unternehmenserfolg. *Wirtschaftsinformatik & Management, 6*(2), 63–76. https://doi.org/10.1365/s35764-014-0405-9

Phillips, K. W., Liljenquist, K. A., & Neale, M. A. (2009). Is the pain worth the gain? The advantages and liabilities of agreeing with socially distinct newcomers. *Personality & Social Psychology Bulletin, 35*(3), 336–350. https://doi.org/10.1177/0146167208328062

Romeike, F. (2018). *Risikomanagement*. Springer Fachmedien Wiesbaden. https://doi.org/10.1007/978-3-658-13952-0

Smith, R. (1979). A simulator study of the interaction of pilot workload with errors, vigilance, and decisions (No. NASA-TM-78482).

Steers, R. M., Nardon, L., & Sanchez-Runde, C. J. (2016). *Management across cultures: Developing global competencies* (3. Aufl.). Cambridge University Press. https://doi.org/10.1017/CBO9781316584583

Stiehm, J., & Townsend, N. (2002). *The U.S. Army War College: Military education in a democracy.* Temple University Press.

Vanini, U., & Gutacker, H. (2019). Rollen und Zufriedenheit von Risikomanagern – Ergebnisse einer Befragung in Deutschland und der Schweiz. *Controller Magazin, 44,* 58–64.

Vanini, U., & Kempcke, A. (2020). Risikomanager als Business Partner? Ergebnisse einer Qualitativen Befragung. *Controller Magazin, 45,* 17–23.

Vorbringer, M., & Schlätzer, T. (2020). Digitalisierung & Risikomanagement. In A. Mahnke (Hrsg.), *Betriebliches Risikomanagement und Industrieversicherung: Erfolgreiche Unternehmenssteuerung Durch ein Effektives Risiko- und Versicherungsmanagement* (S. 255–274). Springer Fachmedien Wiesbaden GmbH. https://doi.org/10.1007/978-3-658-30421-8_13

Wiegel, J., & Frese, M. (2018). *Das Konzept Eigeninitiative: Proaktivität fördern, Unternehmenskultur prägen, Innovationskraft steigern. EBSCO Ebook.* Campus.

Winnenbrock, F. (2020). Turnaround-management. In C. Jäger & T. Heupel (Hrsg.), *Management basics* (S. 355–368). Springer Fachmedien Wiesbaden. https://doi.org/10.1007/978-3-658-11229-5_14

Capture

Wir sind nun am Start zur nächsten Etappe unserer Reise zur organisationalen Resilienz. Diese Etappe wird herausfordernd, weil wir unterwegs viel Gepäck aufnehmen werden. Sie erinnern sich: Capture bedeutet beim Storytelling, die richtigen Geschichten für den aktuellen Anlass zu finden. Dieses Kapitel soll Sie dabei unterstützen, sich Ihr eigenes Lager an Stories anzulegen. Dabei gehen wir auch darauf ein, welche Art von Geschichte situationsspezifisch passt. Und am Ende des Kapitels teilen wir unsere Erfahrungen, wo gute Geschichten zu finden sind und wie wir unsere Stories bis zum Gebrauch lagern. Auch diese Reiseetappe ist wieder in die bereits bekannten Zwischenstopps Risikomanagement, Krisenmanagement und Fehlermanagement unterteilt. Sind Sie bereit? Dann anschnallen und los geht's …

3.1 Risikomanagement

Wie sieht dieser Zwischenstopp eigentlich aus – handelt es sich um eine zentrale, eher urban geprägte Destination? Oder um einen Dschungel? Oder um eine Insel? Die Antwort ist leider kompliziert – alles davon kann zutreffen. Je nachdem, wie das Risikomanagement in Ihrem Unternehmen organisiert ist, können lebhafte Impulse in die gesamte Unternehmenslandschaft geschickt werden und durch ständigen Austausch werden auch stets neue Impulse aufgenommen. Wir persönlich lieben vor allem die urbane Destination mit viel Austausch, da wollen wir immer wieder hin. Leider passiert es uns recht häufig, dass wir auf einer Insel landen, eventuell in einem Leuchtturm, der stetig Signale in die Welt schickt, aber kaum mitbekommt, ob diese Signale Notsituationen verhindern helfen. Mitunter landen wir auch im Dschungel, der besteht dann aus Verordnungen, Richtlinien, Prozessvorgaben. Es gibt einen Fluss, auf dem man sich relativ sicher fortbewegen kann. Aber die Chancen, die sich ringshe-

I. Heinze et al., *Risky Stories – Storytelling strategisch im Risiko-, Krisen- und Fehlermanagement anwenden*, https://doi.org/10.1007/978-3-658-40310-2_3

rum befinden sind schwer zu erkennen und oftmals nur unter Lebensgefahr zu nutzen. Wenn Sie solche Landschaften kennen und dieses Buch in der Hand halten, dürfen wir davon ausgehen, dass Sie nach mehr Urbanität streben. Dazu erhalten Sie jetzt das nötige Rüstzeug – Sie entscheiden dabei, welche Tools für Ihre derzeitige Destination die richtigen sind. Damit Sie unterwegs die Orientierung nicht verlieren, gibt es Wegmarkierungen. Zuerst sind das die Grundsätze und die Organisation, danach schauen wir nach dem Prozess und am Schluss orientieren wir uns anhand von Reifegrad und Risikotypologie.

3.1.1 Grundsätze und Organisation

Aus dem vorherigen Kapitel wissen Sie bereits, dass der Unternehmenserfolg mehr denn je nicht nur in der Risikovermeidung, sondern vor allem in der Chancennutzung liegt. Ihr Risikomanagement darf also nicht länger als lästige Pflichtaufgabe aufgrund gesetzlicher Bestimmungen ohne offensichtlichen Mehrwert verstanden werden. Der Stellenwert des Risikobewusstseins kann nicht hoch genug bewertet werden, es ist längst zur Kernaufgabe der Unternehmenssteuerung und des unternehmerischen Handelns geworden. Wenn sich allerdings die Gesellschaft und die Wirtschaft stringent dem Gedanken der Effizienzoptimierung unterworfen haben, stellt sich die Frage, wie das Risikomanagement die Chancennutzung absichern kann. Die erste Weichenstellung erfolgt hier in der Organisation der Funktion des Risikomanagements.

Abb. 3.1 soll Ihnen helfen, sich die Risikomanagementorganisation als Fundament vorzustellen, auf dem dann die Entscheidungen im Unternehmen „risikoadäquat", also passend zur Risikosituation und zum Risikoappetit, getroffen werden. Dabei sehen wir die Risikokultur als das Herz – hier liegt das gemeinsame, grundlegende Normen- und Wertegerüst, welches vor allem von Offenheit geprägt sein sollte. Für die aktive Bereitschaft der Mitarbeitenden zur risikobewussten Arbeitsweise ist das die Grundvoraussetzung.

Das Herz bestimmt den Rhythmus für die Subsysteme. Zuerst sind da die risikopolitischen Grundsätze, die als Handlungsanleitung für alle Mitarbeitenden für den Umgang mit Risiken und Chancen transparent gemacht werden sollen. Das ist eine Aufgabe der Unternehmensführung. Daraus entwickeln die einzelnen Unternehmensbereiche ihre Prozesse und Strukturen für ihr bereichsbezogenes Risikomanagement. Das funktionale Risikomanagement, also der oder die Risikomanager:innen auf der Gesamtunternehmensebene haben dabei die Aufgabe, mit Fachwissen zu unterstützen und ein einheitliches Vorgehen sicherzustellen. Wenn das gelingt, sprechen wir Fachleute dann von einem „ganzheitlichen Risikomanagementsystem". Damit wird ausgedrückt, dass das Risikomanagement eben nicht auf einer Insel im Unternehmen stattfindet. Vor allem in größeren Unternehmen gibt es noch weitere Puzzlesteine, zum Beispiel die interne Revision, das Controlling und ein Risiko-Frühwarnsystem.

Doch lassen Sie uns noch einmal auf das Herz schauen, denn eventuell fragen Sie sich gerade, wie sich der Rhythmus der Kultur auf die verschiedenen Elemente des Puzzles überträgt. Am einfachsten gelingt das über geteilte Werte, Praktiken, Rituale, Vorbilder und Symbole. Der bekannte Unternehmenskulturforscher Gert Hofstede beschreibt die

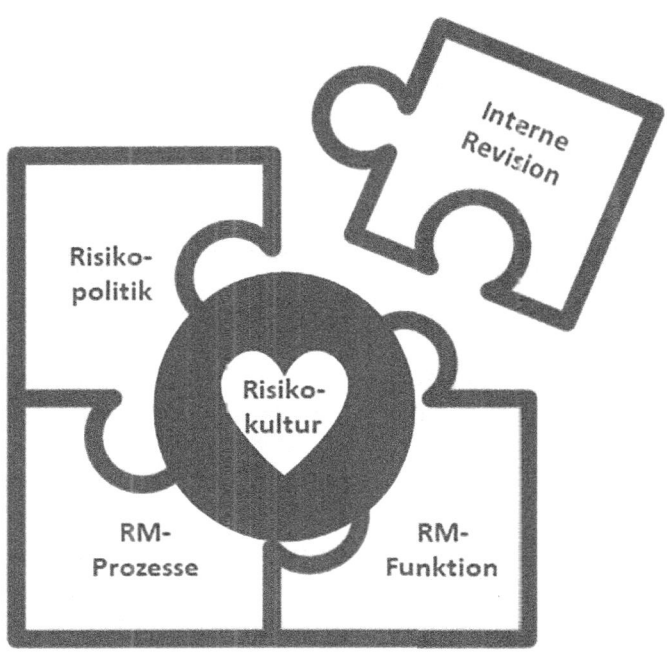

Abb. 3.1 Risikokultur im Herzen der Risikomanagementfunktionen. (Quelle: Eigene Darstellung)

Zusammenhänge bildlich als „Kulturzwiebel". Der Zwiebelkern sind die Werte, die von den Zwiebelhäuten bis hin zur Außenhaut der Symbole, wie dem Unternehmenslogo oder der Gebäudearchitektur, umschlossen sind (Hofstede, 1991).

In einer solchen Kulturzwiebel sollte die Risikomanagement-Funktion als eigener Bereich organisiert sein, der für die Implementierung, Pflege sowie Weiterentwicklung eines ganzheitlichen Risikomanagementsystems verantwortlich ist. Vor allem bei Aktiengesellschaften besteht außerdem die interne Revision als ein weiteres Puzzleteil der Risikomanagementorganisation. Deren Aufgaben im Rahmen des Risikomanagements sind die begleitende Überprüfung der Wirksamkeit, Angemessenheit und Effizienz der Risikomanagementmaßnahmen. Studien wie die von Henschel und Lantzsch (2022) und Gleißner (2020) zeigen, dass gerade in KMU die Verantwortung für das Risikomanagement häufig bei der kaufmännischen Leitung oder dem Rechnungswesen bzw. Controlling liegt. Aus unserer Erfahrung sollten diese Unternehmen darüber nachdenken, ihre Risikomanagementfunktion an unternehmensexterne Dritte zu übertragen. So hat sich zum Beispiel eine Berliner Traditions-Spirituosen-Manufaktur entschieden, den Relaunch ihrer Marke und das damit verbundene Store-Konzept von Anfang an durch einen externen Risikomanagement-Experten begleiten zu lassen. Warum? Zum einen kann das Unternehmen so interne Ressourcen schonen und erhält zudem eine zusätzliche Fachexpertise durch den Berater, dessen strenge Haftungsstandards dann auch noch für die richtige Balance zwischen Chancennutzung und Risikovorsorge sorgen.

Diesen Zusatznutzen der externen Perspektive möchten wir hier noch mit einer Story aus dem Sport verdeutlichen.

Einer unserer Autoren war als Student Teil des Box-Teams der Humboldt-Universität Berlin. Und auch bereits in der damaligen Vor-Smartphone-Ära nahmen die Teamkollegen solche Events zur persönlichen Nachbetrachtung auf. Dabei staunte unser Hobby-Boxer meistens nicht schlecht. Das was er sah, schien wenig mit dem Kampf aus seiner Erinnerung zu tun zu haben. Man konnte doch nicht näher dran sein als er selbst, nämlich als Akteur im Zentrum des Geschehens. In den zwei Minuten jeder Runde muss jeder Boxer selbst die Risiken der eigenen Aktionen und jene des Kontrahenten abschätzen. Diese Kompetenzen entscheiden über Sieg oder Niederlage. Doch dabei war sein Blick offensichtlich alles andere als objektiv. Zum Glück fanden solche Wettbewerbes-Nachbetrachtungen im Kreis der Mannschaft statt. Sein Team und die Trainer erklärten ihm sachlich und nüchtern, was gut und was verbesserungswürdig war. Sie und der objektive Blick der Videokamera rückten das Ganze ins richtige Licht.

Was beim Boxen sinnvoll sein kann, Instinkte statt Abwägen, Impulse statt Planbarkeit, ist im Risikomanagement unangebracht. Und auch hier kann die eigene Perspektive zu einem Tunnelblick führen. Je schneller und riskanter wir unterwegs sind, desto eingeengter wird das Sichtfeld. Unsere Sinne sind beeinträchtigt, manchmal fokussiert, manchmal beinahe ausgeschaltet (Shomstein & Yantis, 2004).

Während eines Boxkampfes ist die Anzahl der Akteure allerdings sehr begrenzt. Es gibt nur Dich und diesen einen Kontrahenten, dem Dein ganzer Fokus gilt. Jetzt werden Sie eventuell sagen: aber das Publikum und die Trainer nehmen doch vom Rande aus Einfluss? So wurde zumindest nach der Handball-Weltmeisterschaft 2019 die Spitzenleistung der Deutschen öffentlich interpretiert: Die Stadien waren vollbesetzt, es entstand eine einzigartige Atmosphäre, der Funke sprang über. Dadurch wurde das Team zu Hochleistungen angespornt. Ergibt Sinn, oder?

Lassen wir hier erst mal die persönlichen Erfahrungen unseres Autors sprechen: „Das Publikum habe ich während der Kämpfe überhaupt nicht wahrgenommen" Und was sagt die Forschung? Die Sportpsychologie findet hier uneindeutige Studienergebnisse und geht bisher drei unterschiedlichen Vermutungen nach (Alfermann & Stoll, 2005, S. 245). So kann die Anwesenheit anderer Personen die Leistungen der Sportler mitunter verbessern, das wird als „soziale Förderung" angesehen. Mitunter verschlechtert die Anwesenheit anderer Personen aber auch die Leistungen der Sportler, in diesem Fall sprechen wir von einer „sozialen Beeinträchtigung". Und – ja auch das ist möglich – manchmal hat die Anwesenheit anderer Personen gar keinen Effekt auf die Leistungen der Sportler.

Aus diesem Grund klammern wir also diese potenziellen Einflüsse hier aus und setzen im Risikomanagement genau wie der Wettkampfsport auf Analysen mit Beobachtungsprotokollen und deren Abgleich mit operationalisierten und kategorisierten Merkmalen des speziellen Umfelds (Ort, Anlass, Professionalisierungsgrad, Regeln usw.), um ein möglichst hohes Maß an Standardisierung zu ermöglichen. Schon das kann helfen, den „Tunnelblick", auf ein objektiveres Niveau zu heben (Bussweiler et al., 2012). Zusätzlich kann das Einbinden externer Dienstleister einem Unternehmen bei der wachsenden Anzahl der Mitspieler:innen im eigenen Team, bei den Zulieferern und Kunden, den Mitbewerbern bis hin zu Medien und Gesetzgebern helfen. So ein externes Risikomanagement ist dann wie das Humboldt-Team nach dem Kampf eine professionelle, nüchterne Instanz, mit deren Hilfe die nächste Herausforderung noch besser bewältigt wird.

Aber egal, ob Sie Ihre Risikomanagementfunktion intern oder extern organisieren: Für Unternehmen jeder Größe und Art liegt die direkte Verantwortung für die Umsetzung des Risikomanagements beim operativen Management. Für die Erfassung und Bewertung der einzelnen Risiken sind die jeweiligen betrieblichen Funktionsbereiche direkt verantwortlich. Dadurch können eine schnelle Reaktionszeit und hohe Flexibilität erreicht werden. In den einzelnen Bereichen umfasst das Risikomanagement vor allem eine möglichst frühzeitige Identifikation, Beurteilung und das Management von Risiken und Chancen am Ort des Entstehens. Weiterhin sollte für bestimmte Risikomanagement-Maßnahmen das Know-how anderer Unternehmensbereiche wie zum Beispiel das Controlling oder das Qualitätsmanagement genutzt werden. So können die Risikoverantwortlichen, die auch häufig „Risk-Owner" genannt werden, bei der Bewertung ihrer Risiken unterstützt werden. Das kann entweder die Auswahl der Methoden oder auch den Inhalt, die Struktur und die Häufigkeit des Reportings verbessern. Auf die genauen Anforderungen und Abläufe der operativen Ebene schauen wir bei der nächsten „Wegmarkierung", dem Risikomanagementprozess.

Vorher stellen wir uns aber nun erst einmal der Fragen der organisatorischen Eingliederung des Risikomanagements. Für diese Entscheidung sollte ein Top-down-Ansatz verfolgt werden, d. h. der Anstoß zum Aufbau und zur Durchführung des Risikomanagements sollte von der Unternehmensführung ausgehen. Wichtige Kriterien sind dabei die Unternehmensgröße und -art, die Rechtsform, die Organisationstruktur sowie die Intentionen des Managements. Die weiteren zu berücksichtigenden Fragestellungen sind die organisatorische Einordnung, d. h. Aufbau- und Ablauforganisation sowie Fragen zur Zentralisation bzw. Dezentralisation; die Zuordnung der Aufgaben auf die Aufgabenträger und die Möglichkeit der Nutzung vorhandener Instrumente, wie z. B. der Balanced Scorecard (Schmidt et al., 2022).

Auch bei der Organisation des Risikomanagements müssen Fragen zur Aufbau- und zur Ablauforganisation betrachtet werden. Bei der Aufbauorganisation geht es um die Abteilungen und Stellen, also um die Struktur. Bei der Ablauforganisation geht es um die Arbeitsschritte, also die Prozesse, auf die wir im nächsten Abschnitt konkret eingehen werden. Zur Gestaltung der Struktur ist eine zentrale Frage die Entscheidung über Zentralisation vs. Dezentralisation. Beide Varianten bieten sowohl Vor- als auch Nachteile, auf die wir hier nicht näher eingehen können.

Bevor wir uns nun gleich der Ablauforganisation zuwenden, möchten wir noch gemeinsam mit Ihnen einen Blick auf die grundlegende Aufgabengliederung beim Risikomanagement werfen, dabei ist zu unterschieden zwischen:

- den konstitutiven Aufgaben (diese dienen der Systembildung und -erhaltung)
- den strategischen Aufgaben (also dem Umgang mit strategischen Risiken)
- den operativen Aufgaben (hier liegt der primäre Fokus auf den Risiken aus dem operativen Geschäft)

Alle drei Aufgabenbereiche beinhalten unterschiedliche Herausforderungen, die wir uns nun etwas näher anschauen. Beginnen wir mit den ***konstituierenden Aufgaben***, die anfallen, wenn sich Unternehmen erstmals mit der Einführung eines Risikomanagements befassen oder aufgrund veränderter Anforderungen ein bestehendes System anpassen müssen. In beiden Fällen stellt die sachgerechte Organisation für dieses Projekt einen kritischen Erfolgsfaktor dar. Es handelt sich hier um einen Change Prozess, bei dem das Projektmanagement in ein Change Management eingebunden sein sollte. Das Change Management ist das klassische Einsatzgebiet für die Methode des Storytelling. Der Einsatz von Stories am Beginn eines Veränderungsprojekts dienen vor allem dem Zweck, die Bereitschaft zur Veränderung im gesamten Team positiv zu beeinflussen. Aus unserer Erfahrung müssen diese Stories nicht von ähnlichen Projekten (also in unserem Fall der Einführung oder Veränderung von Risikomanagementsystemen) handeln, sondern sollten die von John Kotter (2014) beschriebene Kraft des „sense of urgency", also der Dringlichkeit des Handelns, heraufbeschwören. In der Einleitung zu diesem Buch hatten wir bereits erwähnt, dass Stories zu Veränderungen eine eigene Kategorie beim Storytelling darstellen. In dieser Kategorie bietet es sich besonders an, die Emotionen, die beim Einsatz von Mut, Flexibilität oder Resilienz durchlebt werden, in den Mittelpunkt der Story zu stellen.

Das war jetzt ziemlich viel Theorie, sicher warten Sie schon auf die nächsten Geschichten, mit denen es gelingt, Menschen in Unternehmen für die Umsetzung zu begeistern. Weil Sie so geduldig durchgehalten haben, dürfen Sie nun gleich zwei Geschichten lesen.

Auf unsere erste Geschichte sind wir durch einen Podcast der Neue Zürcher Zeitung aufmerksam geworden, in dem David Vogel und Benedikt Hofer über das südenglische Städtchen Frome erzählen. Mit dem ging es um die Jahrtausendwende ziemlich bergab. Die großen Zeiten des Tuchhandels und der industriellen Produktion waren vorüber und das Städtchen litt unter der Abwanderung der Bevölkerung. So verkam Frome in der ohnehin strukturschwachen Gegend mehr und mehr. Es drohte die Gefahr, dass nur die gänzlich Perspektivlosen zurückblieben. Der Hausärztin Helen Kingston zeigte sich die Dramatik der Situation vor allem im Anstieg der psychischen Krankheiten wie Depressionen oder Adipositas ihrer Patient:innen. Helen hatte schon seit einiger Zeit beobachtet, dass viele ihrer Patient:innen auf Therapieangebote nicht ansprachen, weil sie in der Situation einfach überfordert waren. So erhält zum Beispiel ein 60-jähriger Arbeiter nach einem Herzinfarkt Hinweise zur gesunden Ernährung. Wer mehrere Jahrzehnte mit einem „full english breakfast" in den Tag gestartet ist, kann aber nicht einfach so auf Quinoa und Gemüsesäfte umsteigen. Oder eine junge Mutter, der geraten wird, mit ihrem hyperaktiven Sohn einen Mutter-Kind-Yoga-Kurs zu machen, scheitert schon daran, so ein Angebot in Frome überhaupt zu finden. Helen versuchte zu unterstützen, kam aber schnell an die Grenzen ihrer eigenen Kapazitäten. Sie suchte Verbündete beim NHS, dem staatlichen Gesundheitswesen, und da war er – der sense of urgency – es musste dringend etwas passieren, um die Stadt am Leben zu halten.

Helen initiierte eine Datenbank mit den persönlichen Interessen der Menschen. Damit gelang es ihr, die Bevölkerung für gemeinsame Aktivitäten zusammen zu bringen. Ein erster wichtiger Schritt war unternommen: der aus der Vereinsamung. Hatte man die Bewohner von Frome nun schon einmal an bestimmten Orten zusammen, konnten auch weitere Probleme angegangen werden. Ein innovativer Ansatz, um vor allem die Landwirte aus den umliegenden Dörfern zu erreichen, wurde auf dem regelmäßig stattfindenden Viehmarkt etabliert. Dort platzierte man auch eine psychologische Beratung und kombinierte sie mit einer gratis Fußpflege. Mit solchen und weiteren Initiativen schafften es Helen und ihre Mitstreiter:innen, ihre eigene Vision eines positiven Mindsets in Frome in die gesamte Bevölkerung zu tragen. Sie war so erfolgreich, dass sich 1800 Bürger des Städtchens als ehrenamtliche Community Connectors ausbilden ließen. Deren Aufgabe war es, ein Netz des sozialen Miteinanders zu schaffen. Der Taxifahrer hört von einem Fahrgast, einer älteren Dame, dass sie sehr einsam ist und in ihrer Jugend in einem Chor gesungen hat. Unser taxifahrender Community Connector greift nun auf die digitale Hilfs- und Beratungsplattform des Netzwerks zu, findet einen Chor, der in der Nähe probt und bringt die ältere Dame zur ersten Probe. Es entstanden viele neue Ideen und Initiativen. Mit dem einmal aufgenommenen innovativen Schwung wurde Frome dann sogar zu einem Vorreiter nachhaltigen Konsums in England. Auch die Medien wurden aufmerksam: 2016 wurde Frome für die Urbanism Awards nominiert und die Sunday Times kürte es 2018 zu einem der „Best Places to Live in Britain". Selbstbewusst bezeichnet die Stadt sich heute als „the perfect destination for those looking for that something just a little bit different". In dieser vitalen Atmosphäre wundert es nicht, dass auch die psychischen Krankheiten und die Hospitalisierungsquote in bemerkenswerten Ausmaßen zurückgingen. Es war gelungen, von einem fatalistischen Zustand des allgemeinen Verfalls in einen optimistischen Zustand produktiver Gemeinschaft zu wechseln. Am Anfang stand die Erkenntnis, dass ein Wechsel nötig und möglich ist. (Burnett, 2019)

Unsere zweite Geschichte wurde bereits 2012 von Ricarda Otte in einem Beitrag für die Deutsche Welle erzählt und zeigt, dass auch positive Emotionen einen sense of urgency initiieren können. Ein beliebtes Beispiel dafür ist Barcelona. Am 17. Oktober 1986 erhielt die Stadt die Zusage zur Ausrichtung der Olympischen Spiele 1992 und die Menschen feierten spontan in den Straßen. Auf der Welle dieser Begeisterung planten die Bürger eine neue, zum Meer hin offene Stadt. Bisher war Barcelona durch eine zehnspurige Autobahn und eine Bahnlinie vom Meer getrennt. Das wurde nun geändert. Und nach den Olympischen Spielen wurde aus dem Olympischen Dorf bezahlbarer Wohnraum, viele Sportstätten wurden in große Freizeitparks verwandelt. Auch das Abwasser wurde nicht mehr direkt ins Meer abgeleitet. Heute ist Barcelona immens beliebt. 2019 kamen 19 Millionen Touristen in eine der schönsten Großstädte der Welt.

Wir haben genau diese beiden Geschichten nicht nur gewählt, um zu zeigen, wie sowohl positive als auch negative Ausgangssituationen die Initialzündung für Veränderung sein können. Ein weiterer Grund unserer Wahl ist es, Ihnen zu zeigen, dass Sie bei einer bekannteren Story wie der Olympia-Bewerbung von Barcelona direkt in starke Bilder, wie dem der zehnspurigen Autobahn, einsteigen können. Details braucht es dazu kaum. Prägnanz wirkt. Zusätzliche Informationen sind hierbei nur extra Gepäck. Ihr Gehirn versucht, alles zu bewältigen. Es wird anstrengender, manches kann vielleicht gar nicht richtig eingeordnet werden. Und während Sie noch über Unwesentliches nachgrübeln, verpassen Sie vielleicht die zentrale Botschaft einer Story. Laden Sie Gehirnen nur so viel auf, wie sie zum kognitiven und emotionalen Verständnis brauchen. Dann kommt Ihre Story am besten ins Ziel.

Wenn Sie doch eine unbekanntere, komplizierte Geschichte wählen (müssen), sollten Sie unbedingt darauf achten, dass Sie neben starken Bildern (wir haben beim full english breakfast gleich Hunger bekommen) auch Helden wie unsere Ärztin Helen in Szene setzen. So wird die Geschichte persönlich und Ihr Publikum kann eine Verbindung aufbauen.

Der zweite Aufgabenbereich befasst sich mit den *strategischen Aufgaben*. Dabei geht es vor allem darum, zu entscheiden, wie das Unternehmen mit den Risiken umgehen will. Grundsätzlich gibt es dazu 5 Möglichkeiten:

- die Risikovermeidung
- die Risikoverminderung
- die Risikoüberwälzung
- die Risikotragung oder -übernahme
- die Risikodiversifikation

Bei der *Risikovermeidung* verzichtet das Unternehmen gänzlich auf risikobehaftete Geschäfte. Auf diese Weise kann Risiko überhaupt nicht entstehen, eine unternehmerische Chance wird allerdings damit auch nicht wahrgenommen. Das Sicherheitsziel tritt vor alle anderen Unternehmensziele, auch vor die Gewinnziele. Diese radikale Risikobeseitigung ist nur dann empfehlenswert, wenn eine effektive Risikoverminderung anders nicht möglich ist und ein Schaden die Existenz des Unternehmens gefährden würde. In einem unserer Forschungsprojekte haben wir z. B. die Familie Werner getroffen, die im Einzugsbereich der Metropole Frankfurt/Main einen Büromaterialhandel betrieb. Der Wettbewerbsdruck durch den sich immer stärker ausweitenden Onlinehandel bewirkte sinkende Umsätze und die Familie investierte ebenfalls in einen Onlineshop. Allerdings nur in einem sehr überschaubaren Rahmen, da die Unternehmerfamilie ihre unternehmerischen Kenntnisse und Fähigkeiten sowie die finanziellen Ressourcen eher pessimistisch einschätzten. Sie trauten sich nicht zu, ein neues innovatives Geschäftsmodell zu implementieren, aus Angst, sonst das komplette Unternehmen in Existenzgefahr zu bringen. So konnte das Unternehmen noch einige Jahre die Familie ernähren, bis der Tod des Vaters final die Entscheidung zur Liquidation brachte. Der Clou: der einzige Unternehmensbereich, für den die Familie zu diesem Zeitpunkt einen Käufer finden konnte, war der Onlinehandel – dieser wurde von einem Investor weiterentwickelt und ausgebaut.

Wie schwer es aber auch großen international erfolgreichen Unternehmen fällt, die richtige Balance zwischen umsatzsichernder Risikovermeidung und wettbewerbsorientierter Chancennutzung zu finden, zeigt das bekannte Beispiel des Mobilfunkkonzerns Nokia.

Bereits bevor Apple im Jahr 2007 sein ersten iPhone in den Markt brachte, war die Touchscreen-Technik auch beim Mitbewerber Nokia bekannt. Dieser war zu der Zeit als Hersteller von Tatstatur-Handys mit einem Umsatz von über 51 Milliarden Euro der Marktführer der Branche und vermied bewusst den Schritt in eine neue Stufe der Technologie, um die eigene Cash Cow nicht zu schlachten.

2008 setzten die Finnen mit dem N97 noch immer auf eine Slidertastatur. Doch der Umsatz ging nun bereits zurück und eine Kette von Fehlentscheidungen begann. 2010 hatte man bei Nokia erkannt, dass in Zukunft die Software und weniger die Hardware die Marktchancen von Handys bestimmen wird. Nokia begann, die Handys mit einer Symbian Open Source auszustatten, nur um im selben Jahr den Wechsel auf OS Windows Phone bekannt zu geben, was die bereits produzierten und vertriebenen Symbian-Modelle zu Ladenhütern werden ließ. Als Microsoft 2014 Nokia komplett übernahm, wollte alle Welt Touchscreen-Handys, Apple war Kult und der Umsatz der Firmen um über 2/3 eingebrochen. Damit ist Nokia als das Paradebeispiel für ein zu risikoscheues Management in die Annalen der Management-Literatur eingegangen.

Lassen Sie uns nun als Nächstes die Strategie der *Verminderung* von Risiken erkunden. Dabei werden Risiken zwar eingegangen, aber von vornherein durch die Ermittlung von Schadenshöhen und Eintrittswahrscheinlichkeiten reduziert. Ein aktuelles Beispiel stellen hier die in den vergangenen Jahren immens angestiegenen Fälle von Cyberkriminalität dar. Eine Studie von Dreißigacker und Kollegen aus dem Jahr 2020 zeigt, dass 41 % der befragten Unternehmen in den letzten zwölf Monaten einen Cyberangriff erlebt haben. Dies führte zu einem eingeschränkten bzw. eingestellten Geschäftsbetrieb von durchschnittlich 24 Stunden. Die direkten Kosten beliefen sich auf bis zu 2 Millionen Euro pro Unternehmen. Gerade im Mittelstand können solche Risikoausmaße schnell existenzbedrohend werden. Die Autoren der Studie merken an, dass allgemein das Unternehmensrisiko aus der Cyberkriminalität unterschätzt wird. Daher benötigen wir für das Risikomanagement Strategien zur Risikobewertung und -vorsorge, die sich an den beiden Kriterien Eintrittswahrscheinlichkeit und Schadenshöhe orientieren (dazu noch mehr im Abschnitt zum Risikomanagementprozess). Anhand der Strategien werden dann ursachen- oder wirkungsorientierte Maßnahmen implementiert, wie z. B. eine bessere Aus- und Weiterbildung des Personals, verstärkte Motivation der Mitarbeitenden, Erweiterung der Sicherheitsvorkehrungen oder die Vorgabe von Risikolimits.

Die dritte Strategie, die *Risikoüberwälzung* besteht darin, Risiken gegen Entgelt auf Dritte zu übertragen. Die bekannteste Art ist dabei die Versicherung. Diese Strategie bietet sich für die Risiken an, die in Relation zu Art und Umfang der Geschäftstätigkeit als auch zur Risikotragfähigkeit des Unternehmens als hoch eingestuft werden und bei denen eine Verminderung nur begrenzt möglich ist. Das können Risiken sein, die nicht unmittelbar aus der Geschäftstätigkeit resultieren (wie z. B. das Feuerrisiko). Aber auch einige ausgewählte geschäftstypische Risiken wie die Versicherung von Warenforderungen sind durchaus gängige Praxis. Nicht versicherbare Risiken aus dem operativen Geschäft können durch spezielle Vertragskonstellationen auf den Vertragspartner übertragen werden. Diese Verfahrensweise kommt z. B. häufig in der Bauindustrie zum Einsatz. Bei großen und komplexen Projekten gibt es einen Generalunternehmer und dieser vergibt dann Teilleistungen oder Arbeitspakete an Subunternehmer, die dann alle damit verbunden Risiken wie Zeitverzögerungen und Mehrkosten übernehmen müssen.

Bei der vierten Strategie, der *Risikoübernahme* entscheiden sich die Unternehmen, die Risiken selbst zu tragen. Wieso ist das dann auch Risikomanagement? In solchen Fällen werden die Unternehmen aktiv Vorsorge betreiben, indem sie sogenanntes Deckungskapital zurückhalten. Das können Rücklagen oder Reserven sein. Diese Strategie bietet sich vor allem bei Risiken mit geringem oder mittlerem Schadensausmaß und/oder niedriger Eintrittswahrscheinlichkeit an. Oftmals werden auch höhere Risiken bewusst in Kauf genommen, wenn sich daraus wichtige neue Chancen für das Unternehmen ergeben können. Gerade diese Risiken, die im Rahmen der Risikosteuerung akzeptiert werden, müssen einer kontinuierlichen Beobachtung unterliegen, um mögliche Änderungen rechtzeitig berücksichtigen zu können. In unserer Beratungspraxis finden wir eine Präferenz für die Strategie der Risikotragung häufig in Familienunternehmen, bei denen Gewinne im Unternehmen gehalten werden und so das weitere Wachstum des Unternehmens auch über mehrere Generationen abgesichert wird.

Last but not least kommen wir nun zur **_Risikodiversifikation_**, aus unserer Sicht die Königsdisziplin der Risikostrategien. Hier werden mehrere, voneinander unabhängige Einzelrisiken systematisch so kombiniert, dass im Ergebnis das Gesamtrisiko vermindert wird. Vielleicht nicht das betriebswirtschaftlich bedeutendste, aber im Kontext von Storytelling schönste Beispiel für die Risikodiversifikation ist die in vielen Unternehmen existierende Festlegung, dass nur eine bestimmte Anzahl an Führungskräften eines Unternehmens gemeinsam eine Flugreise antreten darf. Im Falle eines Unglücks wird damit vermieden, dass das Unternehmen ohne Management zurückbleibt. Wie wir aus der Forschung wissen, wird hier allerdings die Gefahr von Flugzeugabstürzen über- und die Gefahr von Verkehrsunfällen unterschätzt. Gerd Gigerenzer hat dazu ausführlich geforscht und beschreibt diese Art der Risikoabwägung als Schockrisiko. Dieses Phänomen basiert auf dem Schock, der nach tragischen Flugzeug-Abstürzen wie z. B. dem der Fußballmannschaft von Manchester United im Jahr 1958 oder der polnischen Regierung im Jahr 2010 zu nationalen Traumata führt. Oder wie im Fall von Buddy Holly, der 1959 nach einem Ausfall der Heizung bei seinem Tourbus ein Flugzeug mietete, um gemeinsam mit Ritchie Valens und The Big Bopper die Reise nach Moorhead (Minnesota) fortzusetzen. Das Flugzeug stürzte ab und so wurde der 3. Februar 1959 zum „Day the Music Died".[1] Dieses Beispiel zeigt in bemerkenswerter Weise, wie Geschichten bzw. die dadurch erzeugten Emotionen unsere Entscheidungsfähigkeit bei der Risikoabweichung vollkommen irrational beeinflussen.

Zusammenfassend können nach Smallman (1996, S. 14) die Strategien der Risikovermeidung und der Risikominderung als ursachenbezogene Risikopolitik mit proaktivem Risikomanagement klassifiziert werden. Die Strategien der Risikoüberwälzung sowie der Risikoübernahme entsprechen einer wirkungsbezogenen Risikopolitik mit reaktivem Risikomanagement. Auch die Diversifikationsstrategie kann zum reaktiven Risikomanagement gezählt werden. In den meisten Unternehmen mit proaktivem Risikomanagement werden alle genannten Strategien (also auch die reaktiven Strategien) mit unterschiedlicher Gewichtung eingesetzt. Wie ein solcher Risikostrategie-Mix aussieht, hängt von der Risikopräferenz und der Art der Geschäftstätigkeit ab (Baetge & Jerschensky, 1999, S. 173).

---

[1] https://rockantenne.hamburg/musik/specials/the-day-the-music-died.

In unserer Beratungspraxis helfen wir vor allem Start-ups dabei, einen derartigen Risikostrategie-Mix aufzusetzen. So hatte z. B. ein Unternehmen aus dem Bereich der digitalen Bildungsangebote direkt nach dem Markteintritt unsere Hilfe erbeten, da die Gründer von der Vielzahl der möglichen Entwicklungsszenarien einfach überwältigt waren. Wir haben dann den Dschungel gelichtet, indem wir die Gründer dabei angeleitet haben, zuerst alle strategischen und operativen Risiken zu bewerten und diese dann in einem Portfolio zu visualisieren. Dabei kam es bei den Gründern zum klassischen Heureka-Erlebnis – nach wochenlanger Ratlosigkeit hatten sie die Risiken gefunden und konnten nun mit Hilfe von Szenarien Entscheidungsmöglichkeiten ergründen. Uns erinnert das immer an ein Schachspiel. Ohne Erfahrung und der Kompetenz des Vorausschauens führen die meisten Züge schnell ins Verderben. Mit dem richtigen Analyse-Mindset und einer guten Kenntnis des Umfelds hingegen bringt uns jeder Zug dem Erfolg näher.

Der wie in diesem Beispiel beschriebene iterativ entstandene Strategie-Mix ist dann ausschlaggebend für die spezifische Ausgestaltung der operativen oder auch Prozess-ebene, die wir im nächsten Abschnitt näher betrachten.

3.1.2 Risikomanagementprozess

In diesem Abschnitt beschäftigen wir uns mit den Kernaufgaben des Risikomanagements. Obwohl sich wie bereits erwähnt das Risikomanagement auch mit der Chancennutzung beschäftigen sollte, steht im operativen Prozess häufig die Schadensvermeidung bzw. -minimierung im Fokus. Das liegt vor allem daran, dass Risikobetrachtungen anhand unternehmensinterner sowie – externer Anlässe erfolgen. Zu den externen Anlässen zählen insbesondere die gesetzlichen Anforderungen, wie zum Beispiel aus dem KonTraG. Unternehmensinterne Anlässe ergeben sich aus den im Unternehmen getroffenen Entscheidungen. Bei fehlerhaften Entscheidungen entsteht dann der Anlass für das Risikomanagement. Wir sehen also bereits hier die wichtige Schnittstelle zum Fehlermanagement, auf das wir später in diesem Kapitel noch zurückkommen werden. Meistens wird der Risikomanagementprozess in vier Schritte unterteilt, diese haben wir für Sie in der Abb. 3.2 grafisch dargestellt.

Im ersten Schritt werden die Risiken identifiziert und hinsichtlich ihrer Bedeutung evaluiert. Das erfolgt im Rahmen einer sogenannten Risikoinventur. Dabei werden insbesondere die Eintrittswahrscheinlichkeit und die potenzielle Schadenshöhe bewertet. Danach werden die einzelnen Risiken zum einem Gesamtrisiko zusammengefasst, das geschieht mittels der Risikoaggregation.

Die Risiken werden dann im zweiten Schritt analysiert, beurteilt, klassifiziert und priorisiert. Dazu bieten sich besonders Szenariotechniken, Simulationen und Portfolios an. Durch diese Instrumente erhalten wir einen Überblick der Risiken.

Im dritten Schritt nutzen wir die Ergebnisse zur Risikosteuerung; dies wird als Risikobewältigung bezeichnet. Je nach gewählter Strategie geht es dabei darum, geeignete Instrumente auszuwählen. Darüber hinaus fällt auch die organisatorische Komponente in diesen Prozessschritt, d. h. die Definition der innerhalb der grundsätzlich gewählten Strategie erforderlichen Rollen und Aufgaben.

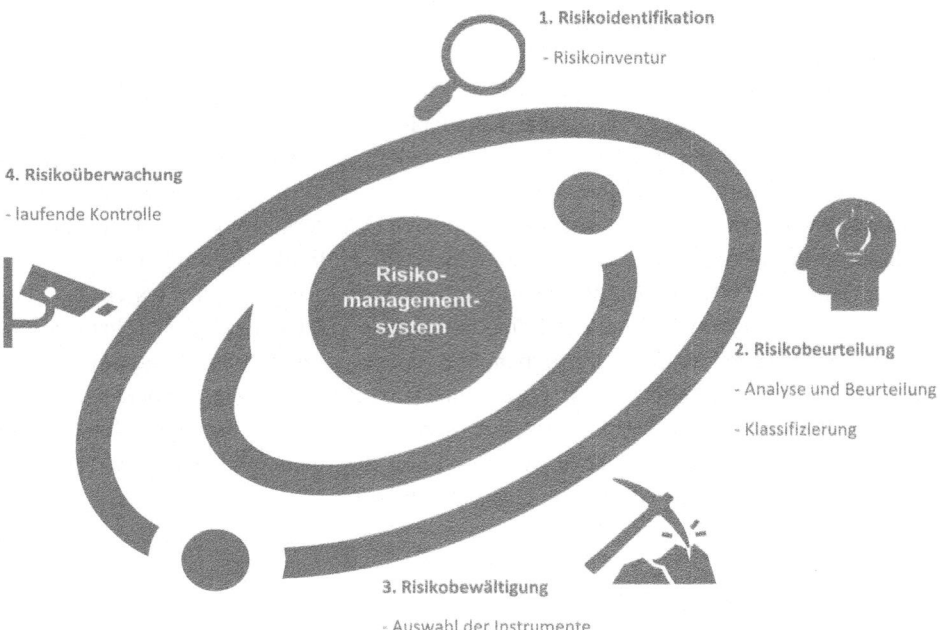

Abb. 3.2 Die vier Schritte in einem Risikomanagementsystem. (Quelle: Eigene Darstellung)

Final werden für die Risikoüberwachung im vierten Schritt Informationen gewonnen, die der Unternehmensführung rechtzeitig und umfassend zur Verfügung zu stellen sind. Dafür ist ein geeignetes Risikoberichtswesen einzurichten. Außerdem wird aus der laufenden Risikokontrolle sowie aus Frühwarnimpulsen eine neue Risikoanalyse generiert und der Prozess startet wieder bei Schritt 1. Es zeigt sich also, dass es sich beim Risikomanagement-Prozess um ein fortlaufendes Vorgehen handelt.

Zugegeben, das war ein sehr schneller Galopp durch den Prozess und eventuell fragen Sie sich jetzt, wie Sie in Ihrem Unternehmen nun konkret vorgehen sollen. Ausführliche Informationen finden Sie dazu in der am Ende des Kapitels aufgeführten Fachliteratur. Wir möchten mit diesem Buch vor allem Anregungen geben, wie Sie es schaffen, dass diese Aufgaben bei Ihnen im Unternehmen nicht als lästige Pflicht bzw. schlimmstenfalls sogar als vernachlässigbare Zeitfresser gelten. Das klappt, wenn möglichst viele Aufgaben des Risikomanagementprozesses automatisiert, also digital über ein ERP-System mit Cockpit- und Dashboard-Funktionen ablaufen können. Auf diese Art fallen Doppelarbeiten bei der Datenerfassung und -auswertung weg und Ihre Teams können sich auf das Wesentliche und Spannende, nämlich die Entscheidungsfindung bei auffälligen Situationen und dem Lernen aus den Ergebnissen dieser Entscheidungen konzentrieren. Dazu gleich mehr in den Absätzen zum Krisen- und Fehlermanagement. Vorher möchten wir Ihnen jedoch noch zeigen, wie Sie herausfinden können, welche Art von Risikomanagementsystem für Ihr Unternehmen am besten passt.

3.1.3 Reifegradmodell und Risikotypen

Im vorangegangenen Kapitel haben wir Sie in das VUKA-Konzept eingeführt, Sie erinnern sich – die volatile, unsichere, komplexe und ambigue Welt unseres wirtschaftlichen und gesellschaftlichen Daseins. In dieser Welt können Unternehmen nicht mehr mit den klassischen effizienz- und effektivitätsgetriebenen Instrumenten bestehen. Aber auch die neueren agilen Instrumente zeigen gerade im Kontext von Risiken, Krisen und Fehlern häufig Unzulänglichkeiten. Wenn Budgets gekürzt werden, der Erfolgsdruck steigt und das Licht am Ende des Tunnels einfach nicht zu sehen ist, führen Werte wie selbstbestimmtes Handeln und Sinnorientierung häufig zu Überforderung bei den Führungskräften und ihren Teams. In vielen Transformationsprojekten werden Zielzustände angestrebt, die einen zu großen Spagat weg von klassischer Prozess- und Systemorientierung hin zu innovativer, flexibler und agiler Vorgehensweise erfordern. Warum? Diese Unternehmen haben zwar richtig erkannt, welcher Managementstil passend für die VUKA-Herausforderungen ist, den Ist-Zustand jedoch zu wenig Beachtung geschenkt.

Daher empfehlen wir Ihnen vor der Transformation Ihres Risikomanagements zwei zusätzliche Analysemethoden. Zum einen die Reifegradermittlung und zum anderen die Risikotypbestimmung. Starten wir mit dem Reifegrad:

Romeike (2018, S. 57) beschreibt anhand einer fünfstufigen Reifegradtreppe den Weg des Risikomanagements von der „regulatorischen Pflichterfüllung" zum strategischen Steuerungsinstrument. Die Kernelemente dazu sind in der Abb. 3.3 kurz zusammengefasst.

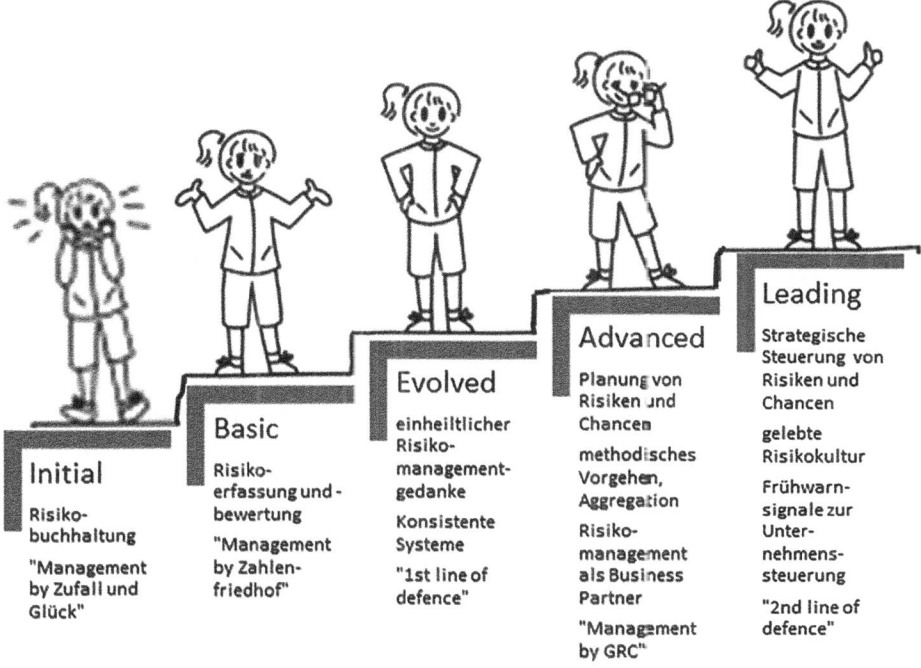

Abb. 3.3 Reifegradmodell des Risikomanagements auf Basis von Romeike, 2018, S. 57

In der ersten Stufe ist das Risikomanagement als explizite Funktion nicht vorhanden oder es findet eher zufällig und unmethodisch statt. In der zweiten, der „Basic"-Stufe, sind sich die Unternehmen zwar der Bedeutung von Risiken (und von Chancen) und dem Erfordernis eines integrierten Managements bewusst, an der strukturierten Umsetzung hapert es aber noch. So werden z. B. Informationen zu Risiken und Chancen zwar gesammelt und aufbereitet, infolge mangelnder Auswertungskompetenz dann aber nicht zur Steuerung genutzt.

Erst ab der dritten Stufe können wir von einem Risikomanagement mit Funktionscharakter sprechen. Dabei liegt die Verantwortung für das Risikomanagement im operativen Bereich, bei den handelnden Personen. Die Stufe „Evolved" wird im sogenannten „Three Lines of Defence-Modell" als „1st Line of Defence" bezeichnet, weil hier quasi die Mindest-Anforderungen aus dem Alltagsgeschäft erfüllt werden.

Mit der vierten Stufe „Advanced" umfasst das Risikomanagement auch ein Chancenmanagement. Dabei werden die Risiken und Chancen nicht nur einzeln, sondern auch in Form von Abhängigkeiten bewertet und aggregiert. Das Risikomanagement ist eingebettet in den sogenannten „Governance, Risk & Compliance-Ansatz" (GRC), bei dem es darum geht, Silodenken aufzubrechen und neben den Risiken auch Kosten und Doppelarbeit zu vermeiden.

Von einem „Leading" im Risikomanagement als fünfte Stufe im Treppenmodell können wir sprechen, wenn das Risikomanagement in der Organisation im Sinne einer gelebten Risikokultur verwurzelt ist und als integriertes Instrument zur strategischen Steuerung genutzt wird. Dabei fließen Frühwarnsignale direkt in die Entscheidungsfindung ein. Jetzt übernimmt die „2nd Line of Defence" als übergeordnete Risikomanagementfunktion Überwachungs- und Unterstützungsaufgaben und sorgt so für eine hohe Effektivität der ersten Verteidigungslinie.

Falls Sie sich nun fragen, warum das Modell aus drei Verteidigungslinien besteht und unsere Reifegradtreppe nur die ersten zwei Linien einordnet: die „3rd Line of Defence" wird durch eine unabhängige Stelle wie z. B. die interne Revision gebildet. Wir hatten ja bereits erwähnt, dass nur in Unternehmen mit bestimmten Rechtsformen und in bestimmten Größenklassen, den sogenannten „prüfungspflichtigen Unternehmen", derartige Funktionen vorgesehen sind. Für die Vielzahl der kleinen und mittelgroßen Unternehmen in Deutschland sind also zwei Verteidigungslinien völlig ausreichend, um den Status „Leading" zu erreichen.

Anhand des hier vorgestellten Stufenmodells kann auf der Basis eines Fragebogens der aktuelle Stand des Risikomanagements festgestellt und auf dieser Basis ein in Umfang und Komplexität bewältigbares Transformationsprojekt konzipiert werden. Jetzt sagen Sie vielleicht: und wo kommt hier das Storytelling ins Spiel? Eine Ist-Analyse anhand eines Fragebogens ist ja so old school – damit kann ich bei mir im Unternehmen keine Begeisterung wecken. Genau das haben wir auch bei unseren Forschungs- und Beratungsprojekten in den letzten fünf Jahren immer stärker erlebt. Und so haben wir einen neuen Weg gefunden, Ist-Analysen in Form von Geschichten besser erlebbar und damit relevanter und interessanter zu machen. Hier stellen wir Ihnen unser Analysetool im Überblick vor und am Ende des Kapitels erfahren Sie dann, wie Sie mit Hilfe der Typologie anhand von Stories den Reifegrad für Ihr Unternehmen bestimmen und einschätzen können.

Typologien sind eine weit verbreitete Möglichkeit, Gemeinsamkeiten und Zusammenhänge auf einer Zwischenebene zu beschreiben. Sicher kennen Sie Persönlichkeitstypolo-
gien wie das D.I.S.G.-Modell. Solche Einordnungen ermöglichen eine Orientierung zum
Beispiel bei der Vorhersage möglicher Reaktionen einer Mitarbeiterin oder eines Kunden
auf ein bestimmtes Angebot. Auch Untersuchungen von Risikosachverhalten erfolgten in
der Vergangenheit meist im Kontext psychologischer Komponenten, etwa der Risikoneigung von Managern.

Typologien eignen sich aber auch zur Analyse von Unternehmen, da auch hier eine Zwischenebene zur Unterscheidung verschiedener Erscheinungsformen eine gute Möglichkeit
darstellt, Entscheidungen zu spezifizieren, ohne jeden Einzelfall heranzuziehen. Das haben
sich auch die beiden Forscher Miles und Snow überlegt und 2003 eine Typologie zum Orga-
nisationsverhalten veröffentlicht. Dieser Ansatz wurde dann mehrfach empirisch validiert
und diente Thomas Henschel daher als Basis für die Entwicklung eines Modells, welches
ganz speziell auf die Aspekte eines ganzheitlichen Risikomanagements eingeht und mit dem
verschiedene Risikomanagement-Praktiken klassifiziert werden können. Dazu wurde der
Ansatz von Miles und Snow weiterentwickelt und empirisch getestet. Die Ergebnisse haben
gezeigt, dass das Schema von Miles und Snow für die Zwecke des Risikomanagements auf
drei Typen reduziert werden kann. Die Typologie ermöglicht es uns, den Reifegrad des Risikomanagements sehr gut zu beschreiben. Hier eine kurze Darstellung der wichtigsten
Aussagen.

3.1.3.1 Der Reaktor-Typ

Der Reaktor-Typ trägt diesen Namen, da das Risikomanagement nur reaktiv in einem
Mindestumfang erfolgt, da die Entscheider-Personen keinen Mehrwert in einem systematischen und ganzheitlichen Risikomanagement sehen. Somit lässt sich der Reaktor den
ersten beiden Reifegraden „Initial" oder „Basic" zuordnen. Auf die einzelnen Bestandteile
bezogen können wir sagen, dass nur wenige systematische Überlegungen zum Risikomanagement angestellt werden. Die Unternehmensplanung ist nur sehr rudimentär ausge-
prägt. Systematische Methoden des Performance Managements werden kaum genutzt; der
Risikomanagement-Prozess wurde nicht umfassend eingerichtet, die Organisation des Risikomanagements folgt wenig formalen Regelungen.

Unsere Untersuchung hat gezeigt, dass Kleinst- und kleine Unternehmen häufig dem
Reaktor-Typ zuzuordnen sind. Diese Unternehmen werden oft von Inhabern mit techni-
scher Ausbildung geführt. Häufig sind diese Unternehmen in Branchen mit langsamem
Wachstum und geringem Innovationspotenzial tätig.

Um weiter in der VUKA-Welt bestehen zu können, müssen Unternehmen vom Typ
Reaktor größere Veränderungen an ihrer Organisationsstruktur vornehmen, insbesondere
eine solide Unternehmensplanung und Kontrollstrukturen implementieren. Gleichzeitig
ist darauf zu achten, dass die stärkere Formalisierung noch genügend Raum für Innovation
und Kreativität lässt, um die bereits beschriebene gelebte Risikokultur entstehen lassen
zu können.

3.1.3.2 Der Defender/Prospektor-Typ

Die im Strategiemodell von Miles und Snow unterschiedlich definierten Typen des innovativen Prospektors und des profitmaximierenden Defenders verfolgen im Risikomanagement sehr ähnliche Ansätze, daher haben wir diesen Typus in unserem Modell kombiniert. Da ein systematisches Risikomanagement im Grunde vorhanden ist, kann dieser Unternehmenstyp der Stufe „Evolved" zugeordnet werden.

Den Defender/Prospektor treffen wir in allen untersuchten Branchen hauptsächlich bei kleinen Unternehmen und einigen wenigen mittleren Unternehmen an. Diese Unternehmen agieren in einem dynamischen externen Geschäftsumfeld mit gewachsenem Wettbewerbsdruck durch stark auf den Markt drängenden neuen Klein- und Kleinst-Unternehmen. Die Technologie des Typus ist häufig ausgereift und mit geringem Entwicklungspotenzial eingeschätzt. Die Geschäftsführung verfügt in der Regel über ein akademisches Qualifikationsniveau. Es besteht grundsätzlich Interesse und Bereitschaft an externer Unterstützung durch Beratungsunternehmen.

Die gewählte Unternehmensstrategie erschien bisher geeignet, um zumindest das Überleben der Firma zu sichern. Allerdings traten bei einigen Firmen in letzter Zeit signifikante Verluste ein. Sie betrafen hauptsächlich den Verlust wichtiger Kunden, Verluste durch uneinbringliche Forderungen und gescheiterte Produktentwicklungen. Auch Beziehungen zur Hausbank haben sich häufig verschlechtert und die Banken stellen deutlich höhere Anforderungen an die Unternehmensplanung und das Risikomanagement.

In den Kriterien Unternehmensplanung, Performance Management und Risikomanagement-Prozess sind Unternehmen des Typus Defender/Prospektor recht gut aufgestellt. Bei der Risikomanagement-Organisation sind allerdings deutliche Defizite vor allem in Bezug auf die unternehmensweite Umsetzung festzustellen.

Eine weitere positive Entwicklung des Typus Defender/Prospektor ist in der VUKA-Welt kein Selbstläufer. Diese Unternehmen müssen dringend das Risikomanagementsystem ausbauen, um z. B. durch eine bessere Integration der Teilpläne der Unternehmensplanung frühzeitig kritische Entwicklungen aufzudecken. Damit kann auch der Blick zur Identifikation von Risiken erweitert werden. Je nach Unternehmensart und -größe sollte eine Transformation hin zu einer GRC-basierten Unternehmensführung mit einer starken „2nd Line of Defence" angestrebt werden. Im Bereich der Unternehmens- und Risikokultur sollten Kulturaudits durchgeführt werden, um ggf. erforderliche Kulturwandelprozesse begleitend zum Transformationsprozess zu initiieren.

3.1.3.3 Der Analyser-Typ

Im Reifegradmodell kann der Analyser Typ den Stufen „Advanced" oder „Leading" zugeordnet werden. Bei unserer Untersuchung haben wir den Analyser-Typus vor allem bei mittleren und großen KMU in Branchen mit Wachstums- und Innovationspotenzial, vorwiegend im Maschinenbau und in der Informationstechnologie angetroffen. Analyser verfolgen häufig eine Nischenstrategie, die Unternehmensstrategie ist in der Regel schriftlich fixiert. Externe Beratungsunternehmen werden häufig zu Fragen der Unternehmensstrategie und der Unternehmensführung in Anspruch genommen. In der Regel verfügt die angestellte Geschäftsführung über ein akademisches Qualifikationsniveau. Auch bei eigentümergeführten Unternehmen finden wir zusätzlich angestellte Geschäftsführer:innen im Management Board.

Nach unseren Untersuchungen verfügen Unternehmen des Analyser-Typus über Managementsysteme, die in einem sehr dynamischen Geschäftsfeld bestehen können. Das bislang implementierte Risikomanagement erlaubt es, kritische Ereignisse rechtzeitig zu identifizieren. Häufig ist die Risikoorganisation die Schwachstelle im Balanceakt zwischen klassischen und agilen Methoden. Formale Prozesse und regelkonforme Systeme schränken die Kreativität und Innovationsfähigkeit ein, bieten andererseits aber eine wichtige Orientierung gerade in kritischen Unternehmensphasen.

Derzeit arbeiten wir gerade an einem Quick Check, mit dem Sie anhand von sechs kurzen Cartoons den Risikotyp Ihres Unternehmens herausfinden können und kurze Hinweise erhalten, wie Sie die nächste Reifegradstufe erklimmen können. Diese spielerische Herangehensweise – die gerade in viele Unternehmen unter dem Buzz-Wort Gamification Einzug hält – möchten wir auch mit der Illustration unserer Risiko-Skatrunde in Abb. 3.4 unterstreichen.

Wahrscheinlich sind Sie an dieser Stelle beim Lesen recht erschöpft – das war doch ein sehr intensiver Zwischenstopp im Land des Risikomanagements, eine Vielzahl von Eindrücken gilt es zu verarbeiten, neue Dinge wollen ausprobiert und diskutiert werden. Daher unser Rat – lehnen Sie sich erst einmal zurück, schreiten oder sprechen Sie Ihre Gedanken als Impulse für Ihr Geschichtenlager. Und erst danach brechen Sie zur nächsten Destination auf – dem Krisenmanagement.

Abb. 3.4   Die vier Risikomanagement-Typen nach Henschel, 2010

3.2   Krisenmanagement

Sind Sie gut gelandet – hatten Sie eine erholsame Reise? Einige werden jetzt sagen: „Wie könnte ich, das Ziel ‚Krisenmanagement' ist doch schon etwas Bedrohliches. Da habe ich doch schon im Vorhinein ein mulmiges Gefühl". Oder Sie gehören zu der Gruppe von Menschen, die darauf schwört, dass eine positive Einstellung und das Wissen um die eigenen Stärken bereits den Erfolg bringen. In der Psychologie ist dieses Phänomen unter dem Stichwort „Priming" sehr ausführlich untersucht worden. So zeigen zum Beispiel die Experimente von Ad van Knippenberg und Ap Dijksterhuis (1998), wie unsere imaginären Bilder unseren Erfolg beeinflussen können. Die beiden Forscher baten zwei Gruppen von Teilnehmer:innen, Fragen zum Allgemeinwissen zu beantworten, ähnlich einer Quizshow im Fernsehen. Die erste Gruppe erhielt vor dem Quiz die Aufgabe, sich ein Leben als Professor:in vorzustellen. Die Aufgabe für die zweite Gruppe bestand darin, sich in einen Fußballrowdy hineinzuversetzen. Und obwohl alle Teilnehmer:innen bildungs- und intelligenztechnisch betrachtet gleiche Voraussetzungen hatten, war die Professorengruppe mit 23 richtig beantworteten Fragen erfolgreicher als die Rowdy-Gruppe mit durchschnittlich 18 richtigen Antworten. Mit diesem Beispiel möchten wir erst einmal ganz allgemein aufzeigen, wie stark psychologische Abläufe uns Menschen steuern, bevor wir uns dies konkret anhand des Phasenmodells für das Krisenmanagement anschauen. Dafür folgen wir der bereits für das Risikomanagement verwendeten Aufteilung in Grundsätze und Organisation sowie dem Prozessablauf.

3.2.1   Grundsätze und Organisation

Sie erinnern sich an die Herleitung des Begriffs Krise aus dem Griechischen? Ja, genau, „krisis/κρίσις" bedeutet „Entscheidung". Das Krisenmanagement dient nun dazu, Krisen vorzubeugen bzw. diese bei Eintritt so positiv wie möglich zu steuern. Die Schnittstelle zum Risikomanagement liegt also in der Prävention. Dafür werden im Risikomanagement z. B. Notfallpläne entwickelt, auf die dann beim Eintritt einer Krise schnell zurückgegriffen werden kann. Aber auch der Einsatz von Frühwarnsystemen ist ein Bestandteil des Risikomanagements, der dann eine hohe Ausstrahlung auf das Krisenmanagement hat.

Hier hat sich der Mensch in vielen Bereichen alles Mögliche einfallen lassen. Von Hunden und Gänsen bis zu Radarsystemen in der Militärgeschichte. Von Vorkostern bis zu Normen und Kontrollen in der Nahrungsherstellung. Von Orakeln bis Vorsorgeuntersuchungen und IT-basierten Hochrisikoberechnungen in der Medizin. Und die Wirtschaft? Da kommen vor allem eingeübte Systematiken zum Einsatz. Durch die Erfassung von Kennzahlen, Fragenkataloge und Projektberichte sollen Frühwarnsysteme etabliert werden. Dazu gibt es sogar eine gesetzliche Verpflichtung, die im Aktiengesetz, im GmbH-Gesetz und seit neuesten auch im Unternehmensstabilisierungs- und -restrukturierungsgesetz (kurz StaRUG) geregelt ist. Hier beschäftigt sich §1 mit der „Krisenfrüherkennung und Krisenmanagement bei haftungsbeschränkten Unternehmensträgern". Ein weiteres wichtiges Gesetz in diesem Zusammenhang ist das Finanzmarktintegritätsstärkungsgesetz (kurz FISG), welches am 01.07.2021 in Kraft trat. Ausgelöst durch den Fall Wirecard soll das Gesetz insbesondere eine Stärkung der internen Kontroll- und Risikomanagementsysteme börsennotierter deutscher Aktiengesellschaften bewirken. Natürlich sind diese beiden neuen Gesetze nicht nur für Unternehmen in einer Krisensituation relevant, schließlich geht es ja vor allem um die Anforderungen an die Krisenfrüherkennung und damit auch um das Risikomanagement.

Gerade die COVID-19-Pandemie hat gezeigt, wie sehr durch die Qualität von Frühwarnsystemen die Möglichkeiten im Krisenmanagement beeinflusst werden. So berichten zum Beispiel Claudia Maron und Anja Burgermeister (2021) in einem Beitrag in der Zeitschrift Rethinking Finance über das Krisenmanagement der DATEV, welches bereits vor der Pandemie etabliert war. Auch die Pandemie selbst traf das Unternehmen keinesfalls als „Black-Swan-Ereignis", da das Frühwarnsystem der DATEV auf dem Risikokatalog des World Economic Forum beruht, in dem weltweite Infektionskrankheiten bereits seit mehreren Jahren unter den Top Ten gelistet sind.

Nicht alle Unternehmen verfügen über ein solch umfangreiches Frühwarnsystem, vor allem in kleinen und mittleren Unternehmen stehen dafür auch gar nicht die erforderlichen Ressourcen zur Verfügung. Haben diese Unternehmen dann zwangsläufig eine schlechtere Ausgangsposition beim Eintreten einer Krise? Nicht unbedingt: Die beiden Forscher Battisti und Deakins wollten nach dem Erdbeben in Christchurch im Jahr 2011 herausfinden, wie verschiedene Unternehmen die Krise bewältigen. Sie stellten fest, dass besonders kleinere Unternehmen, die gar keine Pläne für ein Krisenmanagement hatten, erstaunlich gut mit der Situation umgehen konnten. Die Erklärung dafür fanden die Forscher in Interviews mit den Unternehmern. In diesen kleinen Firmen besteht einfach generell eine höhere Flexibilität und schnelle Entscheidungsfähigkeit den Umgang mit veränderten Umweltbedingungen.

Sie sehen also, dass die Frage, wie ein Krisenmanagement organisiert sein soll, nicht so eindeutig zu beantworten ist. Schon die Frage nach der organisatorischen Einordnung des Krisenmanagements wird je nach Unternehmensgröße, -branche und -form ganz unterschiedlich beantwortet. In größeren Unternehmen mit einem etablierten Krisenmanagement wie z. B. bei der DATEV existiert in der Regel ein Krisenstab, der sich aus verschiedenen Schlüsselpersonen zusammensetzt und der auch unabhängig vom aktuellen Vorhandensein einer Krise in regelmäßigen Abständen in Austausch steht. In kleineren Unternehmen hat das Krisenmanagement stärker operativen Charakter und liegt in der Verantwortung der Unternehmensleitung, die dann je nach Krisenphase weitere Personen hinzuziehen wird. Somit sollte in allen Unternehmen zumindest phasenweise ein Krisenstab die Verantwortung für das Krisenmanagement übernehmen. Generell gilt jedoch – unabhängig vom Grad der gerade existierenden Formalisierung – ein Zuviel kann ebenso wie ein zu wenig problematisch sein.

Wir empfehlen daher einen alternativen Ansatz: die Ambidextrie. Das bedeutet Beidhändigkeit, also die Fähigkeit, zwei Verhaltensweisen gleichzeitig und gleichwertig zu managen. Beim Management geht es dabei um die Exploitation (Nutzung von Ressourcen) und Exploration (Schaffen von Innovationen). March (1991) wandte die Begriffe an, um organisatori-

sche Prozesse zu analysieren, und die Konzepte spielen heute in verwandten wissenschaftlichen Bereichen und in der täglichen Geschäftswelt eine dominierende Rolle (Benner &
Tushman, 2003). Es ist allerdings nicht ganz einfach, die beiden Verhaltensweisen Exploitation und Exploration gleichzeitig anzuwenden. Hier handelt es sich um die besondere Fähigkeit, Kreativität und Effizienz als gleichwertig zu betrachten und beides zu fördern. Um diese
Art von Verhalten zu erreichen, muss Flexibilität nicht nur auf organisatorischer, sondern auch
auf individueller Ebene (sowohl bei Führungskräften als auch bei Mitarbeitern) verankert
sein. Führungskräfte müssen dabei ihren Verhaltensstil ständig zwischen der Verbesserung
der Effizienz und der Steigerung der Kreativität ausbalancieren. Wie gut so eine „neue Führung" in Zeiten der Krise funktioniert, lässt sich sehr gut am Beispiel der Hotelkette Upstalsboom zeigen. Das Unternehmen ist im Familienbesitz und der heutige CEO Bodo Janssen hat
bereits sehr persönliche Krisen wie dem Tod seines Vaters bei einem Flugzeugabsturz und die
eigene Entführung im Alter von 22 Jahren bewältigen müssen. Nachdem er die Geschäftsführung der Hotelgruppe übernommen hatte und zwei Mitarbeiterbefragungen enorm schlechte
Ergebnisse brachten, ging er für 1,5 Jahre in ein Kloster. Die innere Einkehr veranlasste ihn,
einen Paradigmenwechsel in seinem Unternehmen einzuleiten. Im Resultat sagt er in einem
Interview, dass sich die neue Art der Führung sich in der schwierigen Zeit des Corona-beding-
ten Lockdowns positiv ausgewirkt hat. Er konnte erleben, dass die Mitarbeitenden Vertrauen
hatten und bereit waren, Verantwortung zu übernehmen.

Dieses Beispiel zeigt, dass auch für das Krisenmanagement die Kultur im Unternehmen besonders wichtig ist. Janssen ist es nicht nur gelungen, eine solche Führungs- und
Unternehmenskultur zu schaffen. Er ist auch ein guter Geschichtenerzähler. Auf die Frage,
wie er die Kernwerte Vertrauen und Verantwortungsbereitschaft in seinem Unternehmen
verankern konnte, erzählt er die Geschichte seines Mitarbeiters Frank, der in einer der
Hotelküchen als Spüler arbeitet. Bei einem Besuch in der Küche erkundigte sich Janssen
nach Franks Hobbies und erfuhr, dass dieser leidenschaftlich gern fotografiert. Aus diesem
Gespräch entwickelte sich Franks Nebentätigkeit als Fotograf für das Unternehmen. Heute
gibt es sogar eine Fotoausstellung von Frank. Lassen wir doch Bodo Janssen dazu selbst
zu Wort kommen: „„Wie viel Geld pro Teller brauchst du mehr, damit du schneller und
sauberer spülst?" Das wäre die klassische Vorgehensweise per Karotte. Stattdessen habe
ich ihn ganz anders angesprochen. Er spült immer noch für uns. Aber zusätzlich übernimmt er Aufgaben, die ihm persönlich wichtig sind. Das bringt ihn stark mit uns und
unserem Unternehmen in Verbindung".

Solche Geschichten sind mehr als bloße Unterhaltung. Sie sind stets auch Weitergabe
von Wissen und damit auch Initiation in eine Gemeinschaft. Von den Ursprüngen unserer
Gesellschaften, wo sich die Jungen eine Identität zulegen, indem sie den Geschichten der
Älteren lauschen, bis zu komplexen modernen Unternehmen, die selbstbewusst Wert auf
ihre Kultur legen. Doch wie kommt es zu einem derartigen Selbstverständnis in Unternehmen?

Um das Offensichtliche mit dem Wissenschaftlichen und mit konkreten Handlungsempfehlungen zu verbinden, untersuchten Wissenschaftler:innen, Manager:innen und
Journalist:innen am Center for Organizational Learning des MIT, wie in Unternehmen

geteilte Normen und Werte über die menschliche Affinität zu Geschichten entstehen. Sie stellten fest, dass beim Erklären von Erfolgen oder Misserfolgen alle Beteiligten jeweils nur einen Ausschnitt des Ganzen im Blick hatten. Das hatte zur Folge, dass die Strukturen, die zu Erfolgen führten, unerkannt und damit ungeschützt blieben oder – schlimmer noch – jene die zu Misserfolgen führten, bestehen blieben. Ein ganzheitlicher Blick, der das Unternehmen mit all seinen sozialen und kulturellen Aspekten erfasste, schien geboten. Doch wie konnte man das Rätsel der ganzheitlichen Unternehmensgeschichten lösen? Wie konnte man alle Perspektiven kohärent so zusammenführen, dass die Lehren der Vergangenheit Teil einer gemeinsam angenommenen Kultur werden? Alle Mitarbeiter:innen waren aufgefordert, ihre ganz persönlichen Erlebnisse in Bezug auf Ereignisse und Veränderungen im Unternehmen zu erzählen. Die Forschungsgruppe wollte so das persönliche Erleben aus allen Perspektiven erfassen. Um das Ganze dann zu einer Erzählung aus einem Guss zu machen, mit der sich wirklich alle identifizieren konnten, waren nach dem Sammeln die Profis gefragt, die „learning historians". Sie führten Gespräche mit der Belegschaft über deren Schilderungen und fassten alles zu einem Corporate Storytelling zusammen. Was hier nach hochkomplexer sprachwissenschaftlicher Analyse, unterstützt von professionell koordinierten Abläufen klingt, ist im Prinzip das, was uns Menschen seit jeher ausmacht: Die Präsentation und Weitergabe wichtiger Ereignisse in der Gemeinschaft. Und wir wussten schon immer: Das geht am besten über Geschichten. Sie lassen uns Dinge gemeinsam erleben und erfühlen. Dadurch werden sie Teil unserer Identität. Mit der Untersuchung der „learning historians" war auch klar: Eine Erfahrungsgeschichte muss valide sein. Bei all dem kreativen Potenzial, welches wir aus Marketing oder Kunst schöpfen können, am wirkmächtigsten verinnerlichen wir Geschichten, wenn sie auf echten Ereignissen basieren. Dann werden unsere Mitarbeitenden zu unseren besten Markenbotschaftern. Wir finden, das ist Bodo Janssen bei der Upstalsboom Gruppe par excellence gelungen.

Bisher haben wir uns in diesem Abschnitt damit beschäftigt, inwieweit uns Frühwarnsysteme bei der Krisenbewältigung unterstützen können und welche Rolle die Führungs- und Unternehmenskultur beim Umgang mit Krisen spielt. Lassen Sie uns noch kurz einen Blick auf Effekte werfen, die sich aus einer Krise heraus auf das Risikomanagement auswirken. Üblicherweise steigen in der Krise die Risiken an und das gesamte Risikoprofil des Unternehmens wird verschoben (Mayer, 2003, S. 25–33 & S. 108–113). Sicher kennen Sie solche Situationen aus eigener Erfahrung – je wichtiger ein Gewinn wird, desto höher der Druck. Je nach Risikoneigung wird dann entweder defensiv gespielt, um Risiken zu vermeiden und damit auch Chancen zu vergeben. Oder wir erleben den gegenteiligen Effekt – Sie setzen alles auf die eine Karte, wollen die Chance um jeden Preis nutzen und gehen damit ein hohes Risiko ein.

Im Fußball hängt eine defensive oder offensive Spielweise von der Qualität der Mannschaft ab. Deshalb spielen fast alle Mannschaften im Abstiegskampf defensiv. Sie haben nicht das Potenzial, offensiv ihre Chance wahrzunehmen. Es kann bei schwächeren Mitteln im Fußball kein offensives Verhalten geben. Denn dann sind wir schon bei der Verzweiflung, beim Kamikaze. Beim Eishockey, wo ein leeres Tor zu Gunsten eines Spielers mehr auf dem Feld Teil der

Spielidee ist, bekommen wir eine ganz besondere Art der Verzweiflung präsentiert: Die routinierte Verzweiflung. Das ist im Fußball eher unüblich und entspricht nicht dessen Natur. Gelangen stark besetzte Fußball-Teams, deren Herz offensiv schlägt, dann doch einmal in den Abstiegskampf, fällt es ihnen oft schwer, dessen Regeln anzunehmen. Sie beklagen, dass der Ertrag in keinerlei Relation zum betriebenen Aufwand stehe. Jürgen Klopp – der offensive Stratege schlechthin – brachte das als Trainer des gestürzten Ex-Meisters Borussia Dortmund im Abstiegskampf 2018 auf den Punkt: „Es gibt drei Dinge: Das Ergebnis, das du unbedingt willst, das, was du brauchst und das, was du kriegst." Allerdings gibt es im Sport auch nicht das, was der Ökonom Joseph Schumpeter „schöpferische Zerstörung" nannte: Die innovative Kraft von Unternehmen, einen raschen Wandel zu vollziehen und mit Fortschritt schnelles Wachstum zu erzielen. Anders als im Sport können Unternehmer:innen in Krisen das Spiel neu erfinden. Dabei hilft ein Blick auf die Gefahren und Risiken durchaus. Er darf nur nicht lähmen. „The only thing we have to fear Is fear itself", sagte US-Präsident Roosevelt 1933, als er die Amerikaner aus der größten ökonomischen Krise ihrer Geschichte führte.

Die Beispiele und Geschichten zeigen, dass Krisen auf ganz unterschiedliche Art bewältigt werden können. Bestimmungsfaktoren dafür sind neben der Unternehmensform und -größe auch die Unternehmerpersönlichkeit (letztere vor allem in kleineren und in familiengeführten Unternehmen). Für Unternehmen jeglicher Couleur gilt, dass ein Krisenmanagement mit Hilfe eines ambidextren Vorgehens die nötige Ausgewogenheit von effizienten, Sicherheit gebenden und innovativen, chancenrealisierenden Verhaltensweisen ermöglicht. Im folgenden Abschnitt stellen wir Ihnen nun vor, wie diese Denkschule in einem Prozessmodell umgesetzt werden kann.

3.2.2   Krisenmanagementprozess

Das Thema Krisenmanagement ist nicht erst seit dem Eintreten von COVID-19 in unser Leben stark in den Fokus gerückt, und hat nun in den letzten zwei Jahren noch einmal mehr an Bedeutung gewonnen. In dieser Zeit wurde vor allem durch Fallstudien untersucht, wie Unternehmen ihr Krisenmanagement im Kontext der VUKA-Welt neu aufsetzen. Wir haben festgestellt, dass sich Parallelen vor allem in der Anwendung von Phasenmodellen zeigen. Daher folgen auch wir in diesem Abschnitt dieser Vorgehensweise, die es uns zudem ermöglicht, die phasenweise unterschiedlich starken Schnittmengen zum Risikomanagement und zum Fehlermanagement zu adressieren.

Wir hatten im vorherigen Abschnitt erwähnt, dass die Verantwortung für das Krisenmanagement einem Krisenstab übertragen werden sollte. Damit es bei dieser Vorgehensweise nicht zu Kompetenzgerangel in den Schnittstellenbereichen kommt, bietet sich wiederum der Einsatz von Storytelling an. Die Umsetzung der im Prozess vorgesehenen Maßnahmen wird durch das Storytelling bei den umsetzungsverantwortlichen Teams bzw. Einzelpersonen moderiert. Lassen Sie uns mit Hilfe der Abb. 3.5 am besten direkt im Prozess ansehen, wie das funktionieren kann. Dabei stützen wir uns auf das Phasenmodell von Krystek (1981) mit der Unterscheidung von proaktivem und reaktivem Krisenmanagement und der Krisenreflexion.

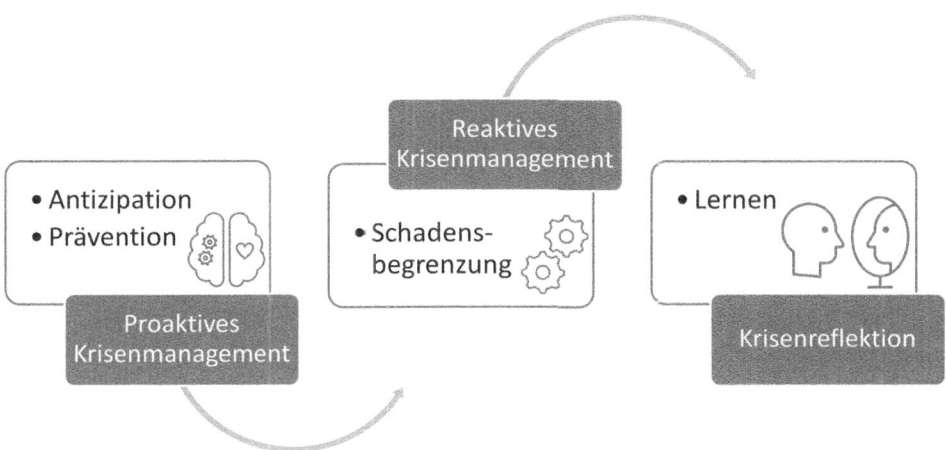

Abb. 3.5 Phasenmodell des Krisenmanagements in Anlehnung an Krystek (1981)

Beim *proaktiven Krisenmanagement* unterscheiden wir drei Aufgaben: das *Antizipie-ren*, die Prävention und das Erkennen der Krise. Antizipieren heißt, potenzielle Krisen und deren Folgewirkungen zu identifizieren und entsprechende Szenarien einer Krise zu entwickeln. Dazu können die klassischen Instrumente des Risikomanagements eingesetzt werden, also Frühwarnindikatoren, eine SWOT-Analyse oder die Szenariotechnik (Hen-schel & Salzmann, 2021). Problematisch wird es hier, wenn sich das Risikomanagement stark auf operative Risiken (der Klassiker: Wegfall eines Schlüsselkunden) fokussiert, strategische Risiken aber aufgrund der hohen Unsicherheit und Komplexität (Sie erinnern sich: VUKA) ausgeblendet werden. Genau hier beginnt die Verantwortung des Krisen-stabs: Durch den Einsatz von Kreativitätstechniken sollten auch strategische Risiken, die zu einer Krisensituation führen können, erhoben werden.

Die zweite Aufgabe, die *Prävention*, basiert somit auf dem wahrscheinlichsten Szena-rio. Auf der Grundlage von Alternativplänen und konkreten Maßnahmen zur Krisenerken-nung und -vermeidung werden Strategien geplant, um die Krise im Idealfall noch abwen-den zu können bzw. beim Eintreten der Krise dieser effizient und effektiv zu begegnen.

Woran *erkennen* wir denn nun, ob eine Krise unmittelbar bevorsteht? Unternehmen mit einem guten Frühwarnsystem sind hier im Vorteil: Die Indikatoren, die häufig in Form von Ampelsystemen konzipiert sind, schalten auf Gelb oder sogar Rot. Spätestens seit dem Herbst 2020 sind solche Systeme durch die Anwendung im Rahmen der Bekämpfung der Corona-Pandemie auch allgemein bekannt. Allerdings hat unsere Forschung gezeigt, dass gerade bei inhabergeführten Unternehmen und bei stark erfolgsgetriebener Unterneh-mensleitung trotz Frühwarnung der Eintritt einer Krise häufig negiert wird. Die Warnzei-chen werden umgedeutet, weil nicht sein kann was nicht sein darf. Ein sehr typischer Fall in unserer Beratungspraxis war der eines mittelständischen Bauunternehmens, welches aufgrund einer Kombination von Forderungsausfällen, Reklamationen und fehlkalkulier-ter Projekte in die Schieflage geriet. Der Geschäftsführer hatte das Unternehmen einige

Jahre zuvor gegründet und es konnte durch den damaligen Bau-Boom schnell wachsen. Obwohl der kaufmännische Leiter, der erst auf dringendes Anraten der Hausbank eingestellt wurde, ein umfassendes Risikomanagementsystem implementiert hatte und dem Geschäftsführer monatlich anhand der aktuellen Zahlen die drohende Zahlungsunfähigkeit aufzeigen konnte, fand dieser immer neue Begründungen und stopfte finanzielle Löcher mit den Anzahlungen für neue Projekte. Sogar ein Leasingvertrag für den neuesten BMW der Siebener-Reihe musste in dieser Zeit abgeschlossen werden. In der psychologischen Stressforschung wird solch eine Krisenbewältigungsstrategie als Bedrohungsabwehr bezeichnet. Die Betroffenen sagen sich selbst, dass sie einfach eine schlechte Zeit durchmachen und in Zukunft wieder Glück haben werden (Asendorpf, 2015, S. 129). Durch diese Tatsachenverdrängung war die Krise nicht mehr abzuwenden, es musste ein Insolvenzverfahren eingeleitet werden. Das bringt uns zur nächsten Stufe, dem Kriseneintritt.

Beim Eintritt der Krise erfolgt im Rahmen des akuten bzw. *reaktivem Krisenmanagements* eine *Schadensbegrenzung*, um die direkten negativen Auswirkungen so gering wie möglich zu halten. Grundsätzlich kann die Krise im weiteren Verlauf entweder zum Zusammenbruch des Unternehmens führen oder durch Sanierungsmaßnahmen überwunden werden. Hierbei können verschiedenste Maßnahmen zur Krisenbewältigung beitragen. Diese können u. a. auf organisatorischer- oder liquiditätssichernder Ebene vorgenommen werden oder Maßnahmen zur Kostensenkung und Erlössteigerung umfassen (Rüsen, 2009, S. 209). Unser Bauunternehmer hat in dieser Phase ebenfalls versucht, durch die Zusammenarbeit mit dem Insolvenzverwalter zum einen Absprachen mit den Gläubigern zu finden und zum anderen durch eine Konsolidierung das Unternehmen zu sanieren. Das ist auch gelungen, jedoch hat ein Großteil der Belegschaft den Arbeitsplatz verloren und der Unternehmer musste eine Privatinsolvenz in Kauf nehmen. Die Maßnahmen waren also im Grunde erfolgreich, die Beteiligten haben jedoch einen sehr hohen Preis zahlen müssen.

Anhand einer weiteren Geschichte aus unserer Beratungspraxis möchten wir Ihnen nun zeigen, welche besondere Rolle der Führungskultur beim Krisenmanagement zukommt. Bei dieser Geschichte handelt es sich um ein Hotel, dessen Eigentümer bereits Mitte 2018 damit begonnen hatten, ihre Managementmethoden zu verändern. Der Auslöser war ein verändertes Kundenverhalten, die Buchungsraten sanken, die Ansprüche an den Service stiegen, die Gewinnmarge sank. In dieser Situation wurde mit Hilfe eines Business Model Canvas (Osterwalder & Pigneur, 2010) ein neues Geschäftsmodell entwickelt, welches einen strikt kundenorientierten Ansatz mit flexiblen und innovativen Serviceangeboten zum Inhalt hat. In der Branche herrscht seit einigen Jahren ein Fachkräftemangel. Qualifizierte Mitarbeitende mit Erfahrung im Gastgewerbe sind schwer zu finden und noch schwerer zu binden. Daher setzen viele Gastronomen und Beherbergungsbetriebe auf die Einstellung von Saisonkräften aus Osteuropa. Mit dieser Strategie setzen die Unternehmen auf Kosteneffizienz und Flexibilität. Nachteile in Bezug auf Motivation, Loyalität und Wissenstransfer werden dabei in Kauf genommen. Hier setzt die Differenzierung unseres Fallunternehmens an: einen Wettbewerbsvorteil durch den Aufbau und die Investition in Stammpersonal. Ein solcher Ansatz ist natürlich kostspieliger und erfordert zusätzliche Kenntnisse im Talentmanagement, insbesondere bei der Anwerbung und Bindung von qualifizierten und motivierten Mitarbeitenden. Die Hotelleitung begann daher, sich für ihre Unternehmenskultur und ihr Führungsverhalten zu interessieren. Sie beschlossen, das Hotel in eine agile Organisation umzuwandeln und den Prinzipien von Deming (1986) zu folgen. Diese besagen, dass Organisationen lernen und sich ständig weiterentwickeln, um Prozesse zu verbessern.

So wurde die hierarchische Befehls- und Kontrollstruktur durch funktionsübergreifende Teamarbeit ersetzt. Die Führungskräfte übernehmen zusätzliche Verantwortung für ihre Teams durch den Einsatz von Feedback, Coaching und Problemlösungsunterstützung. Dazu haben alle Führungskräfte entsprechende Trainings erhalten und wurden zusätzlich durch externe Coaches unterstützt, um die Prinzipien von Agilität und Ambidextrie im täglichen Führungsverhalten zu verfestigen.

Da die Entscheidungsfindung in unsicheren Situationen Teil des Führungstrainings war, kann dies als die **erste Phase vor der Krise** angesehen werden. Die Führungskräfte begannen, einen anderen Ansatz für die Vorhersage einer Krise zu entwickeln, zum Beispiel durch Gespräche mit den Mitarbeitenden Frühwarnsignale zu erkennen. Neben der Vorhersage wurden weitere Managementaufgaben wie Krisenprävention, -vorbereitung und -bekämpfung durch Szenarien auf der Grundlage von Naturkatastrophen oder Unternehmenszusammenbrüchen behandelt. Das Management wurde eingeladen, solche Ereignisse auf theoretischer Basis zu diskutieren. So wurde zum Beispiel eine Gastrednerin eingeladen, um im Rahmen eines Führungskräfteworkshops über ihre persönlichen Erfahrungen mit der Insolvenz ihres Hotels zu sprechen. Die Führungskräfte diskutierten anschließend über diese Erfahrung, um zu lernen, Warnsignale und potenziell fehlgeleitete Strategien zu erkennen.

Der Beginn von COVID-19 leitete dann in die nächste Phase ein. Wie in den meisten Unternehmen stellte das Ereignis ein Black Swan-Event dar, und so gab es im Februar 2020 auch keine Präventionspläne. Zu dieser Zeit war das Coronavirus in Deutschland angekommen und die möglichen Risiken wurden durch Medienberichte bekannt. Insbesondere die Situation im österreichischen Urlaubsort Ischgl gab unserem Hotel Aufschluss darüber, was im schlimmsten Fall zu erwarten ist. Anfang März beschloss die Hotelleitung, einen Krisenmanagement-Workshop für die gesamte Belegschaft durchzuführen. Neben einer Lageeinschätzung durch die Geschäftsführung und die Beantwortung von Fragen der Belegschaft waren alle Mitarbeitenden eingeladen, eigene Ideen zu entwickeln, wie man sich auf den schlimmsten Fall vorbereiten kann und wie man diesen vielleicht sogar vermeiden kann.

Mitte März 2020 wurde dann der erste Lockdown verkündet und damit begann die **eigentliche Krise**. Das Hotel musste sofort schließen und noch anwesende Gäste mussten abreisen. Durch den Krisenmanagement-Workshop waren alle vorbereitet und konnten sehr professionell mit Gästen, Lieferanten und anderen besorgten Mitgliedern der Gemeinschaft umgehen. Jedes Mitglied des Teams hatte sowohl Informationen als auch die Freiheit, im Interesse aller Beteiligten zu handeln. Und durch die Ideensammlung während des Workshops hatten das Management und die Belegschaft bereits einen Plan, was während des Lockdowns zu tun ist. Es wurde ein Lieferservice eingerichtet, um zumindest das Küchenpersonal und einen Teil des Servicepersonals zu beschäftigen. Facility Manager, Empfangsmitarbeiter und Zimmerservice renovierten und dekorierten gemeinsam einige der Gäste- und Funktionsräume. Außerdem wurden für die Saisonkräfte, die Anfang Mai anfangen sollten, vom Eigentümer alternative Arbeitsverträge im Lebensmitteleinzelhandel vermittelt.

Im Mai durfte das Hotel wieder öffnen, damit war die **Krise vorerst bewältigt**. Doch die Bedingungen waren nach wie vor schwierig, da Platzprobleme, die Erfassung der Kontaktdaten und die Desinfektion den Betrieb eines Gastgewerbes völlig veränderten. Im Rahmen der notwendigen Regeln und Vorschriften hatten die Teams die Freiheit, sich für die aus ihrer Sicht beste Vorgehensweise zu entscheiden. Durch diese neue Führungskultur konnte die Krise gut bewältigt werden. Bis zum Sommer 2022 hat sich die Situation soweit stabilisiert, dass die veränderten Bedingungen zum „New Normal" geworden sind. Damit geht das Management nun in die **Krisenreflektion**, um das Geschehene aufzuarbeiten. Dazu wird überprüft, welche Maßnahmen hilfreich waren, sodass hieraus Schlüsse gezogen und aus den Erfahrungen gelernt werden kann. Die Ergebnisse und Erkenntnisse fließen auf diese Weise wieder in die Krisenprävention im Rahmen des proaktiven Krisenmanagements ein.

Damit endet unser Ausflug in die Hotellerie und wir möchten am Schluss noch eine allgemeine Bemerkung anbringen: Das Beispiel zeigt sehr gut, dass gerade in kleineren Unternehmen ohne formales Risikomanagement dennoch die Möglichkeit besteht, eine Krise bewusst und strukturiert unter Anwendung eines Phasenmodells zu managen. Gerade in Krisenzeiten helfen transparente Strukturen bei der Bewältigung und bieten der Belegschaft einen Orientierungsrahmen für die gewünschte Verantwortungsübernahme. Und das in der Phase der Krisenreflektion verortete Lernen ist gleichzeitig ein Kernelement des Fehlermanagements, mit dem wir uns im nächsten Abschnitt beschäftigen werden.

3.3   Fehlermanagement

Im vorherigen Kapitel hatten wir ja bereits bei der Begriffsklärung darüber gesprochen, dass sich das Fehlermanagement häufig auf die Aufgabenfelder Fehleridentifikation, Fehleranalyse, Fehlerkompensation und Fehlerkorrektur beschränkt. Eine positive Ausnahme stellen Lee und Miesing (2017) dar, denn ihr Konzept beinhaltet zusätzlich das Ziel, sowohl aus den negativen als auch aus den positiven Effekten von Fehlern zu lernen.

Dazu stellen die beiden Autoren zunächst einmal die Leitfragen auf, warum wir überhaupt aus Fehlern lernen, wie wir aus Fehlern lernen, was wir im Rückblick auf unsere Fehler lernen und wie wir Fehler am besten für zukünftige Entscheidungen nutzen können. In diesem Abschnitt orientieren wir uns ebenfalls an diesen Leitfragen, bevor wir am Ende des Abschnitts diese Überlegungen zu einem Handlungsrahmen zusammenfassen.

3.3.1   Warum wir aus Fehlern lernen

Bereits im Kindesalter machen wir die Erfahrung, dass nicht alles im ersten Anlauf klappt. Ich persönlich erinnere mich noch heute an meine vielen Anläufe, einen Kopfsprung zu erlernen. Jeder Versuch endete im Desaster – dem Bauchklatscher. Das war nicht nur peinlich, sondern tat auch ganz schön weh. Da ich gerne alleine mit meiner Gang ins Freibad wollte, meine Eltern da aber den Erwerb einer Schwimmstufe als Voraussetzung festgelegt hatten, dafür wiederum ein sauberer Kopfsprung erforderlich war, blieb mir nichts weiter übrig, als einen Weg zu finden, meine Fehler beim Absprung zu erkennen und daraus zu lernen.

Genauso ist es im Alltag eines Unternehmens. Vor allem innovative Geschäftsmodelle müssen Fehler akzeptieren. Aber auch in eher konservativen Unternehmen werden immer wieder Fehler passieren, die genügend Potenzial für Verbesserung bieten. Fehler zeigen uns also, was funktioniert und was nicht. Durch Fehler werden Irrtümer oder Störungen in kausalen Zusammenhängen aufgedeckt und damit können wir Prozesse und Abläufe optimieren. Einige Innovationsforscher haben in ihren Studien nachgewiesen, dass Lernen aus Fehlern effektiver ist als Lernen aus Erfolgen. Erfolgreiche Entscheidungen stützen den Status quo – wir machen schon alles richtig, falsche Entscheidungen hingegen bewirken ein Umdenken und damit die Chance für neue Strategien, Richtungen und Ideen (Lee & Miesing, 2017).

Wer jetzt wissen möchte, wie ich es dann endlich mit dem Kopfsprung geschafft habe: ein Flip-Flop unter das Kinn geklemmt hat das Wunder bewirkt – der Kopf blieb unten, auch als ich den nach einigen erfolgreichen „Köppern" dann weggelassen habe. Das bringt uns ganz wunderbar zur nächsten Leitfrage.

3.3.2 Wie wir aus Fehlern lernen

Obwohl viele Studien bereits gezeigt haben, dass Fehler eine gute Lernchance darstellen, ist die Frage nach dem Wie doch sehr vielschichtig. Lee und Miesing (2017) beschreiben z. B. drei Faktoren, den Lernprozess, die lernfördernden Bedingungen und die lernhindernden Bedingungen. Beim Lernprozess gibt es in wiederum drei Stufen: die Fehleridentifikation, die Fehleranalyse und das bewusste Experimentieren mit dem Fehlerergebnis.

Lernfördernde Faktoren sind damit ein organisatorisches System bzw. eine Kultur, die dieses Experimentieren begünstigt. Auch die Sensibilität für Warnzeichen, die Akzeptanz der Möglichkeit des Scheiterns oder die Wertschätzung der Improvisation, z. B. bei der Entwicklung heuristischer Notfallpläne können durch eine entsprechende Kultur unterstützt werden. Demgegenüber stehen die Lernbarrieren. Sie entstehen häufig aufgrund falscher Schlussfolgerungen oder durch Voreingenommenheit bei der Interpretation von Ursachen für ein Scheitern. Sicher kennen Sie auch solche Ereignisse aus Ihrem beruflichen Alltag. Ein Projekt ist gescheitert und das Unternehmen verzichtet frei nach dem Motto „Wir werfen doch jetzt nicht noch den Schinken nach der Wurst" auf eine tiefergehende Auseinandersetzung mit den Gründen des Scheiterns. Stattdessen werden auf der Hand liegende, augenscheinlich valide Gründe wie die Aussage „bei unserer heterogenen IT-Landschaft kann ein automatisiertes, ganzheitliches Reporting-System gar nicht funktionieren" als Erklärung akzeptiert. Das tatsächlich die mangelnde Veränderungsbereitschaft im Controlling-Team ein wesentlicher Grund für den Fail des Projektes war, bleibt im Verborgenen und das organisationale Lernen wird verhindert.

Lee und Miesing (2017) gehen auch kurz darauf ein, dass neben den organisatorischen Lernprozessen auch die psychologische und kognitive Natur des Lernens berücksichtigt werden muss. Misserfolge lösen unterschiedliche Emotionen aus und diese sind stark in den Prozess des Erkennens und der Akzeptanz von Fehlern involviert. Unsere Autorin Ilka Heinze wollte darüber mehr wissen. Daher hat sie ausführliche Interviews mit mehr 20 Unternehmer:innen über deren Erfahrungen mit Scheitern und den daraus entstandenen Lernerfahrungen geführt. Diese Interviews dienten als Basis für weitere Studien mit neuen Teilnehmer:innen, deren persönliche Erfahrungen wurden dann mit einer Faktoranalyse statistisch ausgewertet. Im Ergebnis ließen sich vier verschiedene sogenannte „Fehler-Lern-Typen" nachweisen. Jeder dieser Typen wendet spezifische Strategien beim Lernen aus Scheiterns- bzw. Krisensituationen an. Diese wollen wir nun etwas näher betrachten.

3.3.2.1 Der reflektierende Macher

Ein Motto für diesen Typen könnte sein: „Zuerst die Scherben zusammenfegen, dann sehen wir weiter". Grundsätzlich akzeptiert der reflektierende Macher die Möglichkeit, Fehler zu machen. Damit bringt er zuerst einmal gute Voraussetzungen für das Lernen aus Fehlern mit. Allerdings findet dieses Lernen zumeist auf der Sach- und Ergebnisebene statt, eigene Werte und Vorprägungen werden nicht bzw. nur wenig hinterfragt. Der Grund für den Misserfolg wird zuerst bei äußeren Faktoren gesehen. Es wird darüber gesprochen, dass Investoren abgesprungen sind und dass man daraus gelernt habe, die Finanzierung zukünftig breiter abzusichern. Ob es auch interne Gründe für das Verhalten der Investoren gab, die z. B. durch mangelnde Kommunikation verursacht wurden, wird nicht adressiert. Damit wird eine wichtige Lernebene, nämlich das eigene Verhalten, ausgeklammert. Außerdem haben wir festgestellt, dass der reflektierende Macher auch etwas Angst vor neuen Fehlern und vor der Stigmatisierung durch andere hat. Damit fehlt häufig der Mut zum Experimentieren und die Chance für Innovationen.

3.3.2.2 Der intuitive Analytiker

Hier haben wir häufig den Satz gehört „so eine Erfahrung möchte ich nie wieder machen". Beim Gespräch mit intuitiven Analysten fällt zunächst eine ausgeprägte negative Sicht auf Fehler und Misserfolge auf. Solche negativen Emotionen erschweren dann erst einmal grundsätzlich die Lernerfahrung, da entweder erst einmal Trauerarbeit geleistet wird oder der Misserfolg verdrängt wird. Insbesondere die intuitiven Analysten, die dem Misserfolg zwar offen begegnen, darüber aber in Wut oder Trauer geraten, suchen die Ursachen zuallererst bei sich selbst. Das kann dann in einer negativen Spirale enden, in der keine Ressourcen für das Lernen verfügbar sind.

3.3.2.3 Der expressive Realist

Das bezeichnende Element unseres dritten Typen ist ein sehr offener, aktiver Umgang mit der Krisensituation, häufig konnten wir hier einen ausgeprägten Kampfgeist beobachten, ein gutes Motto ist da „Ich werde die Krise besiegen und stärker sein als je zuvor". Die negativen Emotionen werden aktiv adressiert und genutzt, in neue Energie umgewandelt. Diese Energie wird auch für das Lernen genutzt, hier konnten wir aber beobachten, dass das Lernen als eine Art Vehikel zur Verarbeitung genutzt wird – „der Fehler war zwar niederschmetternd, ich habe aber viel daraus gelernt". Solch eine Art der Sinnmachung kann auch zur Verstetigung von Verhaltensmustern führen und damit die Anpassungsfähigkeit erschweren.

3.3.2.4 Der wachstumsorientierte Pragmatiker

Dieser vierte Typ sieht die Krise als Chance und einen Misserfolg als Katalysator für neue Energie, besitzt also sehr gute Voraussetzungen für Lernerfahrungen. Anders als unser expressiver Realist, der ja auch viel Energie aus dem negativen Erlebnis schöpft, kann das Motto des wachstumsorientierten Pragmatisten lauten: „Das Ziel des Projekts war es zu lernen, Erfolg war keine Priorität". Mit dieser Einstellung entstehen von vornherein weniger negative Emotionen als bei den anderen Typen. Dafür zeigt der wachstumsorientierte Pragmatiker mehr Selbstwirksamkeit und weniger Selbstzweifel. Die hohe Lern- und Entwicklungsorientierung kann auch negative Folgen haben, dazu zählen wir vor allem Aktionismus und die Überforderung der direkten Umwelt.

Was lernen wir nun aus dieser Typologie? Anders als bei der Risikomanagement-Typologie sind die vier Fehler-Lern-Typen nicht auf einer Skala anzuordnen. Jeder einzelne Typ bringt Stärken mit, die das Lernen positiv beeinflussen. Auf der anderen Seite zeigt auch jeder der Typen ein Potential für blinde Flecken, die dann für Lernbarrieren verantwortlich sein können.

Nachdem wir gesehen haben, dass das Lernen aus Fehlern auf persönlichen Präferenzen beruht, die sich in vier Grundtypen unterscheiden lassen, können wir uns mit der dritten Leitfrage beschäftigen.

3.3.3 Was wir im Rückblick aus Fehlern lernen

Nach Misserfolgen geht es häufig zunächst darum, auf die Ursache des Ereignisses zurückzugehen, um die Gegenwart zu verstehen und in der Zukunft durch korrigierende Maßnahmen erfolgreich zu sein. Bei dieser Ursachenforschung kann erst einmal ganz grob nach mechanischen, zufälligen, absichtlichen und unbeabsichtigten Ursachen unterschieden werden. Eine andere Perspektive besteht darin, die Ursachen externen oder internen Umständen zuzuschreiben, dazu gehören z. B. schlechte Führung, Unkenntnis der Organisationskultur, unausgewogene Teamarbeit oder eine ungeeignete Kombination von Führung, Fähigkeiten und organisatorischer Gestaltung.

Bei der Zuschreibung von Fehlerursachen beobachten wir häufig eine Voreingenommenheit. So neigen Menschen generell dazu, ihre eigenen Erfolge sich selbst und ihr eigenes Scheitern auf externe Faktoren zurückzuführen. Die genaue Analyse von Misserfolgen ergibt in der Regel ein Vorhandensein von internen und externen Ursachen, zwischen denen häufig kausale Zusammenhänge beobachtet werden können. Dazu muss sich jedoch intensiv mit dem Fehler auseinandergesetzt werden, und da sind wir jetzt wieder der der „Schinken-Wurst"-Metapher. Dabei kann unsere Fehler-Lern-Typologie unterstützen, denn diese zeigt auch hier unterschiedliche Präferenzen bei der Fehlerzuschreibung. Das reicht vom wachstumsorientierten Lerner, der die Gründe sehr intensiv untersucht, über den klassisch

reflektierten Erschaffer und den expressiven Realisten, die beide die generelle Voreingenommenheit bei der Zuschreibung von Erfolgen und Misserfolgen verkörpern, bis zum intuitiven Analytiker, der eher die Gründe für den Misserfolg bei sich selbst verortet.

Nachdem wir jetzt besser verstehen, dass Individuen und Organisationen jeweils Präferenzen für das Lernen aus Fehlern haben und welche blinden Flecke sich aus diesen Präferenzen ergeben können, können wir nun zur letzten Leitfrage übergehen.

3.3.4   Wie wir Fehler für zukünftige Entscheidungen nutzen können

Sicher haben Sie jetzt schon gemerkt, dass die rück- und die vorausschauende Sichtweise
auf das Lernen aus Fehlern eng miteinander verbunden sind. Der Rückblick auf die Vergangenheit ist die Basis für die Planung der Zukunft. Allerdings unterscheiden sich die
zwei Sichtweisen jedoch aufgrund ihrer unterschiedlichen Schwerpunkte: Bei der voraus-
schauenden Sichtweise geht es – unabhängig von den Ursachen für den Misserfolg – um
die Nutzung desselben für die Suche nach neuen Chancen. Lee und Miesing (2017) haben
dazu 16 Vorschläge unterbreitet und diese in einem Rahmenwerk zusammengefasst, welches eine Unterscheidung nach Art des Misserfolgs (Defizit, Exzess oder Inkonsistenz)
und nach Nutzungsmöglichkeit (interne oder externe Adaption) ermöglicht. Da auch in
diesem Rahmenwerk das Lernen die zentrale Rolle einnimmt und sowohl die externe als
auch die interne Perspektive beinhaltet, beschreiben wir hier diesen Vorschlag näher.

Lee und Miesing (2017) beschreiben in ihrer These, wie ein Misserfolg, egal ob aus einem
Defizit, einem Übermaß oder aus Inkonsistenz resultierend, als „Feuerprobe unter extremen
Bedingungen" dienen kann. Das Scheitern lehrt uns, was funktioniert und was nicht funktio-
niert. Als Beispiel für ihre These beschreiben die Autoren die „FailCon" im Silicon Valley.
Diese „Scheiternskonferenz" ist ein neues Geschäftsmodell, das Unternehmern hilft, aus
Fehlschlägen zu lernen. Bekannte Beispiele sind hier der Erfolg von Apple, der auf Steve
Jobs' Fehlschlägen wie dem NeXT-Computer und dem iTunes-Telefon beruht, die dann die
Grundlage für den Erfolg von OS X bzw. iPhone bildeten. Ein anderes Beispiel ist Domino
Pizza, welches im Jahr 2009 nach einem publik gewordenem Qualitätsproblem frei nach dem
Motto „lieber schlechte Presse als gar keine Presse" die Flucht nach vorn antritt, indem es sich
öffentlich entschuldigte und eine umfassende Reform seines Qualitätsmanagements startete.
Im Ergebnis wuchs Domino Pizza dramatisch schnell und kehrte so auf die Erfolgsspur zu-
rück. Mit diesen und ähnlichen Geschichten unterstützt die Konferenz Unternehmen dabei,
eigene Fehler zu analysieren, zu reflektieren und den Mut zum Experimentieren zu entwickeln.

Wie so oft ist es bei solchen Maßnahmen wichtig, die richtige Balance zu finden. Der Zweck
solcher Formate ist ganz klar das Lernen aus und die Akzeptanz von Fehlern. Leider beobachten
wir in einigen Start-up-Communities nun einen Trend, Misserfolge zu „hypen", im Mittelpunkt
der häufig mit dem Titel „FuckUp" versehenen internen oder externen Veranstaltungen steht
dann allerdings die Bewunderung für den größten Fail („wow, dass der Typ sich auf die Bühne
traut"), und Lernen findet – wenn überhaupt – dann nur noch in Bezug auf die eigene Selbstver-
marktungskompetenz statt. Inhalte gehen komplett unter. Abb. 3.6 soll verdeutlichen, dass für
das Lernen aus Fehlern eher kleinere Formate, mit vertrauten Gruppen und in einem geschützten
Raum sinnvoll sind.

Abb. 3.6 Lernen aus Fehlern im Team-Setting. (Quelle: Eigene Darstellung)

Zusammenfassend gesagt sollte das Fehlermanagement als ganzheitlicher Ansatz und in Verbindung mit dem Risiko- und Krisenmanagement erfolgen. Mit dieser Empfehlung beenden wir unsere durchaus sehr intensive und herausfordernde Reise durch die drei Nachbarregionen Risiko- Krisen- und Fehlermanagement. Im folgenden Kapitel betreten wir mit Ihnen gemeinsam neue Ufer bei der Kommunikation in den drei Managementbereichen. Are you ready to take off?

Literatur

Alfermann, D., & Stoll, O. (2005). *Sportpsychologie: Ein Lehrbuch in 12 Lektionen. Sportwissenschaft studieren: Bd. 4*. Meyer & Meyer.

Asendorpf, J. (2015). *Persönlichkeitspsychologie für Bachelor: Mit 43 Tabellen* (3. Aufl.). Springer. https://doi.org/10.1007/978-3-662-46454-0_5

Baetge, J., & Jerschensky, A. (1999). Frühwarnsysteme als Instrumente eines effizienten Risikomanagement und-Controlling. *Controlling, 11*(4/5), 171–176.

Battisti, M., & Deakins, D. (2017). The relationship between dynamic capabilities, the firm's resource base and performance in a post-disaster environment. *International Small Business Journal: Researching Entrepreneurship, 35*(1), 78–98. https://doi.org/10.1177/0266242615611471

Benner, M. J., & Tushman, M. L. (2003). Exploitation, exploration. and process management: The productivity dilemma revisited. *The Academy of Management Review, 28*(2), 238–256. https://doi.org/10.2307/30040711

Burnett, A. (2019). *Planning for transitions? A case study of Frome, Somerset (UK)*. Doctoral thesis. https://centaur.reading.ac.uk/85827/1/21031723_Burnett_thesis.pdf. Zugegriffen am 13.02.2023.

Bussweiler, J., Zepperitz, S., Bosch, D., & Kappell, H. (2012). Wettkampfanalyse im olympischen Boxen – eine Kombination aus Expertenurteil und Template Boxens. *Zeitschrift für Angewandte Trainingswissenschaft, 19*(1), 13–24.

Deming, W. E. (1986). *Out of the crisis: Quality, productivity and competitive position*. Massachusetts Institute of Technology.

Dijksterhuis, A., & Van Knippenberg, A. (1998). The relation between perception and behavior, or how to win a game of trivial pursuit. *Journal of Personality and Social Psychology, 74*(4), 865.

Dreißigacker, A., Skarczinski, B. V., Bergmann, M. C., & Wollinger, G. R. (2020). Cyberangriffe gegen private Internetnutzer* innen. In *Cyberkriminologie* (S. 319–344). Springer VS.

Furkel, D. (2021). *Im Interview mit Bodo Janssen.* https://www.haufe.de/personal/hr-management/interview-mit-bodo-janssen-zu-neuen-aspekten-von-leadership_80_542472.html. Zugegriffen am 13.02.2023.

Gigerenzer, G. (2013). *Risiko: Wie man die richtigen Entscheidungen trifft* (S. 23). C. Bertelsmann.

Gleißner. (2020). Integratives Risikomanagement. Schnittstellen zu Controlling, Compliance und Interner Revision. *Controlling, 32*(4), 23–29.

Henschel, T. (2010). *Erfolgreiches Risikomanagement im Mittelstand: Strategien zur Unternehmenssicherung.* Erich Schmidt Verlag GmbH & Co KG.

Henschel, T., & Lantzsch, A. D. (2022). The relationship between ERM and performance revisited: Empirical evidence from SMEs. In C. Florio, M. Wieczorek-Kosmala, P. M. Linsley, & P. Shrives (Hrsg.), *Risk management* (Bd. 20, S. 95–113). Springer. https://doi.org/10.1007/978-3-030-88374-4_5

Henschel, T., & Salzmann, J. (2021). Best Practice im Krisenmanagement von KMU. *Controller-Magazin, 4,* 35–41.

Hofstede, G. H. (1991). *Cultures and organizations: Software of the mind.* McGraw-Hill.

Janssen, B., Grün, A., & Carstensen, R. (2017). *Stark in stürmischen Zeiten: Die Kunst, sich selbst und andere zu führen.* Ariston.

Kotter, J. P. (2014). *Accelerate: Building strategic agility for a faster-moving world.* Harvard Business Review Press.

Krystek, U. (1981). *Krisenbewältigungs-Management und Unternehmungsplanung. Neue betriebswirtschaftliche Forschung: Bd. 17.* Gabler. https://doi.org/10.1007/978-3-322-89289-8

Lee, J., & Miesing, P. (2017). How entrepreneurs can benefit from failure management. *Organizational Dynamics, 46*(3), 157–164. https://doi.org/10.1016/j.orgdyn.2017.03.001

March, J. (1991). Exploration and exploitation in organizational learning. *Organization Science, 2*(1), 71–87.

Maron, C., & Burgermeister, A. (2021). Risikomanagement & mehr – die Krise als Chance. *REthinking Finance, 1.*

Mayer, V. (2003). *Operatives Krisenmanagement: Grundlagen.* Deutscher Universitätsverlag. https://doi.org/10.1007/978-3-322-90749-3

Miles, R. E., & Snow, C. C. (2003). *Organizational strategy, structure, and process.* Stanford.

Osterwalder, A., & Pigneur, Y. (2010). *Business model generation: A handbook for visionaries, game changers, and challengers.* Wiley.

Romeike, F. (2018). *Risikomanagement.* Springer Fachmedien Wiesbaden. https://doi.org/10.1007/978-3-658-13952-0

Rüsen, T. A. (2009). *Krisen und Krisenmanagement in Familienunternehmen: Schwachstellen erkennen, Lösungen erarbeiten, Existenzbedrohungen meistern.* Gabler. https://doi.org/10.1007/978-3-8349-8101-1

Schmidt, A., Henschel, T., & Gleißner, W. (2022). Integration von Controlling und Risikomanagement. *Controller Magazin, 2,* 52–57.

Shomstein, S., & Yantis, S. (2004). Control of attention shifts between vision and audition in human cortex. *The Journal of Neuroscience: The Official Journal of the Society for Neuroscience, 24*(47), 10702–10706. https://doi.org/10.1523/JNEUROSCI.2939-04.2004

Smallman, C. (1996). Risk and organizational behaviour: A research model. *Disaster Prevention and Management: An International Journal, 5*(2), 12–26. https://doi.org/10.1108/09653569610112880

Vogel, D., & Hofer, B. (2022). Frome wirkt freundlich, die Einwohner sind es auch. So wurde aus der tristen englischen Kleinstadt ein Vorzeigeort. *Podcast Neue Zürcher Zeitung.* https://www.nzz.ch/podcast/so-wurde-aus-der-englischen-kleinstadt-frome-ein-vorzeigeort-ld.1668177. Zugegriffen am 13.02.2023.

Share

4

Bitte anschnallen, die Reise geht weiter! Im Kapitel „Capture" haben wir die grundlegenden Prozesse und Fragestellungen für Ihr Risiko-, Krisen- und Fehlermanagement anhand von Geschichten beschrieben, die uns selbst im Laufe unserer Beratungstätigkeit als einprägsam, spannend, überraschend oder auch einfach nur passend erschienen sind. Außerdem haben wir versucht, durch die Mischung unserer Stories zu zeigen, welche vielfältigen Quellen es für Ihre eigenen Stories geben kann. Die Frage, wie Sie Ihre Stories gut aufbewahren können, hatten wir bereits kurz in der Einleitung angerissen. Damit Sie jetzt gut gerüstet in den Share, also in die Kommunikation einsteigen und das Storytelling proaktiv und strategisch für Ihre Zwecke einsetzen können, empfehlen wir Ihnen an dieser Stelle, einmal über die Möglichkeiten für Ihr Story-Lager nachzudenken – vielleicht finden Sie dafür unser in der Tab. 6.1 vorgestelltes „Cheat Sheet" hilfreich.

Jetzt brechen wir mit Ihnen auf zu neuen Ufern – in diesem Kapitel geht es um die Kommunikation der Inhalte des Risiko-, Krisen- und Fehlermanagements durch das Storytelling. Für ein erfolgreiches Risiko-, Krisen- und Fehlermanagement gibt es lt. Schönbohm und Jülich (2016) drei wesentliche Voraussetzungen:

1. Motivieren und Interesse am Thema wecken
2. Reaktivieren des impliziten Erfahrungswissens für eine zielgerichtete Kommunikation
3. Überwinden der Extrapolations- (die Vergangenheit wird fälschlicherweise als Maßstab für die Zukunft herangezogen) und Ignoranz-Fallen (erste schwache Hinweise auf eine kritische Veränderung werden verdrängt: „weil nicht sein kann was nicht sein darf").

Diese Voraussetzungen schreien doch geradezu nach Storytelling, finden Sie nicht auch? In diesem Buch setzen wir hauptsächlich auf die Kraft des Geschichtenerzählens, die wir an geeigneten Stellen mit einer Visualisierung verstärken. Einige Unternehmen denken da

© Der/die Autor(en), exklusiv lizenziert an Springer Fachmedien Wiesbaden GmbH, ein Teil von Springer Nature 2023
I. Heinze et al., *Risky Stories – Storytelling strategisch im Risiko-, Krisen- und Fehlermanagement anwenden*, https://doi.org/10.1007/978-3-658-40310-2_4

aber bereits größer – die Geschichten werden nicht nur erzählt und visualisiert, sondern auch erlebbar gemacht. Dazu bieten sich die Ansätze der „Gamification" an, bei dem durch die Übertragung von spielerischen Elementen in einen spielfremden Kontext Lern- oder Entwicklungserfahrungen unterstützt werden. Der Begriff „Gamification" wurde im betriebswirtschaftlichen Kontext vor allem in Bezug auf Marketingmaßnahmen verwendet (Sailer, 2016), wird mittlerweile aber auch in vielen anderen Unternehmensbereichen, wie z. B. dem Personalmanagement oder auch dem Risikomanagement eingesetzt. Einen kleinen Einblick in diese Welt haben wir Ihnen ja schon anhand unserer Fehler-Lern-Typologie im dritten Kapitel gegeben. Testen Sie am besten selbst in Ihrem Unternehmen, wie solche Lerninterventionen bei Ihren Mitarbeitenden ankommen.

Jetzt aber zu unserer neuen Destination – Sie wissen wahrscheinlich bereits aus den ersten Kapiteln, wie es nun weitergeht – zuerst schauen wir auf das Risikomanagement und danach geht es mit dem Krisenmanagement weiter, bevor wir uns am Ende des Kapitels noch mit dem Fehlermanagement auseinandersetzen.

4.1   Risikomanagement

Wir verlassen auf unserer Reise jetzt die Welt der großen und bekannten Unternehmen und besuchen zur Abwechslung auch mal einen kleineren Betrieb – schließlich gehören in Deutschland 99,5 % aller Unternehmen zu den sogenannten KMU – das sind kleine und mittlere Unternehmen mit einem Jahresumsatz von ≤50 Millionen € und Beschäftigtenzahlen von <500 Mitarbeitenden (vgl. www.ifm-bonn.org). Zu dieser Gruppe zählt auch die Top-Fork GmbH mit 55 Vollzeitmitarbeitenden, die vor 15 Jahren vom Diplom-Ingenieur Peter Müller gegründet wurde. Peter war viele Jahre bei einem großen bekannten Maschinenbauunternehmen als Produktionsleiter tätig und hat dort nicht nur technisches Know-how, sondern auch Managementerfahrung erworben. So hat er zum Beispiel erlebt, welche Unterstützung ein fundiertes Controlling bietet und also gleich bei der Gründung seines eigenen Unternehmens die entsprechenden Weichen gestellt. Mit der Einstellung von Hans Maier hat Peter schon in der Aufbauphase einen Experten für Controllingaufgaben an Bord geholt. Eines der ersten Projekte bestand darin, mittels einer Excelbasierten Tabellenkalkulation eine verzahnte Erfolgs-, Bilanz- und Finanzplanung zur Abbildung der kurz- und mittelfristigen Planungshorizonte einzuführen. Für das aktuelle Jahr wird damit die unterjährige Erfolgs-, Bilanz- und Finanzplanung erstellt. Insgesamt plant das Unternehmen auf drei Jahre im Voraus, längere Zeiträume machen aus Peters Sicht in seiner Branche keinen Sinn. Jeweils zum Quartalsende wird mittels der Planungsdaten ein kurzer Bericht zur mit den aktuellen Erfolgs-, Bilanz- und Finanzkennzahlen und zur allgemeinen Geschäftsentwicklung erstellt, die Peter dann sowohl intern mit seinen Mitarbeitenden als auch mit ausgewählten externen Stakeholdern als vertrauensbildende Maßnahme im Sinne einer proaktiven Informationspolitik einsetzt.

Die seit 2020 auftretende pandemische Situation, uns allen unter dem Stichwort CO-VID-19 bestens vertraut, hat auch die wirtschaftlichen Rahmenbedingungen für die Top-Fork GmbH wesentlich verschlechtert. Die Veränderungen kommen von allen Seiten: Materialmangel durch die unterbrochenen Lieferketten, Produktionsunterbrechungen durch Krankheitsfälle und Quarantäne im eigenen Team sowie der Auftragseinbruch durch verändertes Kaufverhalten auf Kundenseite wirken sich negativ auf den Umsatz aus. Zur Sicherung und Stabilisierung der Marktposition hat Peter mit seinem Ingenieurteam ein neues Produkt entwickelt und patentieren lassen. Und das kam so: Peter ist leidenschaftlicher Segler und hat eine kleine Yacht an einem der vielen Birnenseen in der Nähe seines Wohnortes in der Uckermark liegen. Vor der Pandemie ging es dort recht beschaulich zu, aber jetzt haben viele Menschen den Wassersport als alternative Freizeitbeschäftigung entdeckt und in Peters Marina herrscht Hochbetrieb – alle Liegeplätze sind vergeben, es gibt eine Warteliste und täglich kommen neue Anfragen hinzu. Dieter, dem Werftbesitzer, gefällt das zwar und er erweitert seine Kapazitäten soweit das möglich ist. Aber ihm wird ganz bange, wenn er daran denkt, dass all diese Boote im Herbst an Land geholt und auf seinem Gelände sicher untergebracht werden sollen, bevor im Frühjahr wieder die Rolle rückwärtsansteht – alle Boote sollen sicher wieder an ihre Stegplätze gebracht werden. Das erzählt er Peter bei einem abendlichen Segeltörn – und Peter hat **die** Idee: Ein teilautonomer solarbetriebener Travel-Lift kann den Transport von Segel- und Motorjachten auf dem Werftgelände und innerhalb der Marina effizienter, kostensparender und sicherer ermöglichen als die bisher standardmäßig ablaufenden muskelkraftgespeisten Hauruck-Aktionen der Yachtbesitzer. Gesagt, getan: Mit Hilfe eines Prototyps konnten im Herbst 2021 schon einige positive Erfahrungen gesammelt werden, über den Winter wurde das Produkt zur Serienreife gebracht und im Frühjahr konnte der Travel-Lift bereits in drei weiteren Marinas zum Einsatz kommen. Nun füllen sich die Auftragsbücher …

Das freut Peter, andererseits haben ihm die Erfahrungen der letzten Jahre gezeigt, dass sich das Geschäftsumfeld seines Unternehmens zunehmend dynamischer gestaltet. Neulich hat er sich auf einen Kaffee mit Michelle Fraser getroffen. Michelle ist eine Ex-Kollegin, die mittlerweile als Unternehmensberaterin tätig ist und sich dabei auf Risikomanagement-Themen spezialisiert hat. Schon dieses kurze Gespräch hat Peter gezeigt, dass Risikomanagement auch Chancenmanagement bedeutet und so entschließt er sich, sein Unternehmen einmal gemeinsam mit Michelle auf den Prüfstand zu stellen. Bei Bedarf sollen dann auch gleich Prozesse weiter ausgebaut werden. Michelle rät ihm, dieses „auf den Prüfstand stellen" als eine umfassende Organisationsdiagnostik anzulegen und daraus dann die gewünschten Veränderungen zu entwickeln und umzusetzen. Sie warnt aber auch gleich: „Peter, es hat sich gezeigt, dass schon allein die Diagnostik eine Intervention ist. Die muss kommunikativ gut vorbereitet sein, sonst werden unrealistische Erwartungen oder – noch schlimmer – Ängste geweckt. Das bringt unnötige Unruhe und Widerstand gegen die Veränderung." Peter stimmt dieser Überlegung zu, er hat selbst schon erfahren, dass es bei der Kommunikation von anstehenden Veränderungen zwar vordergründig um die Inhalte des Projekts geht, die persönliche Komponente aber tatsächlich oft noch wichtiger ist – Michelle muss also nicht nur fachlich, sondern auch menschlich überzeugen, um das Vertrauen der Mitarbeitenden zu gewinnen …

An dieser Stelle unterbrechen wir unsere Geschichte kurz, um Ihnen für den Besuch bei der Top-Fork GmbH noch etwas Struktur mit auf den Weg zu geben. Wir werden Peter und Michelle nun über die Etappen der Projektvorbereitung und der Projektdurchführung mit den Schwerpunkten der Risikoinventur, der Risikobewertung und des Risiko-Reportings weiter begleiten. Außerdem versuchen wir in die Zukunft zu schauen – was wird sechs Monate nach der Einführung des Risikomanagements passieren? Setzen Sie sich also bequem hin und lassen Sie sich von uns gedanklich auf das Firmengelände der Top-Fork GmbH entführen …

4.1.1 Projektvorbereitung

Da Michelle schon Erfahrung mit einigen Projekten in ähnlichen Konstellationen sammeln konnte, schlägt sie vor, bei der Wahl der Kommunikationskanäle nach der Theorie der medialen Reichhaltigkeit zu verfahren. Danach ist ein Kommunikationskanal dann besonders reichhaltig, wenn sich die Kommunikation individuell prägen lässt und vielfältige Kodes – z. B. gesprochene Sprache, Gestik, Mimik, Blick etc. – zum Einsatz kommen. Für Nichtroutinenachrichten sollten reichhaltigere Kanäle wie die Face-to-Face-Kommunikation gewählt werden, um die Gefahr von Missverständnissen zu vermeiden (Nerdinger et al., 2014). Und so beschließen die beiden, dass Michelle im wöchentlichen Management-Meeting das Vorhaben persönlich vorstellt und die Fragen der Abteilungsleiter beantwortet.

   Gesagt, getan … Peter erläutert das generelle Ziel der Diagnose und stellt dann Michelle als ihm seit einiger Zeit bekannte Expertin für Risikomanagement in KMU vor. Danach übernimmt Michelle die detaillierte Vorstellung des Projekts, indem sie aus ihren Erfahrungen berichtet und direkt in die Interaktion mit den Führungskräften geht. Nach diesem ersten Kennlern-Meeting freut sich Peter über viele positive Rückmeldungen zum Projekt an sich und auch zur Person der Beraterin – die Strategie ging also auf. Damit nun keine Gerüchte und Besorgnis auf Seiten der Mitarbeitenden entstehen, muss zeitnah der nächste Schritt erfolgen. Michelle schlägt dazu das Schneeballsystem vor – jede Führungskraft unterrichtet den eigenen Bereich ebenfalls mittels der Face-to-Face-Methode. Um zusätzlich sicherzustellen, dass wirklich alle Mitarbeitenden einheitlich über den Sinn und Zweck der nun stattfindenden Erhebungen informiert sind, greift Peter auf einen weiteren Kommunikationskanal, nämlich den weniger reichhaltigen Kanal der Memos und Briefe zurück. Dieser eignet sich mehr für Routinemitteilungen. Für solche Zwecke hat Peter bereits eine regelmäßige Kolumne im monatlichen Firmen-Newsletter etabliert. In diesem Monat nutzt er diese Kolumne also dazu, das Projekt im Allgemeinen und seine Verbindung und sein Vertrauen in Michelle im Besonderen zu vermitteln. Er hat nämlich festgestellt, dass seine persönlichen Stories im Newsletter immer zuerst gelesen werden und viele Mitarbeitende ihn direkt auf diese Geschichten ansprechen.

   Im Fall der geplanten Unternehmensberatung beginnt Peter seinen Artikel mit der Aufarbeitung von Vorurteilen, die gegenüber manchen Berufen hartnäckig von vielen Menschen geteilt werden. Zuerst geht er dabei auf die Sparte der Immobilienmakler:innen ein, da er weiß, dass viele Kolleg:innen in dieser Hinsicht Erfahrungen haben. Er beschreibt, dass die Immobilienmakler:innen gerne als „die teuersten Türöffner der Welt" bezeichnet werden, obwohl deren Job nicht nur im Aufschließen begehrter Wohnungen und Häuser, sondern auch in Wertberechnungen, Erstellung von vertrauenserweckenden Exposés bis hin zu Mediatoren-Tätigkeiten bestehe. Dann geht er zu seinem eigentlichen Anliegen über: Er berichtet, dass Unternehmensberater:innen mit einem ähnlichen Bonmot leben müssen – werden sie doch mit Hubschraubern verglichen, die laut dröhnend unerwartet aus heiterem Himmel auf uns herabkommen, dabei für viel Wirbel sorgen und beim Abflug eine Menge Chaos hinterlassen. Peter bestätigt dann, dass es in beiden Berufsfeldern so einige schwarze Schafe gäbe und dass man natürlich genau hinschauen müsse, wen man sich da ins Haus hole.

Um dies zu unterstreichen, berichtet Peter nun von seiner persönlichen Erfahrung als Abteilungsleiter bei einem süddeutschen Hersteller von Stanz- und Spritzgussartikeln in den 1990ern. Zu dieser Zeit entwickelte sich allmählich die Idee der flachen Hierarchien in der Unternehmenswelt und Peters Arbeitgeber beauftragte eine Unternehmensberatung mit der Optimierung von Betriebsabläufen. Das Unternehmen musste effizienter arbeiten, weil es als Zulieferer für die Automobilindustrie den Kostendruck der gesamten Lieferkette verspürte. Und eines schönen Tages standen dann fein gekleidete Menschen mit Klemmbrettern zwischen lauten Maschinen und beobachteten die in ihren ölbeschmierten Kitteln hin und her wuselnden Einrichter, Monteure und Werkzeugmechaniker (m/w/d). So ein Auftreten als „Rechtsanwälte für Managementprobleme" wirkte in einer Montagehalle fehl am Platz, so entstand schnell eine Atmosphäre der Angst und des Widerstands. Gegenreaktionen, wie das absichtlich falsche Darstellen von Abläufen, ließen nicht lange auf sich warten und verursachten natürlich fehlerhafte Ergebnisse bei der Datenaufnahme, die dann zu falschen Interpretationen und schlussendlich zu falschen Maßnahmen führten. Am Ende hatte das Unternehmen viel Geld und Zeit verloren, ohne den gewünschten Effizienzgewinn zu erreichen.

An dieser Stelle kommt Peter zum Kern seines Artikels: Er skizziert die Ziele der bevorstehenden Unternehmensdiagnostik, stellt Michelle als sehr erfahrene und ihm persönlich durch eine mehrjährige Zusammenarbeit bekannte Expertin für das Risikomanagement vor und stellt in Ausblick, dass er gemeinsam mit Michelle für jeden Bereich einen Kick-Off-Workshop plant, um die bevorstehende Diagnostik im Detail zu besprechen und Fragen bzw. Ideen der Mitarbeitenden mit berücksichtigen zu können. Nachdem der Newsletter verschickt wurde, kamen gleich einige Kommentare bei Peter an. Nicht alle waren positiv, aber alle waren konstruktiv und Peter freut sich über die Kultur des Vertrauens in seinem Unternehmen.

Nachdem alle kommunikativen Vorbereitungen erfolgt sind, kann die Diagnostik nun starten. Zuerst steht dabei die Unternehmensplanung im Fokus. Michelle stellt schnell fest, dass der etablierte Planungsprozess durch den Einsatz eines integrierten Planungssystems sowohl bei der langfristigen Planung mit einem Zeithorizont von drei Jahren als auch bei der unterjährigen Erfolgs-, Bilanz- und Finanzplanung für die Unternehmensgröße schon sehr umfassend ist. Sie hat also eine gute Basis für den Aufbau des gewünschten ganzheitlichen formalen Risikomanagements. Der Controller Hans ist natürlich sehr erfreut über das positive Feedback. Im nächsten Management-Meeting berichtet er von seiner Erfahrung und dabei lobt dabei auch die Zusammenarbeit mit Michelle, die er als sehr wertschätzend erlebt hat. Michelle hatte nämlich noch den einen oder anderen Best-Practice-Hinweis für Hans in petto. Diese Hinweise ergaben sich für Hans eher informell, als Michelle am Rande von ihren Beratungsprojekten bei anderen Kunden (natürlich ohne deren Identität preiszugeben) erzählte.

Kurzer Zwischenstopp im Hier und Jetzt mit einem Exkurs ins Change Management: Wahrscheinlich erahnen Sie bereits unsere Intention bei diesem Teil der Geschichte. Peter wusste natürlich um den hohen Reifegrad der Unternehmensplanung und hat daher diesen Bereich an den Anfang des Projekts gestellt. Der Controller Hans kann nach dem Abschluss der Diagnostik über eine positive Erfahrung berichten, durch die die anderen Abteilungslei-ter nun schon mental gut auf Michelles Besuch in ihrem Bereich vorbereitet sind. Wir emp-fehlen Ihnen – sofern möglich – einen Start mit den eher unkritischen Bereichen bzw. in Bereichen, in denen eine hohe Veränderungsbereitschaft herrscht. Generell empfehlen wir Ihnen, einmal herauszufinden, wie es denn um die Veränderungsbereitschaft in Ihrem Unter-nehmen bestellt ist. Dazu eignet sich die Typologie von Rogers et al. (2014), wonach sich bei den von organisationalen Veränderungen Betroffenen vier typische Einstellungsmuster be-obachten lassen, für die eine Normalverteilung gilt. Das bedeutet, dass sich die Mehrzahl der von der Veränderung Betroffenen **früher oder später auf den Wandel einlässt**. Zum besse-ren Verständnis schauen Sie am besten auf die Abb. 4.1. Von 100 Mitarbeitenden gehören also 68 diesen beiden Gruppen an, die in der Literatur häufig als Distanzierte bzw. als Mit-läufer bezeichnet werden. Nach Rogers et al. (2014) lässt sich diese Gruppe nochmal in eine frühe und eine späte Mehrheit unterteilen.

Spannender sind in diesem Modell allerdings die „Schwänze" der Kurve: Starten wir mit dem linken Schwanz: insgesamt 16 Mitarbeitende sind danach entweder Innovatoren oder Veränderungsbefürworter. Diese Gruppen sollten Sie rechtzeitig identifizieren und zu Ihren Change Agents machen – denn gemeinsam sind Sie weniger einsam!

Auch der rechte „Schwanz" in Rogers Modell ist wichtig – diese Gruppe besteht aus Zauderern und Skeptikern, im schlimmsten Fall sogar aus Boykotteuren. Auch für diese

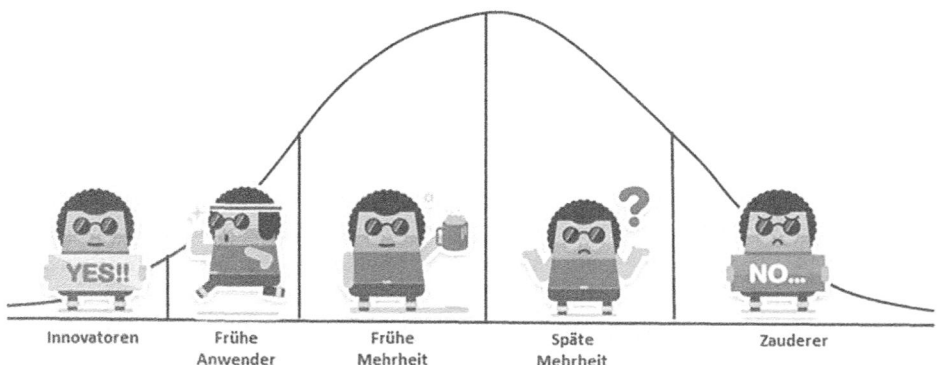

Abb. 4.1 Typische Einstellungen gegenüber Change im Unternehmen nach Rogers et al. (2014)

Gruppe benötigen Sie Strategien, die zu einer Verhaltensänderung führen. Das können entweder Überzeugungsinterventionen sein, um den Zauderern die Vorteile bzw. Notwendigkeit der Veränderung vor Augen zu führen. Für die Boykotteure bleibt häufig nur die Sanktion, da sonst das Scheitern des Veränderungsprojekts drohen kann.

Zurück zur Top-Fork GmbH – hier hat Peter in Hans bereits den ersten Change Agent gefunden, der sich jetzt aktiv in die weitere Bestandsaufnahme einbringt und so den Veränderungsprozess im Kollegenkreis positiv vertritt.

Michelle beginnt nun, sich systematisch mit den einzelnen Unternehmensbereichen zu beschäftigen. Dabei kommt sie gut voran, denn das Unternehmen hat vor zwei Jahren bereits eine ISO-Zertifizierung durchlaufen. Der Grund für dieses für ein kleineres Unternehmen doch recht aufwendiges Verfahren war damals die Möglichkeit, sich an größeren Ausschreibungen zu beteiligen. Für die Zertifizierung war eine vollständige Geschäftsprozessaufnahme erforderlich, und auf dieser Dokumentation kann Michelle nun aufbauen. In erster Linie soll die Diagnostik natürlich Impulse für die Gestaltung des Risikomanagements liefern: Für jeden Geschäftsprozess können die Prozessrisiken sowie geeignete Mess- und Steuerungsgrößen bestimmt werden und die Risikoidentifikation kann systematisch und umfassend entlang der Geschäftsprozesse ablaufen. Die Methode hat aber noch einen Zusatznutzen, denn durch die Diagnostik wird auch Optimierungspotential bei den Abläufen im Unternehmen ersichtlich. Michelle geht dabei genau wie bei ihrer Zusammenarbeit mit Hans vor – sie kritisiert nicht, sondern fragt nach dem Warum und berichtet von alternativen erfolgreichen Vorgehensweisen, die sie in anderen Unternehmen erfahren hat. Natürlich stößt sie auch auf hartnäckige Verteidiger ineffizienter Abläufe (Sie kennen die Aussage „das haben wir schon immer so gemacht, das muss so sein"), die als Zauderer Veränderungen möglichst vermeiden wollen. In diesen Fällen bespricht Michelle mit der verantwortlichen Führungskraft mögliche Unterstützung für den Zauderer.

Nachdem Michelle die Diagnostik im Bereich der Ablauforganisation mit Unterstützung der Bereichsleiter:innen und der prozessverantwortlichen Mitarbeiter:innen abgeschlossen hat, muss nun auch die Aufbauorganisation auf den Prüfstand. Sie hat nämlich die Erfahrung gemacht, dass bei der Einführung eines umfassenden Risikomanagements die organisatorische Gestaltung eine immens wichtige Rolle spielt. Auch hier ist die Kommunikation im Sinne einer zielgruppenorientierten Information und Aufklärung einfach DER kritische Erfolgsfaktor. Die Mitarbeitenden müssen nicht nur über die Ziele der Implementierung informiert, sondern auch für die Wahrnehmung von Chancen und Risiken sensibilisiert und mit ihrer neuen Rolle als Risikoverantwortliche vertraut gemacht werden.

Die Top-Fork GmbH hat aufgrund der Unternehmensgröße eine sehr flache Organisationsstruktur. Neben Peter als geschäftsführendem Gesellschafter gehören drei Bereichsleiter:innen zum Top-Management. Tina Uhlenhorst ist für den kaufmännischen Bereich zuständig, sie ist eine langjährige, vertraute Mitarbeiterin und daher hat ihr Peter Prokura und eine Bankvollmacht eingeräumt. Daniel Lantzsch verantwortet den Bereich Produktion sowie Forschung und Entwicklung und Marc Schwätzer ist für den Bereich Marketing & Vertrieb zuständig. Bei Tina, Daniel und Marc sollen also zukünftig die Risikomanagementprozesse für ihren jeweiligen Bereich zusammenlaufen. Dazu bespricht Michelle mit ihnen nun zunächst einige für die weitere Gestaltung des Risikomanagements wesentliche Eckpunkte:

Zuerst muss überprüft werden, ob das vorhandene Informationssystem für die zukünftigen Anforderungen ausreichend geeignet ist. Im Kern geht es dabei um die Fragen zum Umfang und Qualität der momentan verfügbaren Informationen, zum Erfordernis weiterer Informationen und zur möglichen Erschließung weiterer Informationsquellen.

Anschließend werden die bereits im Unternehmen vorhandenen Managementsysteme auf mögliche Schnittstellen zum geplanten Risikomanagementsystem überprüft. Der Anfang wurde bereits mit der Unternehmensplanung gemacht, nun folgen alle weiteren Teilsysteme.

Außerdem sind Entscheidungen organisatorischer Natur zu treffen. Für jeden Bereich betrachten Michelle und die drei Manager:innen die Aufgaben- und Verantwortungszuordnung, die Strukturierung der Kommunikationswege, die Ressourcenzuordnung sowie die Kalibration von Leitungsspannen. Zunächst sollte dieser Schritt für jeden Bereich einzeln erfolgen, um effizient vorzugehen und effektive Entscheidungen zu treffen. Michelle bestätigt diese Möglichkeit und deren Vorteile im Hinblick auf Effizienz und Effektivität, berichtet dann aber von ihren positiven Erfahrungen in einem familiengeführten Bäckereiunternehmen, bei dem für alle Bereiche gemeinsam die Abläufe im Risikomanagement geplant wurden. Dieses Vorgehen hat dazu geführt, dass die Chancen und Risiken nicht nur auf den einzelnen Prozess bezogen betrachtet wurden, sondern auch Zusammenhänge zwischen den Risiken aufgedeckt werden konnten. Tina, Daniel und Marc wissen, dass letztendlich das gute Zusammenspiel auch über Bereichsgrenzen hinweg eine der wesentlichen Stärken ihres Unternehmens ist und so stimmen sie Michelles Vorschlag zur gemeinsamen Vorgehensweise zu.

Nachdem die organisatorischen Vorgehensweisen und die Fragestellungen der Management-Informationssysteme geklärt sind, werden die Risikoziele definiert und in das Zielsystem des Unternehmens eingebettet. Dabei werden auf Bereichs- und Unternehmenszielebene die Fragestellungen zur Risikobewältigung adressiert, hier sprechen wir vom indirekten Risikomanagement, das sind dann zum Beispiel Qualitätsstandards oder Sicherheitsbestände. Risikoziele, die direkt in das Zielsystem eingehen, adressieren dagegen die Risikobewältigung auf direktem Wege, dazu gehören Kennzahlen wie die Mindestliquidität oder die Eigenkapitalquote.

Damit kann es nun losgehen, alle vorbereitenden Arbeiten sind abgeschlossen, die Strategie zur Implementierung steht fest. Abb. 4.2 fasst den nun geplanten Ablauf kurz zusammen.

4.1.2 Implementierung des Risikomanagements

Nachdem die Rahmenbedingungen geschaffen wurden, startet die eigentliche Implementierungsphase. Dazu zählen wir in erster Linie die Risikoinventur, die Risikobewertung sowie den Aufbau eines Risiko-Reportings.

Bei der Top-Fork GmbH entscheiden Peter und Michelle sich für einen parallelen Ablauf in den drei Unternehmensbereichen. Jeder Bereich organisiert individuell die Spezi-

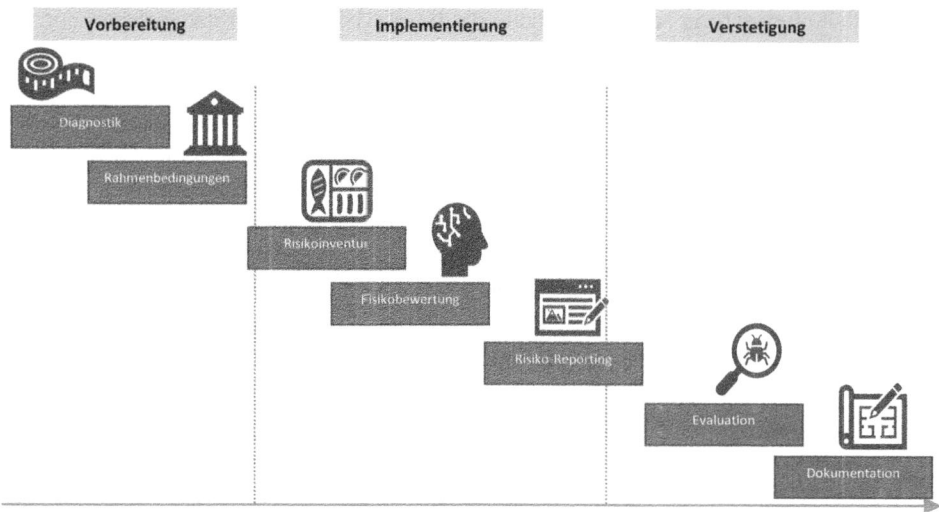

Abb. 4.2 Phasenplanung zur Einführung des Risikomanagements. (Quelle: Eigene Darstellung)

fika der Risikoinventur, führt die Risikobewertung durch und definiert die Inhalte des Risiko-Reportings. Michelle sorgt durch ihre Moderation bei den einzelnen Arbeitsschritten für eine einheitliche Struktur und bringt ihr Expertenwissen z. B. bei den Grundsätzen zur Risikobewertung ein. Da die Implementierungsprozesse parallel laufen, können so auch Überschneidungen oder widersprüchliche Vorgehensweisen rechtzeitig erkannt und bei Bedarf neu diskutiert und angepasst werden. Denn genau das macht ein ganzheitliches Risikomanagement aus.

Starten wir also zunächst mit der **Risikoinventur**: Dabei geht es vor allem um die vollständige Aufnahme der qualitativen und quantitativen Risiken, um diese dann im nächsten Schritt nach Schadenshöhe und Eintrittswahrscheinlichkeit zu bewerten. Wie bereits geschildert, wird hier für jeden Geschäftsprozess eine Risikoerfassung vorgenommen. Bei der Top-Fork GmbH hat Michelle im Rahmen der vorbereitenden Diagnostik bereits eine gute Unterstützung gefunden: Die für die ISO-Zertifizierung dokumentierten Prozesse werden in der Risikoinventur nun als Grundlage genutzt. Auf diese Art werden alle Prozessverantwortlichen automatisch zu Risikoverantwortlichen. In dieser Rolle definieren sie mögliche Risiken. Bei der Inventur geht es zunächst einmal um eine möglichst vollständige Erfassung, erst im nächsten Schritt, bei der Bewertung, wird über den Umgang mit diesem Risiko entschieden. Zur Durchführung der Risikoinventur bei der Top-Fork GmbH hat Michelle einen Erfassungsbogen für die Risikoverantwortlichen vorbereitet und diesen digital zur Verfügung gestellt. In einem Video-Face-to-Face-Meeting, welches mit zwei Terminoptionen angeboten wird, erläutert Michelle dann die Erfassung und bespricht aufkommende Zweifel und Probleme. Mit dieser Vorarbeit beginnt dann die Workshopphase, die gleichzeitig der Finalisierung der Risikoinventur sowie der Risikobewertung dient.

Zur **Risikobewertung** bereitet Michelle die Basis-Risikoinventarblätter weiter auf, indem sie die Spalten Schadenswahrscheinlichkeit, Schadenshöhe und Schadenkategorie ergänzt. Bei ihren ersten Aufträgen hat sie diese Spalten direkt im ersten Durchgang mit
ausfüllen lassen, dabei jedoch die Erfahrung gemacht, dass sich die Risikoverantwortlichen
mitunter an der Bewertung „festbeißen" und damit ermüden. In der Konsequenz lassen sie
vermeintlich kleinere Risiken dann weg oder bewerten Risiken niedriger, um sich weiterer
Aufwand zu sparen. Aus diesem Grund verfolgt Michelle nun den Step-by-Step-Ansatz.
Zum Beginn des Workshops erhalten die Risikoverantwortlichen ihre erweiterten Formu-
lare zurück, mit der Bitte, eine Einschätzung von Eintrittswahrscheinlichkeit und Schadenshöhe jeweils innerhalb der Kategorien gering, mittel oder hoch vorzunehmen. Für die
Schadenshöhe hat Michelle dazu im Vorfeld ein Raster mit Euro-Beträgen mit Peter abge-
stimmt, welches direkt im Formular hinterlegt ist. Ebenfalls bereits im Formular hinterlegt
ist die Formel für die Spalte Schadenkategorie, die ergibt sich automatisch aus der Kombination von Schadenswahrscheinlichkeit und Schadenshöhe. Bei hoher Wahrscheinlichkeit
und großer Schadenshöhe wird die Kategorie Rot ausgeworfen, bei Kombinationen von
mittel und hoch die Kategorie Orange, bei mittel-mittel die Kategorie Gelb, bei mittel-ge-
ring die Kategorie Hellgrün und bei gering-gering die Kategorie Dunkelgrün.

Im Workshop werden dann die Bewertungen durch die jeweiligen Risikoverantwortlichen
vorgestellt und gemeinsam diskutiert. Das ist vor allem für die Bewertung von qualitativen
Risiken wichtig, da diese häufig sehr komplex sind und eher langfristige Auswirkungen haben. Das führt dann zu einer erschwerten Gesamtbeurteilung, bei der die subjektive Bewer-
tungskompetenz der Risikoverantwortlichen einen großen Einfluss auf das Bewertungsergeb-
nis hat (Bitz, 2000, S. 45; Schmitting & Siemes, 2003, S. 534). So führt z. B. ein zunehmender
Freiheitsgrad der Risikoverantwortlichen auch zu einer höheren Risikobereitschaft. Und der
regelmäßige Umgang mit Risiken und Gefährdungen kann die Sensibilität für Abwehrmecha-
nismen senken und damit zu Fehleinschätzungen führen (siehe auch die bereits angesproche-
nen Extrapolations- und Ignoranz-Fallen). Bei der Top-Fork GmbH besteht ein derartiges
qualitatives Risiko z. B. in der Cyberkriminalität. Das Unternehmen ist im Bereich der IT-Si-
cherheit nicht besonders gut aufgestellt und sieht sich auch nicht als explizit gefährdet an.
Durch Berichte aus den Medien und von Geschäftspartnern sieht Peter jedoch ein zunehmen-
des Risiko, mit dem er sich nun auseinandersetzen will. Die Bewertung dieses Risikos ist jedoch vielschichtig und daher empfiehlt Michelle hier einen interdisziplinären Ansatz, bei dem
insbesondere die Schadenshöhe mit der Beteiligung verschiedener Mitarbeitender aus unterschiedlichen Unternehmensfunktionen diskutiert wird. Abb. 4.3 zeigt, welche Ziele in diesem
Workshop auf der Agenda stehen könnten.

Im letzten Schritt wird im Workshop dann eine Risikoaggregation durchgeführt, bei der
die in der Risikoinventur erfassten und im Anschluss bewerteten Einzelrisiken anhand der
Schadenskategorie in ein Risikoportfolio überführt werden. So können die Gesamtrisikolage
im Geschäftsbereich überblickt und Maßnahmen zur Risikosteuerung diskutiert werden.
Auch hier unterstützen die unterschiedlichen Betrachtungsperspektiven die Entwicklung eines unternehmensweit gültigen allgemeinen Risikoverständnisses und einer adäquaten Risikokultur.

Abb. 4.3 Workshopziele zur Risikoinventur bei der Einführung des Risikomanagements. (Quelle: Eigene Darstellung)

Michelle übernimmt bei diesen Workshops eine entscheidende Rolle, denn sie muss die richtige Balance finden zwischen prozessualen Input und der Ermöglichung von Selbstorganisation der Workshop-Teilnehmer:innen bei der Bearbeitung von Themen voran. Schließlich geht es um die Risiken der Top-Fork GmbH und diese können nur aus dem Unternehmen heraus erkannt und bewertet werden. Für Michelle ist es daher immer wieder eine Herausforderung, sich aus der Rolle der Fachexpertin zu lösen und in den Workshops als systemische Moderatorin oder Facilitator Hilfe zur Selbsthilfe anzubieten. Dabei helfen ihr immer wieder einprägsame Bilder, mit denen sie Metaphern produziert, die das Abstrakte veranschaulichen. Wenn es zum Beispiel um Risiken geht, die zwar im Inventar adressiert wurden, dann aber in der weiteren Analyse als „ausgeschlossen" kategorisiert werden sollen, erzählt Michelle gerne von den Biologen im Mittelalter, die von der Existenz einzig weißer Schwäne überzeugt waren und diese Überzeugung in einer Vielzahl von Büchern und Studien kundtaten. Als dann im Jahr 1697 in Westaustralien schwarze Schwäne entdeckt wurden, wurde klar, dass dieses Phänomen in der europäischen Wissenschaft nicht einmal ansatzweise theoretisiert wurde. Der Börsenexperte Nassim Nicholas Taleb hat dieses Phänomen 2007 als Black-Swan-Theorie weltweit bekannt gemacht und auch wir haben diese Theorie im dritten Kapitel bei der Geschichte zur COVID-19-Krise in der Hotellerie bereits herangezogen. Mit Hilfe dieser Metapher kann Michelle in ihrer Facilitator-Rolle bleiben und dennoch den Impuls geben, dass das Unternehmen auch gegen schwarze Schwäne nicht wehrlos ist, dass Resilienz entstehen und wachsen kann.

Die identifizierten und bewerteten Risiken werden in Kooperation von Bereichsleiter, Risikoverantwortlichem und dem Controller Hans mit Hilfe der Szenario-Technik weiter analysiert. Aus den Szenarien werden Handlungsanleitungen zur Risikosteuerung entwickelt.

Die Entwicklung dieser Risiken wird danach in einem monatlichen **Risiko-Reporting** konsolidiert. Michelle bespricht dazu zuerst mit Peter und den Bereichsleiter:innen die Ziele für diese monatliche Berichterstattung, dabei rät sie, einige Grundsätze wie die Regelmäßigkeit, die firmenweit einheitliche Struktur und die richtige Balance beim Umfang der Berichterstattung zu beachten. Daher bespricht Peter nun zuerst mit Hans, welche Möglichkeiten bestehen, zusätzlich zu den monatlichen Auswertungen zur finanziellen Situation ein Risiko-Reporting einzuführen. Peter hat sehr viel in die Entwicklung des neuen Travel-Lifts investiert und ist außerdem besorgt wegen der aktuellen Entwicklung der Wirtschaft in Deutschland und weltweit. Daher möchte er zukünftig schnell einen Überblick über die Risikoposition seines Unternehmens bekommen, um so die Risikotragfähigkeit beurteilen zu können. Michelle empfiehlt Peter, das monatliche Risiko-Reporting als Portfolio darzustellen, in dem die veränderten Risikopositionen direkt grafisch dargestellt werden. Für alle in der Risikoinventur erfassten Risiken werden nun durch die Bereichsleiter:innen Meldeschwellen für ein ad-hoc-Reporting festgelegt. Damit wird sichergestellt, dass das Management der Top-Fork GmbH rechtzeitig über kritische Veränderungen informiert wird und ggf. zusätzliche Steuerungsmaßnahmen ergreifen kann. Michelle ist zufrieden: Mit der Kombination des monatlichen Risikoportfolios und der ad-hoc-Berichterstattung werden die drei Kriterien Regelmäßigkeit, Standardisierung und Datenumfang sehr gut erfüllt. In den ersten Monaten nach der Einführung übernimmt Hans die Konsolidierung auf Basis den von den Bereichsleiter:innen gelieferten Datenblättern. Es ist allerdings bereits abzusehen, dass die manuelle Erstellung zu viele Ressourcen beanspruchen wird, und so erhält Michelle den Auftrag, nach einer für die Anforderungen der Top-Fork GmbH passenden Softwareapplikation zu suchen, um die Berichterstellung zukünftig zu automatisieren. Hans und Peter haben kurz überlegt, ob sie nicht lieber gleich mit einer neuen Software starten sollten, das würde ja viel manuelle Arbeit sparen. Michelles Erfahrung hat allerdings gezeigt, es in vielen kleinen Unternehmen die automatisiert erstellten Reports mehr Fragen als Antworten brachten, da die eigenen Daten und die mit der Konsolidierung verbundenen Prozesse gar nicht im Detail verstanden wurden. So kam es dann zu „Trash in Trash out" und der erwünschte Informationsgewinn konnte nicht realisiert werden. Also entschließen sich Peter und Hans, den längeren Weg zu gehen und die Zeit der manuellen Erstellung als Lern- und Entwicklungsphase in Kauf zu nehmen.

4.1.3   Weiteres Vorgehen

Peter und sein Führungsteam haben nun unter Michelles Anleitung wichtige Grundlagen für ein ganzheitliches Risikomanagement bei der Fork Lift GmbH geschaffen und sind in die Umsetzung gestartet. Im Moment haben all diese Maßnahmen noch Neuartigkeitscharakter und die Mitarbeitenden übernehmen motiviert Verantwortung für die Risiken in ihrem Bereich. Aus der Forschung ist uns aber bekannt, dass Veränderungen nur durch regelmäßige Wiederholungen verstetigt werden können. Nur so können komplexe Verhaltensänderungen zu beruflichen Automatismen werden. In diesem Zusammenhang spielt auch der „mere exposure effect" eine wichtige Rolle. Robert Zajonc hat bereits 1968 herausgefunden, dass eine regelmäßige Konfrontation mit Texten, Reden, Bildern, Videos, Düften oder Abstraktem wie z. B. chinesischen Schriftzeichen bewirkt, das zunächst neutrale oder gar negativ betrachtete Inhalte nach Auffrischungen positiver eingeordnet werden. Allerdings tritt dieser Effekt nur bei unbewusster Wahrnehmung auf, wie sie etwa bei Werbebotschaften typisch ist. Bei bewusster Konfrontation mit Wiederholungen kann sich der positive Effekt in Ihrem Team abschwächen oder er kehrt sich gar ins Gegenteil um, das nennt man dann Reaktanz.

Michelle hat in diesem Zusammenhang sehr gute Erfahrungen mit dem Einsatz von Modellen aus dem Lego Serious Play™ gemacht. Das kennen Sie noch nicht? Keine Angst, wir erzählen noch ausführlich im Abschnitt zum Krisenmanagement, wie das genau abläuft. Die mit dieser Methode entstehenden Lego-Modelle bleiben über längere Zeit, oft Wochen oder Monate, auf den Schreibtischen oder in Teamräumen stehen und erinnern so unterbewusst an die Workshop-Ergebnisse und die Umsetzungsinitiativen.

Und so überlegen Peter und Michelle, für die in sechs Monaten geplante Evaluation der Praxistauglichkeit mit der Lego-Methode zu arbeiten. Dieses Vorgehen würde auch eine weitere Gefahr verringern. Denn wie wir bei unserem Ausflug in die mittelalterliche Ornithologie erfahren haben, kann das blinde Befolgen von erprobten Abläufen ebenso fatal sein – Sie erinnern sich: das ist der Black-Swan-Effekt. Automatisierte Abläufe können zum Erstarren in stereotypisierten Verhaltensweisen führen (Winkler, 2010). Deshalb sind neben Wiederholungen und unterschwelligen Erinnerungen auch regelmäßige Anpassungen wichtig. Und so wird Peter mit Unterstützung von Michelle abhängig von den Ergebnissen der geplanten Evaluation dann entscheiden, ob weitere Maßnahmen zur Verstetigung erforderlich sind und ob die implementierten Prozesse ggf. angepasst oder auch bereits weiterentwickelt werden können.

In den nächsten Wochen bis zum Evaluations-Workshop haben die Risikomanagementverantwortlichen nun erst einmal die Aufgabe, die definierten Prozesse, Verantwortungen und Maßnahmen in einem **Risikomanagement-Handbuch** zusammenzufassen. Die dann nach dem Workshop vereinbarten Anpassungen sollen dann mit einer Fotodokumentation zu den Lego-Modellen ergänzt werden. Damit das Risikomanagement im Unternehmen lebt und zur Krisenabwehr oder -bewältigung beitragen kann, sollen die Risikoportfolios zukünftig in quartalsweisen Abständen auf Gesamtunternehmensebene besprochen werden. Die Formate dazu sollen wechseln, um die Neugier und das Interesse am Thema zu erhalten. Und ganz sicher wird bei diesen Meetings das Storytelling eine wesentliche Rolle spielen. Es wird erwartet, dass die Stories häufig davon handeln, welche Krise droht und wie die Risikomanagementmaßnahmen hier greifen, mehr dazu gleich im nächsten Abschnitt.

Doch vorher fassen wir noch einmal kurz zusammen, was unser „Betriebsausflug" ergeben hat: Bei der Top-Fork GmbH wird mit Hilfe der Risikoexpertin ein ganzheitliches Risikomanagement eingeführt. Dazu wird auf der Grundlage bereits erfasster Geschäftsprozesse (Stichwort ISO-Zertifizierung) eine Organisationsdiagnostik durchgeführt. Auf dieser Basis findet eine Risikoinventur statt, den Geschäftsprozessverantwortlichen wird dabei die Verantwortung für Risiken ihrer Prozesse übertragen. Bei der Bewertung dieser Risiken werden die Risikoverantwortlichen durch die Risikoexpertin unterstützt und so kann ein gemeinsames Risikoverständnis im Unternehmen entwickelt werden. Für jedes Risiko werden Steuerungsmaßnahmen und Kennwerte für eine ad-hoc-Berichterstattung festgelegt. Die Entwicklung der Risiken wird in einem monatlichen Risiko-Reporting aufgezeigt, dabei wird die Gesamtrisikoposition des Unternehmens grafisch in einem Risikoportfolio dargestellt. Damit das Risikomanagement nicht zu einer Eintagsfliege verkommt, werden nach einem terminierten Evaluationsworkshop weitere Formate zur Verstetigung und zur Entwicklung der Risikomanagementgrundsätze und Maßnahmen geplant. Wenn das jetzt alles zu schnell ging und Sie mehr Details möchten, empfehlen wir Ihnen zur Vertiefung zum Beispiel den Praxisleitfaden für gute Unternehmensführung, den Sie in der Literaturliste am Ende des Kapitels aufgeführt finden. Aber nun wie versprochen mehr zum Umgang mit Krisen.

4.2   Krisenmanagement

Wir verlassen nun erst einmal die Top-Fork GmbH, werden aber auch das Krisenmanagement am Beispiel eines kleinen Unternehmens illustrieren. Damit wollen wir vor allem aufzeigen, wie durch die kommunikative Unterstützung mittels Storytellings die gewünschte Akzeptanz im Unternehmen erzielt werden kann.

Und natürlich bleiben wir unserer Metapher, der Reise in neue Gefilde, treu – allerdings lassen wir jetzt reisen: Dazu dürfen wir Ihnen Balaji Singh vorstellen, der vor fünfzehn Jahren die Top Destination GmbH gegründet hat. Das Touristikunternehmen hat heute 125 Mitarbeitende. Ähnlich wie Peter Müller aus unserem vorherigen Beispiel hat auch Balaji vor dem Beginn seiner unternehmerischen Tätigkeit einige Jahre in größeren Unternehmen der Reisebranche Erfahrungen gesammelt und im eigenen Unternehmen von Beginn an auf ein professionelles Rechnungswesen gesetzt. Dazu hat er Sehnaz Tucur als Bilanzbuchhalterin eingestellt, sie kümmert sich um die laufende Buchhaltung und den Jahresabschluss, der einer freiwilligen Jahresabschlussprüfung unterzogen wird. Balaji ist Mitglied in einem Unternehmens-Netzwerk und erntet dort oft verwunderte Blicke und Kommentare wie „Wenn Du zu viel Geld im Unternehmen hast, wüsste ich bessere Wege, um das auszugeben". Balaji hat aber die Erfahrung gemacht, dass sich die mit der freiwilligen Prüfung verbundenen Kosten eigentlich durch die mit Karsta Eisenstein, der beauftragten Wirtschaftsprüferin, geführten Gespräche schnell amortisieren. Karsta prüft zwar in erster Linie die vergangenheitsbezogenen Zahlen, schaut sich aber auch zusätzlich die Planung und den generellen Ausblick an. Das hat sich schon mehrfach bei der Vorbereitung von Gesprächen mit der Hausbank zu Expansionsvorhaben als sehr nützlich erwiesen. Und gerade letzte Woche hat die Wirtschaftsprüferin Balaji über neue Berichtsanforderungen informiert, die sich durch das im Jahr 2023 in Kraft tretende Lieferkettengesetz für das Unternehmen ergeben werden. Balaji ist zwar genervt von den neuen Anforderungen, andererseits jedoch sehr froh, durch die frühe Information genügend Zeit zur Vorbereitung zu haben. Dieses Beispiel hat ihm wieder einmal gezeigt, dass sich auch für ein kleines Unternehmen wie seine Top Destination GmbH eine ausführlichere Berichterstattung im Rahmen des Jahresabschlusses für die unterschiedlichen Stakeholder lohnt. Durch die freiwillige Jahresabschlussprüfung erhält er viele Anregungen zur Integration neuer Reporting-Prozesse im Unternehmen.

Generell haben sich die wirtschaftlichen Rahmenbedingungen in der Reisebranche in den letzten zehn Jahren stark verändert. Die zu Beginn der Unternehmensgründung lukrative Zusammenarbeit mit lokalen Unternehmen zur Abwicklung von deren Geschäftsreisen, hat sich rückläufig entwickelt, da durch die voranschreitende Digitalisierung die Unternehmen auf Employee Self Service umgestiegen sind, die Mitarbeitenden buchen über auf Plattformen hinterlegte Mitarbeiterprofile ihre Reisen nun selbst, dabei werden auch gleich Budgetgrenzen und Reisekostenregelungen mit abgedeckt. Als die ersten Unternehmenskunden verloren und neue schwer zu akquirieren waren, der Umsatz sich daher leicht rückläufig entwickelte, hat Balaji im Jahr 2019 das Geschäftsmodell geändert. Marktrecherchen haben ergeben, dass im Event-Bereich große Wachstumschancen bestehen – immer mehr Menschen möchten ihre Hochzeiten oder andere familiäre Ereignisse im großen Rahmen zu unvergesslichen Erlebnissen machen. Aber auch Unternehmen benötigen nach wie vor professionelle Unterstützung bei der Organisation von Teamevents, und auch diese fallen immer größer, bunter und teurer aus – man will seinen Mitarbeitenden ja etwas bieten ;-). Und auch Balaji will seinen Kunden etwas bieten – deshalb hat er für seine Beratung zu Ort, Inhalt und Umfang dieser Events Quizfragen und Vorlieben-Tests entwickelt. Die potentiell Interessierten können diese Tests je nach persönlicher Vorliebe jederzeit selbst mit dem Smartphone durchspielen oder in einem persönlichen Beratungsgespräch mit einem Kundenberater oder einer Kundenberaterin. So können für verschiedene Zielgruppen spezifische Angebotspakete unterbreitet werden. Das Geschäft lief im Sommer 2019 gut an und dann … Sie ahnen es … im Januar 2020 hat Balaji zum ersten Mal Berichte über eine Atemwegserkrankung in China gehört. Zu dieser Zeit wurden Warnungen, dass sich diese Krankheit, die mittlerweile überall auf der Erde als COVID-19 bekannt ist, zu einer globalen Pandemie entwickeln könnte, von den meisten Unternehmen als übertrieben und für das eigene Risikomanagement nicht relevant abgetan.

Balaji sah das anders. Er hat die Berichte aufmerksam verfolgt und mit einem Worst-Case-Szenario analysiert, wie eine weitere Verbreitung auf sein Geschäftsmodell wirken könnte. Dabei hat Balaji schnell festgestellt, dass eine derartige Krise für sein Unternehmen existenzgefährdend sein würde. Aus dem dritten Kapitel wissen Sie ja schon, dass diese Betrachtungen in die Phase des *proaktiven Krisenmanagements* und es sich hier um die Maßnahme der *Antizipation* handelt – schauen, was passieren könnte, wie schlimm es werden könnte, mit welchen Folgen das Unternehmen rechnen müsste. Daraus ergeben sich dann ggf. Handlungsmöglichkeiten, die im Sinne der *Prävention* im besten Fall den Eintritt der Krise verhindern helfen.

Im Fall von COVID-19 konnte Balaji trotz der guten Antizipation nur wenige Präventionsmaßnahmen ergreifen. Eine der wichtigsten Maßnahmen war dabei, sein Team frühzeitig zu informieren und in den Krisenbewältigungsprozess mit einzubinden. Ein wahrer

Balance-Akt, denn einerseits soll dabei die Ernsthaftigkeit der Situation vermittelt und Verständnis für ggf. erforderliche unpopuläre Maßnahmen wie Zeitkontenabbau, Kurzarbeit oder gar Personalabbau gewonnen werden. Andererseits soll Panik vermieden und der Belegschaft gezeigt werden, dass die Unternehmensleitung aktiv in die Krisenbekämpfung einsteigt und die Lage beherrscht. Studien wie die von Börje Boers und Thomas Henschel (2021) zum Krisenmanagement in Familienunternehmen haben gezeigt, dass gerade in adversen Zeiten eine starke und tonangebende Führung auch von sonst sehr selbstständig arbeitenden Belegschaften gewünscht wird. Ein ganz spannendes Thema, mit dem wir uns im nächsten Kapitel noch intensiver beschäftigen werden.

Zunächst muss die Unternehmensführung aber nun beim Eintritt in die *reaktive Phase* des Krisenmanagements eine Kommunikationsform finden, die die Mitarbeitenden transparent und umfassend informiert, ohne aber Ängste auszulösen oder zu verstärken. Dazu hatten wir ja schon im Abschnitt zum Risikomanagement die Wahl des Kommunikationsmediums diskutiert, auch hier handelt es sich natürlich um eine komplexe Kommunikation, für die der reichhaltigste Kommunikationskanal, nämlich das persönliche Gespräch, gewählt werden sollte. Doch schauen wir uns nun an, wie Balaji den Inhalt persönlich und mit Emotionen gestalten wird.

Balaji nahm mit Erstaunen wahr, dass ihn eine Ansprache der damaligen Bundeskanzlerin Angela Merkel sehr berührt hatte – bisher gehörte er nicht zu ihren Fans. Doch am 18. März 2020 schwor sie die Bevölkerung Deutschlands auf die drohenden Folgen der COVID-19-Pandemie ein, indem sie die Appelle an den Verstand „Glauben Sie keinen Gerüchten" mit dem Pathos „Das sind nicht einfach abstrakte Zahlen in einer Statistik, sondern dass ist ein Vater oder Großvater, eine Mutter oder Großmutter, eine Partnerin oder Partner, es sind Menschen. Und wir sind eine Gemeinschaft, in der jedes Leben und jeder Mensch zählt." verband. Dabei verkürzte sie die Distanz durch biografische Authentizität: „Für jemandem wie mich, für die Reise- und Bewegungsfreiheit ein schwer erkämpftes Recht waren, sind solche Einschränkungen nur in der absoluten Notwendigkeit zu rechtfertigen." In Krisenzeiten gibt Führung klare Werte vor, sie integriert und sie inspiriert. Dadurch, so auch im hier angewandten Konzept einer „transformationalen Führung" reduziert sie Komplexität und schafft Vertrauen. Denn „Wir sind eine Demokratie. Wir leben nicht von Zwang, sondern von geteiltem Wissen und Mitwirkung." Diese Rede gilt als die Beste in den sechzehn Regierungsjahren einer Kanzlerin, die eigentlich trotz und nicht wegen ihres rhetorischen Könnens immer wiedergewählt wurde. An diesem Tag gelang es ihr, für ihre Maßnahmen, den Lockdown eines ganzen Landes, die Unterstützung der Bevölkerung zu gewinnen. Abb. 4.4 soll an diese Rede erinnern.

Auf ein Unternehmen übersetzt: Einschneidende Maßnahmen erfordern hohes Commitment und Vertrauen möglichst aller Mitarbeitenden. Und so übernimmt Balaji also Frau Merkels Kombination von datenbasierter Information, indem er die Lage für das Unternehmen transparent anhand von Zahlen und Fakten darstellt. Gleichzeitig stellt er seine persönliche Erfahrung beim Umgang mit Krisen und die frühzeitige Vorbereitung auf die nun eintretenden Ereignisse mit einer biografischen Note und Verweis auf bereits gemeinsam gemeisterte Herausforderungen dar. Er nutzt dazu Statements wie „Ihr kennt mich …", „sicher erinnert Ihr Euch …", „ich bin fest davon überzeugt …", mit dem Ziel, seinem Team Sicherheit und Vertrauen in die eigenen Fähigkeiten zu geben.

Abb. 4.4 Die Rede von Angela Merkel am 18.03.2020 hat viele Zuschauer:innen emotional er-reicht. (Quelle: Eigene Darstellung)

Und genauso sollte die externe Kommunikation in der reaktiven Phase der Krise aufge-baut werden. Auch die unternehmensfremden Stakeholder dürfen das Vertrauen in die Fähigkeit der Krisenüberwindung des Unternehmens nicht verlieren. Die nachfolgenden Beispiele stehen für mehr oder weniger gelungene Vorgehensweisen bei der externen Kri-senkommunikation großer, bekannter Unternehmen und verdeutlichen deren Einfluss auf den Fortgang der Krise.

Im Januar 2016 machte sich Volkswagen-CEO Matthias Müller auf PR-Tour in die USA, um das durch den Abgasskandal (wir erinnern uns: VW baute serienmäßig eine Software ein, um die US-Prüfstellen über den tatsächlichen Schadstoffausstoß der Fahr-zeuge zu täuschen) schwer angeschlagene Image des Konzerns zu reparieren. Eigentlich eine gute Idee. Denn dadurch, dass einer der obersten Verantwortungsträger eines Unter-nehmens sich stellt und sich nicht hinter seiner Presseabteilung versteckt, zeigt man echtes Commitment. Natürlich nur, wenn dann auch entsprechende Inhalte folgen. Müller hinge-gen blamierte sich bei einem Interview mit dem US-Radiosender NPR, als er die Schummel-Software als rein technisches und keinesfalls ethisches Problem bezeichnete. Zudem habe der Weltkonzern die amerikanischen Umweltgesetze nicht hintergangen, son-dern lediglich falsch verstanden. Seine Behauptung „We didn't lie" lieferte auch gleich die Headline für die internationalen Medien, die den verunglückten PR-Auftritt gerne aufgrif-fen. Dabei war es zusätzlich kontraproduktiv, dass VW den Radiosender bat, das Interview doch bitte einfach nochmal machen zu dürfen. Der Schaden war in diesem Fall durch die schlechte Krisenkommunikation sogar noch vergrößert worden (noch eine kleine Story am Rande: es kam dann übrigens doch noch zu einer Neuauflage des Interviews, bei dem Müller die Schuld an seinem missglückten Auftritt den zu lauten Journalisten gab).

Besser machte es da Mercedes, als deren A-Klasse im Oktober 1997 vor Journalisten nach einem eleganten Ausweichmanöver in Schweden wenig elegant umkippte und auf dem Dach landete. Doppelt unangenehm, da der Wagen zu dieser Zeit bereits auf dem Markt war, es sich also um eine reine PR-Maßnahme gehandelt hatte und die eigentlichen Sicherheitstests längst abgeschlossen waren. In Windeseile eroberte die Geschichte als „Elch-Test" die Schlagzeilen. Ein echter schwarzer Schwan,[1] der zum gigantischen Ladenhüter zu werden drohte. Denn wer kauft schon einen Wagen, der das elementarste Kunden-Bedürfnis verletzt: Sicher (!) von A nach B zu kommen. Und genau hier zeigte sich die Stärke von Mercedes. Nach dem natürlich unausweichlichen Rückruf brachte das Unternehmen ein besseres Produkt zurück auf die Straßen, installierte das neue elektronische Stabilitätsprogramm ESP in all seine Kompaktwagen und machte einen schelmisch dreinschauenden Comic-Elch zum Symbol der A-Klasse. Nach dem selbst kreierten Motto „Stark ist, wer keine Fehler macht. Noch stärker, wer aus ihnen lernt" war der PR-Abteilung von Mercedes etwas Seltenes gelungen: Sie bekämpften die stärkste aller Emotionen „Angst" mit einer positiven Emotion „Humor" und retteten damit die Situation und ihr Produkt.

Nichts mehr zu retten gab es allerdings für den US-Pharmariesen Johnson & Johnson, als im Jahr 1982 nach Einnahme ihres Produktes Tylenol mehrere Menschen starben. Zwar stellte sich heraus, dass Kriminelle einige Packungen des Medikaments im Einzelhandel vergiftet hatten. Doch für Johnson & Johnson ging es jetzt um alles: das Vertrauen der Öffentlichkeit. Denn das Medienecho um das tödliche Medikament galt zu der Zeit als das größte seit dem Kennedy-Attentat. Nur konsequentes Handeln konnte das Überleben des Konzerns sichern. Johnson & Johnson zog alle Tylenol-Produkte aus dem Markt. Man strahlte landesweite Warnungen vor dem eigenen Produkt aus, arbeitete umfassend mit Gesundheitszentren zusammen, richtete eine Hotline und Hilfen für die betroffenen Familien ein und führte auf Pressekonferenzen zusammen mit Polizeibeamten eine neue sichere Verpackung mit Dreifachsiegel für Johnson & Johnson Produkte vor. Den Schlag mancher Krisen kann man nicht durch gute PR-Arbeit vermeiden. Das Unternehmen verlor einen beträchtlichen Teil seines Wertes (unsere Quelle spricht von bis zu einer Milliarde US-$). Doch es überlebte, ist heute der viertgrößte Pharmakonzern der Welt und sein Umgang mit der Krise findet sich in zahlreich Lehrbüchern wie z. B. bei Daniel Diermeier (2011).

Aber zurück zu Balaji und seiner Top Destination GmbH. Er hat einen Vorteil – die Pandemie trifft alle, somit geht bei der externen Kommunikation nicht um eigenes Verschulden, wie bei den Managementfehlern von VW oder um fehlerhafte Produkte wie bei Mercedes bzw. eine mangelnde Sicherheitsvorsorge wie bei Johnson und Johnson. Es geht vielmehr darum, das Vertrauen in die Zukunft des Unternehmens zu erhalten. Das schafft Balaji wieder durch persönliche Kommunikation, er geht proaktiv auf seine Geschäftspartner:innen zu und informiert über den Status Quo und seine Pläne – wieder in der bewährten Mischung basierend auf Fakten und Emotionen.

---

[1] Wir beziehen uns hier auf die durch Nassim Taleb weltweit verbreitete Metapher für ein zwar unwahrscheinliches, aber mögliches Ereignis, welches bei Eintreten extreme Auswirkungen entfaltet.

Gleichzeitig muss das Unternehmen – nachdem nun klar wird, dass durch die internationalen Lockdowns keine Veranstaltungen stattfinden können – alle Ressourcen in die Krisenbekämpfung stecken. Im dritten Kapitel haben wir schon anhand eines Beratungsfalls aufgezeigt, wie eine solche Krisenbekämpfung organisiert werden kann, welche Maßnahmen sich generell anbieten und welche Führungsaufgaben dabei zu bewältigen sind. An dieser Stelle gehen wir ganz konkret auf die Kommunikation und die Möglichkeiten des Storytellings ein, die Maßnahmen an sich stehen dabei im Hintergrund.

In der Einleitung dieses Buches haben wir beschrieben, wie durch Geschichten die zwischenmenschliche Kommunikation beeinflusst wird und warum Geschichten so gut wirken (Sie erinnern sich – Amygdala, Oxytocin, Emotionen, …). Und wie eingangs geschildert, ist es gerade in Krisensituationen extrem wichtig Sachinformationen so zu übermitteln, dass einerseits der Ernst der Lage klar kommuniziert, andererseits aber auch der erwünschte positive Ausgang als machbar und wahrscheinlich empfunden wird. Hier haben Stories ganz typische Vorteile, denn sie berichten von Geschehnissen und Erfahrungen einzelner Menschen. Das führt dann dazu, dass erst mal alle zuhören – denn Sie können zwar einem Argument widersprechen, nicht aber einer Erfahrung. Und das gilt gleichermaßen für reale und für erfundene Erfahrungen, die – schon allein, weil sie erzählt werden können – über ein Mindestmaß an Plausibilität verfügen (sonst könnte man sie ja nicht erzählen, meinen zumindest die Wissenschaftler Dal Cin und Kollegen (2004, S. 178). In einer späteren Studie haben Dal Cin et al., 2007 darüber hinaus festgestellt, dass ein weiterer Vorteil darin besteht, dass die zu kommunizierenden **Botschaften unterschiedlichen Charakteren** in den Mund gelegt werden können und so eventuell konfliktbehaftete Informationen nicht unbedingt als Beeinflussungsversuch bewertet werden. Zum Beispiel kann Balaji bei einer Mitarbeiterversammlung von einem persönlichen Gespräch mit einem Geschäftsführer aus seinem Netzwerk und dessen Erfahrungen mit einer Insolvenz in Eigenverwaltung erzählen. Auf diese Art werden die Mitarbeitenden nur indirekt adressiert (es geht ja um ein anderes Unternehmen mit anderen Problemen), aber dennoch sensibilisiert. In der Persuasionsforschung wird ein solcher Effekt als „Overhearing" bezeichnet, dieser besagt, dass Menschen für Beeinflussung eher offen sind, wenn sie sich nicht zum Adressatenkreis zugehörig fühlen (Felser, 2015, S. 304).

Ein weiterer Effekt, den sich Balaji bei der Krisenkommunikation zunutze machen kann, ist der sogenannte Underdog-Effekt. Dabei wird der Protagonist als Benachteiligter beschrieben, der es trotz widrigster Umstände schafft, am Ende der glückliche Sieger zu sein. Das wohl international bekannteste Beispiel ist die Geschichte von Rockefeller, der es vom Tellerwäscher zum Millionär geschafft hat. Die Experimente von Paharia et al. (2011) haben gezeigt, dass die Wirkung von Geschichten noch verstärkt wird, wenn sich die Versuchsteilnehmenden mit den als Underdogs angelegten Helden identifizieren können. Gerade in Krisensituationen, in denen sich die Mitarbeitenden selbst als von Hindernissen und Nachteilen umgeben sehen, sind also Underdog-Geschichten ein gutes Mittel zur Kommunikation. Felser (2015) begründet diese Wirkverstärkung in einer symbolischen oder auch stellvertretenden Wunscherfüllung, da das Einfühlen in die Geschichte als motivational befriedigend empfunden wird und auch den Selbstwert unterstützen kann. In unserem Beispiel könnte Balaji auf selbst erlebte oder anderweitig bekannte Scheiterns-Erfahrungen zurückgreifen und eine Geschichte entwerfen, bei der der Protagonist zum Beispiel nach einer existenzbedrohenden Krise das Ruder herumzureißen vermag und schlussendlich wie Phönix aus der Asche steigt.

Einen weiteren Grund, warum Stories gerade in Krisensituationen ein wichtiges Kommunikationsmittel sind, liefern uns erneut die Studienergebnisse von Dal Cin et al. (2004). Sie fanden heraus, dass Informationen, die in Geschichtenform präsentiert werden, weniger kritische Gedanken und Skepsis auslösen: Hier lässt sich ein Zusammenhang zu den Ergebnissen von Ditto und Lopez (1992) herstellen, die nachweisen konnten, dass erwünschte Ausgänge deutlich seltener bezweifelt werden als das bei unerwünschten der Fall ist. Für Balaji bedeutet das, dass das Storytelling ihm die Möglichkeit gibt, die Ernsthaftigkeit der aktuellen Situation anhand von Parallelen zu anderen Krisen aufzuzeigen, die schlussendlich einen positiven Ausgang gefunden haben.

So denkt Balaji zunächst einmal an historisch überlieferte Ereignisse. Als der Energiebedarf im England des 17. Jahrhunderts immer weiter anstieg, wurden die Bäume rar. Ein Krisenszenario für die Seemacht. Zum Glück entdeckte man die Kraft von Kohle. Je mehr man davon benötigte, desto tiefer musst man graben. Nicht ganz einfach auf einer Insel, denn die Gruben wurden schnell vom Wasser geflutet und die Arbeit damit immer gefährlicher. Keine Krise, aber ein Risikoszenario für die Wirtschaftsmacht England. Die Lösung brachte zu Beginn des 18. Jahrhunderts eine Maschine, die Energie lieferte, um das Wasser abzupumpen. Die Geburtsstunde der Dampfmaschine markiert heute den Beginn der industriellen Revolution und brachte England nach dem Aufstieg zur See- und Wirtschaftsmacht auch noch die Weltmacht. Das Land beherrschte die Kunst, aus Krisen gestärkt hervorzugehen.

Diese Art von Geschichten ist allerdings nicht für jede Zielgruppe geeignet, hier muss schon einiges an historischem Interesse und Denken in großen Zusammenhängen vorausgesetzt werden. Für viele seiner Geschäftspartner:innen sicher eine gute Wahl, aber eben nicht für alle. Für die anderen bieten sich Schicksale von Unternehmen vergleichbarer Größe und vergleichbarer Umstände an. Es muss dabei nicht zwingend dieselbe Branche oder dieselbe Krise sein. Aus seinem großen Netzwerk kennt Balaji auch die Geschichte einer Branche, die sich, ähnlich der seinen 2019, Anfang der 1990er durch sich rasch verändernde Rahmenbedingungen in eine existenzielle Krise rutschte.

Ein wichtiger Zweig des berühmten deutschen Handwerks war über 200 Jahre lang die Porzellanmanufaktur. Zwischen dem Fichtelgebirge und der Fränkischen Schweiz stellten eine Vielzahl mittelständischer Familienunternehmen Porzellanprodukte her. Deren Tradition und Handarbeit machten das weiße Gold aus dieser auch „Porzellanstraße" genannten Region international bekannt. Doch der Wandel der Zeit brachte Mitte der Neunziger die Hersteller in die Krise. Aus Osteuropa und China kamen billigere Konkurrenzprodukte, der Onlinehandel und neue Anbieter wie IKEA erhöhten zudem den Wettbewerb. Auch der demografische Wandel führte zu verändertem Konsumentenverhalten: Lange Zeit waren zwölfteilige Geschirrservices eines der Hauptabsatzprodukte, die Entwicklung hin zur Kleinfamilie oder zu Single-Haushalten ließ die Nachfrage allerdings einschlafen. In der Folge fegte eine Pleitewelle über die Hersteller. So war die Rosenthal AG, die seit 1879 im oberfränkischen Selb produzierte, bereits 1997 tief in den roten Zahlen. Das Unternehmen konnte durch einige strategische Allianzen, vor allem mit dem britisch-irischen Marktführer Waterford Wedgwood, vorerst gerettet werden. Eine Rettung auf Zeit, denn 2009 folgte dann doch die Insolvenz. Doch Totgesagte leben länger und sogar eine Insolvenz muss nicht immer das Ende bedeuten. Während des Abwicklungsprozesses arbeitete Insolvenzverwalter Volker Böhm bereits an einer Restrukturierung. Die neue Ausrichtung überzeugte Pierluigi Coppo, den Chef des italienischen Besteckproduzenten Sambonet, so dass alle Produktionsstätten, Marken und Patente von den Italienern übernommen wurden Coppo blieb bis zu seiner Pensionierung im Jahr 2021 CEO von Rosenthal und heute finden wir das Unternehmen unter den sieben besten und größten Porzellanherstellern Deutschlands.

Mit dieser Geschichte kann Balaji – ohne am ganz großen weltpolitischen Rad zu drehen – seiner Belegschaft Mut machen. Und wenn Sie kurz innehalten und nachdenken fallen Ihnen bestimmt auch in Ihrem Umfeld einige Unternehmer:innen ein, deren spannende Geschichten Sie für Ihr eigenes Storytelling verwenden können. Da fällt Ihnen nichts ein? Umso mehr ein Grund, sich unseren Tipp aus dem ersten Kapitel zu Herzen zu nehmen. Seien Sie immer bereit, sich Geschichten zu notieren. Solche Beispiele begegnen uns öfter als wir denken, und mit der Zeit haben Sie einen ganz eigenen Schatz für ganz verschiedene Zielgruppen zusammengetragen.

Ein Geschichtenlager ist auch deshalb wichtig, weil nicht jede Geschichte für jedes Publikum geeignet ist – denken Sie an die Metapher, dass der Wurm dem Fisch schmecken muss und nicht dem Angler. Balaji muss es also zunächst gelingen, die „schmackhaften" Geschichten für die vielschichtigen Bedürfnisse seiner Stakeholder zu entwickeln. Nur dann kann durch die storytelling-basierte Kommunikation Schadensbegrenzung betrieben werden, d. h., die notwendigen Handlungen und Verhaltensweisen sind den Mitarbeitenden bekannt und werden von diese vertrauensvoll umgesetzt.

Aus dieser Handlungsfähigkeit heraus wird – wie bereits im dritten Kapitel beschrieben – die letzte Phase Krisenmanagements, die *Krisenreflektion*, gestaltet. Da es in dieser Phase um die Aufarbeitung der Krise geht, also darum zu verstehen, wie die Maßnahmen gewirkt haben, ist eine entsprechende Dokumentation unumgänglich. Das sagen zumindest die Experten. Und was sagt Ihr Team? Super nervend, langweilig, zeitraubend, waste of time, Datenfriedhof – all das haben wir in unseren Beratungsprojekten schon gehört. Und in klassischen Settings stimmt das leider auch oft. Was können wir also tun? Sie ahnen es schon – auch hier können Storytelling und Gamification helfen. Zur besseren Illustration schauen wir wieder zur Top Destination GmbH und greifen eine der Maßnahmen zur Schadensbegrenzung heraus. Aufgrund der internationalen Lockdowns mussten die innerhalb dieser Zeiten geplanten Events abgesagt werden. Das Unternehmen hat allen Kunden entweder eine Stornierung oder eine Verlegung auf ein späteres Datum angeboten. Den Kunden, die sich für eine Stornierung entschieden haben, wurde zusätzlich die Bitte kommuniziert, die Anzahlung oder zumindest einen Teil dieses Betrages, dem Unternehmen als Spende zu überlassen. Als Anreiz erhielten diese Kunden ein Lotterielos, der Preis war ein Eventgutschein über 5000 €, dieser sollte nach dem Ende der Lockdowns ausgelost werden, sofern das Unternehmen die Krise überleben wird. Auf diese Art konnte Balaji viele seiner Kunden weiter an das

Unternehmen binden, das war schon ein guter Erfolg. Um die Kundenentscheidungen noch besser zu verstehen, nutzte Balaji die Zwangspause für einen persönlichen Kundenkontakt. Die Mitarbeitenden der Top Destination GmbH befragten ihre Kunden telefonisch über die Gründe, die für oder gegen eine Verlegung auf einen späteren Zeitpunkt bzw. für oder gegen die Teilnahme an der Lotterie sprachen. Diese Befragungsergebnisse wurden natürlich während der Gespräche dokumentiert und auch mit Hilfe einer qualitativen Auswertungsmethode analysiert. Soweit alles Standard … leider endet hier meist die Reflektion. Die Ergebnisse liegen vor, die Interpretation gestaltet sich schwierig, es hat auch niemand Zeit und es ist ja auch nicht mehr wichtig, das Geschäft läuft ja wieder – aha, das kennen Sie auch? Und das lässt sich auch nicht ändern?

Doch – zum Beispiel mit Lego Serious Play™. Was? Mit Kinderspielzeug? Naja, nicht ganz … Seit einigen Jahren bietet Lego besondere Bausets, die im Unternehmenskontext z. B. für Strategieentwicklung, Projekt-Kick-Offs, Retrospektiven u. ä. zum Einsatz kommen. Speziell dafür zertifizierte Facilitatoren leiten Workshops, in denen mit Hilfe der Lego-Bauteile zuerst Metaphern kreiert, diese dann interpretiert und zu Stories weiterentwickelt werden. Balaji hat Ilka eingeladen, einen solchen Workshop mit seinen Teams durchzuführen. Nach einer kurzen Skillbuilding-Runde, bei der alle Teilnehmenden sich mit den Bausets vertraut machen und einige „Bauaufgaben" meistern konnten, beginnt Runde 1: jeder Teilnehmer baut eine Figur, die sein bzw. ihr Verständnis der Ergebnisse der Kundenbefragung beschreibt. Diese Figur erhält einen Namen, der bzw. die Architektin erläutert wesentliche Bestandteile und Hintergründe. Die Figur wird fotografiert und als Stufe 1-Ergebnis dokumentiert. Damit wird erreicht, dass alle im Unternehmen vorhandenen Sichtweisen auf die Ergebnisse transparent werden und blinde Flecken beseitigt sind. Zudem hat die Lego-Variante den Vorteil, dass über eine Figur gesprochen werden kann – Sie erinnern sich: indirektes Adressieren, Overhearing …

In der zweiten Runde geht es dann um das Storytelling im Sinne eines Zielbildes. Dazu werden alle Figuren zu einem Gesamtbauwerk vereint und eine Storyline entwickelt, die Ergebnisse werden damit zur gemeinsamen Erfahrung zusammengefasst und fließen auf diese Weise wieder in die Krisenprävention im Rahmen des proaktiven Krisenmanagements ein. Damit das geschehen kann, gibt es natürlich wieder eine Fotodokumentation und auch ein Video, in dem die gemeinsam entwickelte Story von allen Teilnehmern erzählt wird.

Unser Beispiel zeigt, wie mit wenig Aufwand aus toten Zahlen-Daten-Fakten gemeinsame Erfahrungen werden, die im Unternehmensalltag Bedeutung haben und so das Reflektieren von und Lernen aus Krisen verselbständigen. Wenn Sie mehr über die Lego-Methode wissen wollen, empfehlen wir unsere Expertin Ilka Heinze zu kontaktieren oder einen Blick zu werfen in Hillmer (2021).

4.3   Fehlermanagement

Natürlich versuchen die Unternehmen im Krisenmodus möglichst keine Fehler zu machen, um die Lage nicht noch zu verschlimmern. Dennoch werden sich einige Entscheidungen im Nachhinein als zumindest fragwürdig erweisen und im Rahmen der Krisenreflektion zu Tage treten. Diese Fehleridentifizierung bildet nach Argyris und Schön (1978) den Ausgangspunkt für organisationales Lernen. Die beiden Autoren haben gezeigt, dass das Lernen im Unternehmen auf verschiedenen Ebenen stattfindet. Dabei geht es zunächst immer darum, Fehler nicht nur zu korrigieren, sondern zur zukünftigen Vermeidung auch die Ursache zu identifizieren und diese zu beseitigen.

Schauen wir uns zunächst das Lernen in der ersten Dimension an. Sie erinnern sich an unser Beispiel aus dem dritten Kapitel: Zu viele Einzellösungen in der IT-Landschaft verursachen Schnittstellenprobleme beim Reporting. Daraufhin wird ein Projekt zur Neuorganisation der IT-Systeme ins Leben gerufen. Das Projektteam setzt sich aus IT-lern, Controllern und Reporting-Usern zusammen. In monatlichen Meetings werden Ideen entwickelt, diskutiert und implementiert – mit mäßigem Erfolg. Einige Reports konnten so gefixt werden, aber viele umständliche manuelle Datenpflegearbeiten bleiben weiter auf der Tagesordnung. Nach 18 Monaten ist die Situation immer noch recht unbefriedigend, das Projekt wird aber erst einmal auf Eis gelegt, irgendwie ist die Luft raus … Was ist passiert? Die Fehler wurden auf der Prozessebene untersucht und dort hat Lernen stattgefunden, einige Abläufe wurden verändert, einige Fehler konnten beseitigt werden. Argyris und Schön (1978) bezeichnen diese Dimension als *single-loop learning*, welches sich auf das Beobachtbare, also die Arbeitsprozesse fokussiert.

Besser ist es jedoch, auch tiefer zu schauen und die Grundannahmen zu überprüfen. In unserem Beispiel hat die Controlling-Abteilung vor einigen Jahren ein umfassendes Reporting-System implementiert, die Struktur dieses Systems ist gleichzeitig das Prozessmodell für alle Controlling-Aktivitäten. Das sich im Unternehmen in den letzten Jahren vermehrt agile Projektmanagement-Methoden durchsetzen, bleibt dabei außen vor. Und genau hier liegt die Ursache für die nur mäßig erfolgreiche Fehlerbeseitigung. Das Projektteam hat die Grundannahmen für das Reporting nicht hinterfragt. Genau dies ist aber erforderlich, damit organisationales Lernen tatsächlich stattfinden kann. Argyris und Schön (1978) nennen diese Dimension *double-loop learning* und zeigen auf, dass das System selbst hinterfragt werden muss, also die Regeln und Überzeugungen, die zu den vorher beschriebenen Arbeitsprozessen geführt haben. Veränderungen bewirken, dass vormals richtige und wichtige Grundsätze sich überholen und damit zu falschen Annahmen führen, zum Beispiel darüber, was der User braucht oder welche Rahmenbedingungen tatsächlich bestehen. Unser Projektteam hätte also die Gültigkeit der Grundstruktur des Controlling-Modells hinterfragen müssen, um zum double-loop-learning zu gelangen. Erst dann wird eine grundlegende Verhaltensänderung möglich, die über situatives Ändern hinausgeht. Deshalb ist double-loop learning tiefgreifender und oft langwieriger und für die nachhaltige Beseitigung von Fehlerursachen essenziell.

Sie erinnern sich an die Empfehlungen von Lee und Miesing (2017)? Um aus Fehlern zu lernen, müssen drei Faktoren berücksichtigt werden. Neben dem Lernprozess, den wir in Anlehnung an Argyris und Schön (1978) als eine Kombination von single und double loop learning verstehen, stehen also die die lernfördernden und die lernhindernden Bedingungen im Fokus unserer Betrachtung. Es geht also nun darum, durch kommunikative Maßnahmen eine experimentierfreudige Kultur zu schaffen, die für Warnzeichen sensibilisiert und die Möglichkeit des Scheiterns akzeptiert. Gleichzeitig soll die Kommunikation dazu beitragen, Lernbarrieren zu beseitigen.

Mit Abb. 4.5 teilen wir eine Grafik von Nico Single, die über LinkedIn viral ging. In seinem Post gibt der Autor auch gleich die Erlaubnis zum Abdruck – natürlich unter Einhaltung der in der Wissenschaft üblichen Quellenangabe. Die Grafik fasst sehr schön die Lernvoraussetzungen zusammen. Bei der Diskussion der Fehlerkultur im Team experimentieren wir derzeit mit zwei Vorgehensweisen:

Entweder zeigen wir zuerst nur die linke Spalte und lassen die rechte Spalte durch das Team erarbeiten. Die Ergebnisse unterscheiden sich dann in der Regel von Nico Singles Skizze, sind aber dann bereits mit Geschichtenbildern unter Beteiligung des gesamten Teams entstanden. Hierzu brauchen wir Zeit, meist sind die Workshopformate dann auf ein bis zwei Tage ausgelegt.

In Fällen mit weniger Zeit starten wir gleich mit beiden Spalten und erarbeiten mit dem Team anhand deren eigener Erlebnisse, Erfahrungen oder Vermutungen, wie der Status Quo gerade ist und was es braucht, um das Zielbild der konstruktiven Fehlerkultur zu erreichen.

In beiden Fällen motivieren wir stets dazu, nicht nur die technische Ebene (Fehler im Prozess, Kunde unzufrieden, Fehler beseitigt, Kunde zufrieden) zu beschreiben, sondern insbesondere den Emotionen und den Details, die hinter Entscheidungen stehen, Raum und Aufmerksamkeit zu geben. So zeigt sich zum Beispiel, dass ein Teammitglied eher frustriert auf Fehler reagiert und darin kaum etwas Positives sehen kann, währenddem ein

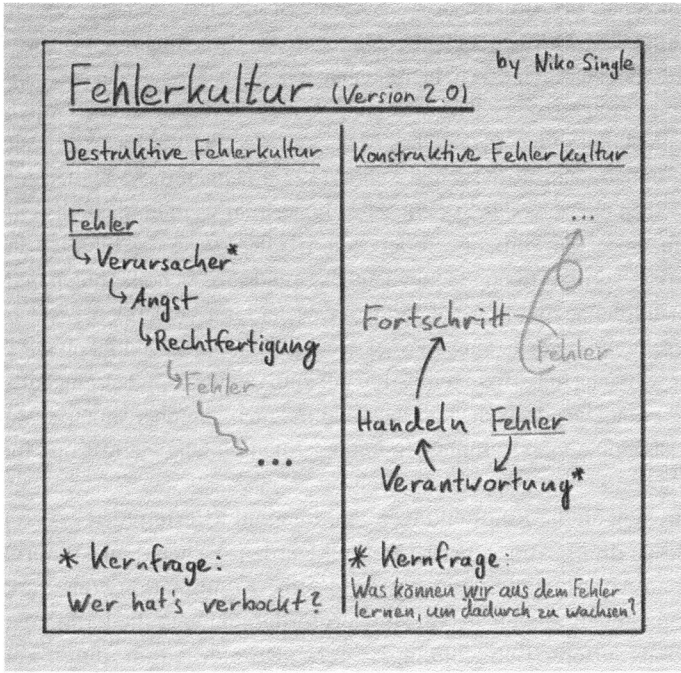

Abb. 4.5 Destruktive vs. Konstruktive Fehlerkultur von Nick Single

anderes Teammitglied mit Neugier und Experimentierlust daran geht, mit dem Fehler zu arbeiten. Sie erinnern sich an die Fehler-Lern-Typologie, die wir Ihnen im dritten Kapitel vorgestellt haben? Da finden wir die Verhaltensmuster wieder. Und damit müssen wir arbeiten, wenn wir die Fehlerkultur eines Teams verstehen und ev. verbessern wollen.

Über die Erfahrungen sind wir schon im Storytelling angekommen, wir möchten aber noch einen Schritt weitergehen. Im dritten Kapitel haben wir bereits die häufig in der Start-up-Szene, aber auch im Konzernumfeld anzutreffenden „FuckUp"-Formate beschrieben. Das ist natürlich Storytelling pur. Wir raten jedoch zur Vorsicht und empfehlen subtilere Vorgehensweisen. Statt großer FuckUp-Events können zum Beispiel die Stories niedrigschwelliger in bereits implementierte oder auch neue Formate eingebunden werden. Einige Unternehmen berichten aktuell über sehr positive Erfahrungen mit der Methode des Working Out Loud (kurz WOL), die von John Stepper begründet wurde. Der Autor veröffentliche im Jahr 2016 seine Überlegungen zur Karriereentwicklungen im Umfeld des „New Work". Dabei geht es ihm in erster Linie darum, Arbeitsbeziehungen aufzubauen, die dabei helfen, ein Ziel zu erreichen oder sich an neue Themen heranzuwagen. Dazu werden fünf Prinzipien verfolgt:

- die eigene Arbeit soll sichtbar werden, zuerst in einem geschützten Raum, später überall;
- durch Feedback und Verbindungen zu Menschen außerhalb der eigenen Bubble können die Arbeitsergebnisse kontinuierlich verbessert werden;
- die eigenen Beiträge werden großzügig mit anderen geteilt, ohne Gegenleistungen zu erwarten oder sich in den Vordergrund zu stellen;
- ein soziales Netzwerk mit interdisziplinären Beziehungen entsteht;
- die Zusammenarbeit erfolgt zielgerichtet und anhand klar definierter Problemstellungen und bietet dadurch psychologische Sicherheit.

Beim WOL handelt es sich in der Regel um selbstorganisierte Treffen sogenannter „Circles" mit 4 bis 5 Mitgliedern, die sich über einen Zeitraum von 12 Wochen jeweils wöchentlich ca. eine Stunde treffen und ihre Erfahrungen – sowohl positive als auch negative – teilen. Klingt eigentlich recht banal, die Methode zeigt aber bereits einige Wirkung, namhafte Unternehmen wie Bosch, Continental oder Daimler berichten begeistert über den mit der Methode erwirkten Schub beim organisationalen Lernen (Salowski, 2022). Die in Abb. 4.6 dargestellte Grafik von Tanmay Vora zeigt die fünf Kernelemente der Methode.

Bisher wird die Methode nicht explizit mit dem Storytelling verbunden, aus unserer Sicht bietet sie jedoch einen wunderbaren Rahmen, die Lern-Impulse durch die bereits im letzten Abschnitt beschriebenen psychologischen Effekte noch zu verstärken. Das tat auch bereits der Begründer der Methode, der in einem TED-Talk berichtet, wie er aufgrund angekündigter bevorstehender Restrukturierungen in seinem Unternehmen selbst um seinen Job fürchtete und daher nach Wegen suchte, seine Arbeit sichtbarer zu machen. Anhand weiterer Geschichten über Kollegen und andere Personen aus seinem Umfeld zeigt er, wie die Idee zum WOL-Konzept entstand und welche Erfolge die Teilnehmer damit in kürzester Zeit erzielten.

Abb. 4.6 Kernelemente der Methode des Working Out Loud von Tanmay Vora (2017)

Wollen Sie mehr wissen? Bei einem Netzwerktreffen wurde neulich ein Unternehmer, der WOL in sein Unternehmen gebracht hat und selbst Teilnehmer eines WOL-Circles war, gebeten, in einem Trainingsbeitrag die Prinzipien zu erläutern und seine Erfahrungen zu teilen. Sein Fazit war: „WOL kann man eigentlich nicht erklären, man muss es erleben". Viele WOL-Initiativen entstehen aus der Begeisterung ehemaliger Teilnehmer:innen, die die Methode weitertragen. Häufig reicht es für die Implementierung im eigenen Unternehmen, sich intensiv mit den Guidelines auf der WOL-Website (siehe unsere Literaturhinweise am Kapitelende) zu beschäftigen. Wollen Sie jedoch ganz explizit Ihr Fehlermanagement mit Blick auf die Veränderung der Fehlerkultur verbessern und dazu die emotionale Kraft des Storytellings nutzen, empfehlen wir Ihnen zunächst eine konkrete Zielstellung zu entwickeln und daran ausgerichtet die Implementierung auch strategisch anzugehen. Da es trotz der großen Begeisterung über die Methode derzeit noch keine empirische Forschung zur Wirksamkeit und den erforderlichen Voraussetzungen gibt, sollte eine Implementierung möglichst von Organisationsentwicklungsexpert:innen begleitet werden.

Mit dieser Empfehlung fassen wir noch einmal kurz die Ergebnisse des dritten Kapitels zusammen. Wir sind der festen Überzeugung, dass in den drei Bereichen Risiko-, Krisen- und Fehlermanagement die passende Kommunikationsstrategie den wesentlichen Erfolgsfaktor darstellt. Vor allem bei Veränderungen, die Stress und Widerstand hervorrufen können, eignet sich das Storytelling aufgrund der emotionalen Kraft und der psychologischen Effekte von Geschichten besonders gut, sowohl Mitarbeitende als auch andere externe Stakeholder zu informieren und zu gewünschten Verhaltensweisen zu motivieren. Im nächsten Kapitel beschließen wir die Reise durch die drei Themengebiete mit einigen Erfahrungsberichten über mehr oder weniger gelungene Storytelling-Versuche in unserem Beratungsalltag.

Literatur

Argyris, C., & Schön, D. A. (1978). *Organizational learning: A theory of action perspective.* Addison-Wesley.

Bitz, H. (Hrsg.). (2000). *Risikomanagement nach KonTraG: Einrichtung von Frühwarnsystemen zur Effizienzsteigerung und zur Vermeidung persönlicher Haftung.* Schäffer-Poeschel.

Boers, B., & Henschel, T. (2021). Entrepreneurial orientation and crisis: How family firms manage the COVID-19 pandemic. *Rethinking Finance, 3*(1), 65–72. Artikel 1357499.

Dal Cin, S., Zanna, M. P., & Fong, G. T. (2004). Narrative persuasion and overcoming resistance. In E. S. Knowles & J. A. Linn (Hrsg.), *Resistance and persuasion* (S. 175–191). Erlbaum.

Dal Cin, S., Gibson, B., Zanna, M. P., Shumate, R., & Fong, G. T. (2007). Smoking in movies, implicit associations of smoking with the self, and intentions to smoke. *Psychological Science, 18*(7), 559–563. https://doi.org/10.1111/j.1467-9280.2007.01939.x

Diermeier, D. (2011). *Reputation rules: Strategies for building your company's most valuable asset.* McGraw-Hill.

Ditto, P. H., & Lopez, D. F. (1992). Motivated skepticism: Use of differential decision criteria for preferred and nonpreferred conclusions. *Journal of Personality and Social Psychology, 63*(4), 568–584. https://doi.org/10.1037/0022-3514.63.4.568

Felser, G. (2015). *Werbe- und Konsumentenpsychologie* (4. Aufl.). Springer.

Hillmer, D. (2021). *PLAY! Der unverzichtbare LEGO® SERIOUS PLAY® Praxis-Guide für Trainer, Coaches und Moderatoren.* Hanser.

Lee, J., & Miesing, P. (2017). How entrepreneurs can benefit from failure management. *Organizational Dynamics, 46*(3), 157–164. https://doi.org/10.1016/j.orgdyn.2017.03.001

Nerdinger, F. W., Blickle, G., & Schaper, N. (2014). *Arbeits- und Organisationspsychologie.* Springer. https://doi.org/10.1007/978-3-642-41130-4

Paharia, N., Keinan, A., Avery, J., & Schor, J. B. (2011). The underdog effect: The marketing of disadvantage and determination through brand biography. *Journal of Consumer Research, 37*(5), 775–790. https://doi.org/10.1086/656219

Rogers, E. M., Singhal, A., & Quinlan, M. M. (2014). Diffusion of innovations 1. In D. W. Stacks & M. B. Salwen (Hrsg.), *An integrated approach to communication theory and research* (S. 415–434). Routledge. https://doi.org/10.4324/9780203710753-35

Sailer, M. (2016). *Die Wirkung von Gamification auf Motivation und Leistung: Empirische Studien im Kontext manueller Arbeitsprozesse*. Springer.

Salowski, C. (2022). *FrauenStärken – Mit Working Out Loud die berufliche und gesellschaftliche Position von Frauen fördern*. Springer Gabler. https://doi.org/10.1007/978-3-662-64635-9

Schmitting, W., & Siemes, A. (2003). Konzeption eines Risikomanagementmodells: Begriffsrahmen und IT-Umsetzung. *Controller Magazin, 28*(6), 533–540.

Schönbohm, A., & Jülich, A. (2016). On the effectiveness of gamified risk management workshops: Evidence from German SMEs. *International Journal of Serious Games, 3*(2). https://doi.org/10.17083/ijsg.v3i2.117

Taleb, N. N. (2007). *The black swan: The impact of the highly improbable*. Penguin Books.

Winkler, H. (2010). Automatismen haben einen engen Bezug zur Wiederholung, zur Gewohnheit und zur Schemabildung. In H. Bublitz, R. Marek, C. L. Steinmann, & H. Winkler (Hrsg.), *Automatismen* (S. 235–236). Fink.

Zajonc, R. B. (1968). Attitudinal effects of mere exposure. *Journal of Personality and Social Psychology, 9*(2), 1–27.

Generate

In den vorherigen Kapiteln haben Sie erfahren, wie wir das Storytelling im Kompetenzaufbau (Skills), bei der Umsetzung (Capture) und bei der Kommunikation (Share) einsetzen können. Im fünften Kapitel geht es nun um das **Generate**: das Entstehen neuer Geschichten durch die gerade erfolgten Veränderungen, sei dies die erstmalige Einführung oder der Ausbau von Risikomanagement-Routinen, das Managen einer Krise oder die Beschäftigung mit der eigenen Fehlerkultur. Bei diesen neuen Stories kann es entweder um Erfolg oder aber auch um das Scheitern gehen. Was aber ist ein Erfolg, wann ist etwas gescheitert? Sie wissen – das liegt im Auge des Betrachters oder der Betrachterin. In unserer Tätigkeit als Professoren erleben wir häufig das Phänomen, dass einige Studierende mit einer Bewertung von 3,7 oder sogar 4,0 recht zufrieden von dannen ziehen, während andere in derselben Arbeit bei einer Bewertung mit einer 2,0 schon in große Selbstzweifel verfallen und das Ergebnis als persönliches Versagen empfinden. Die Gründe dafür sind vielschichtig, im Rahmen der Forschung zur differentiellen bzw. zur Persönlichkeitspsychologie gibt es da viele spannende Studien, auf einige sind wir bereits in den vorangegangenen Kapiteln eingegangen.

Die Definitionshoheit für Erfolge oder Niederlagen in Unternehmen bzw. Organisationen liegt natürlich bei der Geschäftsführung, gelebt wird die Definition dann durch die Unternehmenskultur. Für die Zwecke dieses Buchs haben wir den Erfolg als das Erreichen organisationaler Resilienz definiert. Und darum soll es nun in diesem Kapitel gehen. Zunächst schauen wir uns dabei das passende Management-Konzept für organisationale Resilienz, nämlich die organisationale Ambidextrie, an. Danach diskutieren wir unsere Überlegungen zur ambidextren Führung, bevor wir Ihnen ein Modell zum ambidextren Risiko-, Krisen- und Fehlermanagement vorstellen. Begleitet werden diese Überlegungen wieder von Geschichten, die uns entweder aus der (Management-)Literatur oder aus unserer Beratungspraxis bekannt sind.

I. Heinze et al., *Risky Stories – Storytelling strategisch im Risiko-, Krisen- und Fehlermanagement anwenden*, https://doi.org/10.1007/978-3-658-40310-2_5

5.1   Organisationale Resilienz durch ambidextres Management entstehen lassen

Wie war das denn nun gleich nochmal mit der organisationalen Resilienz? In der Einleitung und auch im zweiten Kapitel haben wir dazu schon etwas ausgeholt, hier nochmal ein kurzer Rückblick auf die Inhalte des Konzepts: Es beschreibt die Fähigkeit von Unternehmen, sich in einer volatilen, unsicheren, komplexen und ambiguen Welt (Sie erinnern sich: VUKA) erfolgreich zu behaupten. Dem Risiko- und dem Krisenmanagement kommt dabei vor allem die Aufgabe der Gefahrenabwehr zu, durch die Ergänzung unseres Management-Modells um das Fehlermanagement schaffen wir die Voraussetzungen für die Chancennutzung. Wir beziehen also Situationen, die nach Improvisation und Ideenreichtum verlangen und deren Ausgang unsicher ist, in unsere Überlegungen mit ein. Denn nur mit Lernfähigkeit und Innovationskraft kann dann Resilienz entstehen.

In der Management-Literatur hat James G. March bereits 1991 darauf hingewiesen, dass ein grundsätzliches Problem für viele Unternehmen darin besteht, eine Balance zwischen Exploitation und Exploration zu finden. Es müssen also zum einen Strukturen und Prozesse existieren, die hohe Effizienz gewährleisten. Gleichzeitig muss das Unternehmen aber auch die Fähigkeit zur Veränderung mitbringen. Für beide Vorgehensweisen bedarf es jedoch unterschiedlicher Rahmenbedingungen und damit entsteht zwangsläufig ein Zielkonflikt. Wie dieser aufzulösen ist, hat zum Beispiel die beiden Wissenschaftler Tushman und O'Reilly interessiert. Die beiden zeigen, wie mit Hilfe eines ambidextren, also beidhändigen Managements sowohl inkrementelle, also Schritt-für-Schritt-Veränderungen, als auch revolutionäre Umbrüche im selben Unternehmen möglich sind. Bei der ambidextren Vorgehensweise wird also die Beidhändigkeit als Kernkompetenz entwickelt, und zwar über Lernen und Kultur.

Dazu gibt es jetzt kein Standardmodell, jedes Unternehmen muss für sich herausfinden, an welchen Stellschrauben gedreht werden kann – immer mit der Abwägung: Braucht es bei uns mehr Struktur oder mehr Innovation? Die Vorgehensweisen können jedoch grob gegliedert werden in die zeitliche, die kontextuelle und die strukturelle Ambidextrie. Die *zeitliche Ambidextrie* können wir sehr gut im Reifezyklus der Unternehmen beobachten: Vor allem junge Unternehmen stellen nämlich in der Regel einige Zeit nach der Gründung fest, dass das Wachstum Effizienz benötigt und die kreativen Freiräume eben diesem Effizienzgedanken im Wege stehen. So schlägt dann das Zünglein an der Waage in Richtung Struktur: Es werden Hierarchien, Prozessbeschreibungen, Handlungsfestlegungen etc. eingeführt, die Freiräume werden immer kleiner. Wenn das dann auffällt, geht es wieder in die Gegenrichtung …. Oder das Unternehmen verliert den Start-up-Charakter und wird zum klassisch organisierten KMU.

Anders bei der *kontextuellen Ambidextrie*. Dabei werden situativ in Rollen und Aufgaben duale Möglichkeiten geschaffen. Das wohl bekannteste Beispiel für diese Vorgehensweise ist die 80-20-Regel von Google, nach der die Google-ianer quasi ein Fünftel ihrer Arbeitszeit an eigenen innovativen Ideen arbeiten können. Die Idee ist gut, die Umsetzung schwierig, wie auch schon 2013 ein Artikel von Jakob Schulz in der Süddeutschen Zeitung[1] zeigte. Im Endeffekt

---

[1] https://www.sueddeutsche.de/digital/20-prozent-zeit-fuer-mitarbeiter-google-boss-page-beendet-erfolgsprogramm-1.1748360.

kann nur durch eine entsprechende Führung die erforderliche Akzeptanz des ständigen Zielkon-
flikts durch die Mitarbeitenden gemeistert werden. In der Praxis führt das allerdings häufig zu
deren Unzufriedenheit, da auch die Nutzung der vermeintlichen Freiräume nur durch sehr hohen
persönlichen Einsatz erkauft werden kann. Das deckt sich auch mit persönlichen Erfahrungen
aus unserer Autorenrunde. In einem Beratungsunternehmen wurde jedes Jahr ein Budget für
Innovationsprojekte ausgelobt. Jedes Team konnte sich mit Umsetzungsvorschlägen um dieses
Budget bewerben und ihren Vorschlag der Geschäftsführung im Rahmen eines Pitchs präsentieren. Dabei lag die Messlatte hinsichtlich der Konzeptreife ziemlich weit oben und somit war
auch der Vorbereitungsaufwand immens hoch. Aufgrund des Wettbewerbscharakters der Bud-
get-Vergabe konnte es natürlich nur wenige Gewinner geben und der Großteil der Teams ging
am Ende leer aus. So konnten wir erleben, wie innerhalb von drei Jahren die anfängliche Begeisterung in Resignation umschlug und viele gute Ideen dann doch wieder in der Schublade mit
dem Aufkleber: „wenn mal Zeit ist" verschwanden.

Bei der **strukturellen Ambidextrie** wird dagegen der Ansatz verfolgt, duale Strukturen zu
schaffen, bei denen sich einige stärker auf Prozesse (Exploitation), andere wiederum stärker
auf Innovation (Exploration) spezialisieren. John Kotter (2014) bezeichnet solche Strukturen
als „duale Betriebssysteme". Der Kerngedanke ist dabei, dass durch den Austausch zwischen
diesen Einheiten wechselseitiges Voneinander-Lernen entsteht. Auch das ist kein Selbstläufer,
wie zum Beispiel das Gespräch mit dem Supply-Chain-Manager eines Schweizer Produkti-
onsunternehmens aus dem Fashion-Bereich gezeigt hat. Hier gibt es zum einen die kreativen
Bereiche, die die Produkte designen und vermarkten, und zum anderen den Shopfloor, also
die direkt wertschöpfende Ebene. Der Manager beklagte die Auseinanderentwicklung dieser
beiden Ebenen mit dem Ergebnis, dass die Shopfloor-Mitarbeitenden sich von vielen der auf
selbstständiges Handeln ausgelegten Faktoren überfordert sehen Sie sind latent unzufrieden
und zeigen im Endeffekt weniger Bindung an das Unternehmen. Auch dieser Fall veranschaulicht sehr deutlich die Herausforderung, eine Unternehmens- und Führungskultur zu entwickeln, die den Ansprüchen aus beiden Welten dann auch gerecht werden kann.

Wir erkennen also trotz der unterschiedlichen Vorgehensweisen einen gemeinsamen Nen-
ner beim Ausbalancieren von Exploitation und Exploration: Der Zielkonflikt ist immanent und
es bedarf einer besonderen Art der Führung, die Wege findet, diesen Zielkonflikt situativ im
daily business aufzulösen. Wie dies gelingen kann – darum geht es nun im nächsten Abschnitt.

5.2   Ambidextre Führung im Spotlight

Das Problem der Überforderung der Mitarbeitenden im Kontext des ambidextren Managements wird seit einiger Zeit in der Management-Literatur unter dem Stichwort der ambidextren Führung diskutiert. So haben zum Beispiel Kathrin Rosing und Kollegen gezeigt, wie eine
Kombination von offenem und engem Führungsverhalten einerseits Kreativität und Ideenfin-
dung und andererseits die Entwicklung und Implementierung von Standards und Prozessen
zur Unterstützung der operativen Abläufe ermöglicht. Die Führungskraft muss dafür über
eine gut gefüllte Werkzeugkiste unterschiedlichster und sich teilweise auch widersprechender
Führungsinterventionen verfügen. Das ist absolut herausfordernd – so beziehen sich doch die

bisher bekannten Führungsmodelle immer auf ein Entweder-Oder. Schauen wir uns zum Beispiel die sehr häufig zitierte Unterteilung in transaktionale und transformative Führung von Bernhard Bass an. Hier wird in den nunmehr fast vierzig Jahren seit Bass' Veröffentlichung durch viele empirische Studien untermauert, dass Mitarbeitende durch eine transformative, also eher offene Führung in der Regel zufriedener und leistungsfähiger bzw. leistungsbereiter sind. Andererseits zeigen uns Studien wie z. B. die von Boers und Henschel (2021) zum Krisenmanagement, dass in diesen Zeiten eine engere Führung den Mitarbeitenden den dringend benötigten Halt und auch Vertrauen in die Handlungsfähigkeit der Führungskraft gibt. Beide Ansätze diskutieren aber jeweils vor allem die mit bestimmten Führungsstilen einhergehenden positiven Effekte und beachten kaum damit verbundene negative Wirkungen, wie z. B. bei der transformativen Führung hohe Orientierung auf die Eigeninitiative, die in komplexen oder krisenbezogenen Situationen schnell zur Überforderung auch von sehr qualifizierten und engagierten Mitarbeitenden führen kann.

Dagegen legt das Modell der ambidextren Führung die Annahme zugrunde, dass – anders als in den Modellen von Bass und Kollegen angenommen – die Kombination gegensätzlicher Führungsinterventionen tatsächlich komplementäre Wirkung entfaltet. Und dadurch können mehr positive als negative Effekte entstehen. Aus unserer Sicht führt also beim Ziel der Erreichung organisationaler Resilienz kein Weg an der ambidextren Führung vorbei.

Wie sieht denn nun aber ein Führungsverhalten nach der ambidextren Theorie aus? In der Abb. 5.1 skizzieren wir wesentliche Elemente des Führungsverhaltens basierend auf der Arbeit von Dieter Gebert und Kearney (2011) sowie Kathrin Rosling und Kollegen (2011).

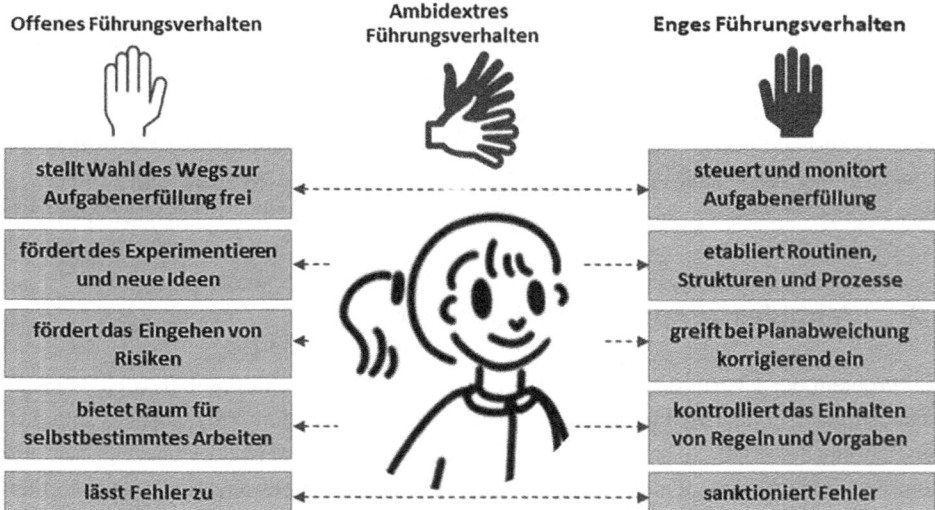

Abb. 5.1 Ambidextre Führung als Balancieren offener und enger Führungsstrategien. (Quelle: Eigene Darstellung)

Die auf der linken Seite dargestellten offenen Führungsstrategien geben den so geführten Mitarbeitenden weitestgehend Freiheit bei der Erledigung ihrer Aufgaben und fördern dadurch die Entwicklung und Erkundung neuer Ideen. Demgegenüber sind die auf der rechten Seite dargestellten Strategien insbesondere bei der Sicherstellung von Effizienz- und Qualitätsstandards äußerst wichtig. Außerdem übernimmt die Führungskraft mit diesen Strategien eine höhere Verantwortung für das Treffen von Entscheidungen, das Einschätzen von Risiken und die Bewertung der Kompetenzen der Mitarbeitenden. Auch Fehler werden hier zur Chefsache und die Aufarbeitung dieser führt zu Konsequenzen. Besonders spannend in diesem Modell sind natürlich die farbig markierten Führungsstrategien. Denn die beziehen sich direkt auf unsere Themengebiete des Risiko-, Krisen- und Fehlermanagements und werden nun näher betrachtet. Dazu verwenden wir viele der bereits in den ersten Buchkapiteln erzählten Stories, indem wir jeweils ein Spotlight auf die in dieser Situation eingesetzte Führungsstrategie setzen.

5.2.1   Spotlight 1: Experimente vs. Routinen

Wir beamen uns jetzt zurück in das zweite Kapitel, dort haben wir die Geschichte des Interim-Managers erzählt, der durch „Freund Zufall", nämlich dem Telefonat zwischen Julia und Max, plötzlich verstanden hat, warum sich die vor der Transformation errechneten Effizienzsteigerungen nicht realisieren ließen.

Das Ziel der Transformation bestand darin, durch Zentralisierung und Automatisierung effizienter zu arbeiten – also ganz klar Exploitation. Die Kultur im Unternehmen und somit das Führungsverständnis beruhten auf dem Prinzip der Offenheit, dadurch wurden die neuen Routinen zwar vorgestellt und die Teammitglieder auch in der Umsetzung der neuen Arbeitsweise geschult. Es findet aber kein engmaschiges Micro-Management durch die Führungskraft statt und so werden Abweichungen von den definierten Prozessen erst sehr spät und nur durch Zufall aufgedeckt. In diesem Fall wäre also zumindest in der Einführungsphase eine engere Führung empfehlenswert gewesen.

5.2.2   Spotlight 2: Umgang mit Risiken

Und wieder geht es in die Zeitmaschine – diesmal führt uns der Ausflug zurück in das dritte Kapitel. Hier haben wir Sie mit Peter und dem Team bei der Top-Fork GmbH bekanntgemacht, außerdem hat die Risikomanagerin Michelle eine wichtige Rolle gespielt. Die Top-Fork GmbH hat jetzt eine Größe erreicht, bei der Prozesse und Routinen wichtiger werden. Außerdem hat sich auch das Marktumfeld stark verändert, daher muss das Unternehmen unbedingt weiter flexibel und anpassungsfähig bleiben. Durch die Erfahrung des Unternehmensgründers gelingt es hier sehr gut, eine Balance zwischen der bisherigen Explorations-Orientierung und der zusätzlich benötigten stärkeren Fähigkeit zur Exploitation zu finden. Im Explorations-Modus sind die Führungskräfte im Unternehmen es gewohnt, Risiken einzugehen, sei es bei der Entwicklung neuer Produkte wie dem solarbetriebenen Travel-Lift, oder bei internen Funktionen wie dem Einsatz neuer, gamifizierter Lernmethoden (Stichwort Lego Serious Play). Durch die Einführung von Reporting-Strukturen wird nun eine stärkere Betonung auf die Kontrolle und Korrektur bei Planabweichungen gelegt. Gerade in kritischen Situationen werden die Teammitglieder es sehr begrüßen, wenn Peter auf der Basis der Reporting-Zahlen schnell und fundiert Entscheidungen trifft.

5.2.3 Spotlight 3: Umgang mit Fehlern

Und wir bleiben in der Vergangenheit – jetzt landet die Zeitmaschine im dritten Kapitel. Dort haben Sie die Bekanntschaft mit Bodo Janssen, dem CEO der Hotelgruppe Upstalsboom, gemacht. Der Manager, der im Kloster gelernt hat, wie gute Führung funktioniert. Bevor die grottenschlechten Mitarbeiterfeedbacks Bodo Janssen veranlassten, eine spirituelle Auszeit zu nehmen, war die Hotelkette stark exploitationsorientiert. Selbst der CEO versteckte den Fehler – er ließ die Ergebnisse von gleich zwei Mitarbeiterbefragungen einfach in der Schreibtischschublade verschwinden. Nach dem Paradigmenwechsel konnte jetzt eine Kultur der Offenheit und des Vertrauens etabliert werden. Die Geschichte vom Tellerspüler Frank zeigt, dass Janssen es geschafft hat, auch die geringer qualifizierten Berufsgruppen zu erreichen. Das Beispiel zeigt auch, dass er im Krisenmodus stärker in das Tagesgeschäft eingreift als das vor der Krise der Fall war.

Ist Ihnen etwas aufgefallen? In den beiden Geschichten, bei denen ein ambidextrer Ansatz erkennbar wurde, gab es ein Happy End. In den Beispielen zeigt sich deutlich, dass sowohl das offene, eher transformationale als auch das enge, eher transaktionale Führungsverhalten für sich genommen jeweils Vor- und Nachteile mit sich bringen, mit der Kombination der beiden Verhaltensweisen schlussendlich aber die höchste Motivation und damit größte Leistungsfähigkeit auf Seiten der Mitarbeitenden erreicht werden kann. Es gibt zwar momentan nur wenige empirische Studien speziell zur Anwendung des ambidextren Führungsverhaltens in KMU, doch erste Ergebnisse zeigen in eine vielversprechende Richtung. So konnten zum Beispiel die Forscher Ajayi et al. (2017) nachweisen, dass sich durch ambidextres Führungsverhalten sowohl das Wachstum als auch die Überlebenschancen von KMU positiv beeinflussen lassen. Eine weitere Studie von Oluwafemi et al. (2020) zeigt die Steigerung von Innovationsfähigkeit bei KMU durch den Einsatz von ambidextren Führungsstrategien.

So weit so gut, denken Sie jetzt wahrscheinlich. Das ist ja alles ganz interessant, jetzt haben wir aber gerade unsere Führungskräfte auf die transformationale Führung eingeschworen, jetzt sollen sie plötzlich wieder zu transaktionalen Mitteln greifen? Wir geben zu, die richtige Balance zwischen den beiden Führungsstrategien zu finden und diese dann auch noch authentisch zu verkörpern, verlangt den Führungskräften schon einiges ab. Daher empfehlen wir statt der üblichen ad hoc-Führungskräftetrainings, die in der Regel anlassbezogen (entweder für neue Führungskräfte oder im Rahmen einer Kulturveränderung) organisiert werden, einen nachhaltigeren Ansatz. Leitch, McMullan, und Harrison (2009) haben zum Beispiel ein Führungskräfteentwicklungsprogramm speziell für wachstumsorientierte KMUs entwickelt.

Dieses Programm beruht auf dem Prinzip des Action Learning, d. h. es werden konkrete Herausforderungen in gemischten Gruppen bewältigt. Es handelt sich dabei also um ein erfahrungsbasiertes Lernen, dabei wird durch die Kombination von Theorie und Praxis neues Wissen nachhaltig vermittelt. Die Führungskräfte zeigen nach der Teilnahme an einem solchen Programm in der Regel eine höhere Reflektionsfähigkeit, verfügen über bessere analytische Fähigkeiten und sind in der Lage, die Resilienz sowohl im eigenen Team als auch auf der Ebene der gesamten Organisation zu steigern.

Aha, da ist sie wieder: die ominöse organisationale Resilienz. Jetzt müssen wir uns nur noch anschauen, welche Rolle dabei das Risiko-, Krisen- und Fehlermanagement spielt – und das machen wir im nächsten Abschnitt.

5.3 Die Rolle des Risiko-, Krisen- und Fehlermanagement bei der Erlangung von organisationaler Resilienz

Die Analyse diverser Studien wie z. B. die von Branicki, Sullivan-Taylor, und Livschitz (2018) oder von Henschel und Lantzsch (2020) hat unsere eigene Erfahrung aus unserer Beratungspraxis bestätigt: Die meisten KMU fokussieren ihr Risikomanagement nur auf die Schadensabwehr, der Chancennutzung wird dabei nicht genügend Aufmerksamkeit gewidmet. Das Krisenmanagement ist in der Regel auf Notfallpläne beschränkt, die oft viel zu selten an aktuelle Gefahrensituationen angepasst werden. Wir stellen also fest, dass die Abläufe eher für Exploitation gemacht sind: Das Erreichte sichern und effizienter machen. Nun haben wir auf den vorangegangenen Seiten geschildert, warum solche Ansätze heute (und da ist es schon wieder, das Stichwort VUKA-Welt) nicht mehr ausreichend sind. Um Chancen nutzen zu können, muss auch das Risiko-, Krisen- und Fehlermanagement um Maßnahmen ergänzt werden, die mehr Exploration ermöglichen und damit Innovationen, Experimente und Lernen unterstützen. Natürlich versucht auch eine resiliente Organisation, Krisen möglichst zu vermeiden. Der Unterschied ist, dass diese Unternehmen von Beginn an Krisen als Teil ihres Geschäftsmodells akzeptieren. Sie sind deshalb stärker im Vorbereitungsmodus.

Wie kommen nun aber KMUs auf diesen Stand? Eine Studie von Lux, Pallas und Christodoulou (2020) zeigt, dass resiliente Geschäftsmodelle ein Element der „instinktiven Krisenvorbereitung" beinhalten. Die dazu erforderlichen Faktoren haben wir in der Abb. 5.2 zusammengefasst.

Bildrechte: Lux, Pallas und Christodoulou (2020)

Die Autoren unterteilen die Kriterien in aktive und passive Faktoren, in die erste Gruppe fallen die Flexibilität, die Elastizität und die Reaktionsgeschwindigkeit. Diese können also vom Unternehmen direkt beeinflusst werden, zum Beispiel im Hinblick auf die Fähigkeit, sich schnell an Marktveränderungen anpassen zu können (Flexibilität), oder die Möglichkeit, peripheres Geschäft „einzufrieren" und sich damit auf das Kerngeschäft konzentrieren zu können.

Auf der anderen Seite existieren auch Faktoren passiver Natur, wie Redundanzen und Netzwerk/Eigenständigkeit. Mit Ersterem ist die Fähigkeit gemeint, in Krisenzeiten Ressourcen anderweitig er- oder einsetzen zu können. Der zweite Faktor beschreibt das ausgewogene Verhält-

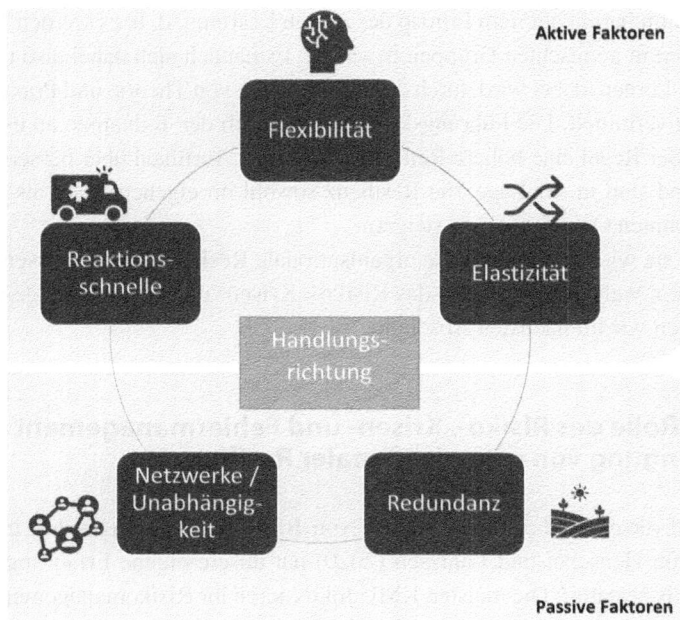

Abb. 5.2 Resilienzbeeinflussende Faktoren nach Lux, Pallas und Christodoulou (2020)

nis zwischen verlässlichen Netzwerken und eigener Stärke. Besonders die passiven Faktoren sind bereits im Risiko- und Fehlermanagement zu berücksichtigen, da diesen eine langfristige Perspektive inne liegt. Wenn die Krise schon an die Tür klopft, wird es mir nicht gelingen, diese Faktoren noch positiv zu gestalten. Eine kurze Geschichte zur Verdeutlichung:

Während der COVID-19-Pandemie sind vor allem Einzelunternehmer:innen und Freiberufler:innen in existenzielle Situationen geraten, weil ihre bisherigen Auftraggeber:innen plötzlich keinen Bedarf bzw. keine Möglichkeit mehr hatten, sie zu beschäftigen. So war das auch bei Katja, einer Event-Managerin, die sich seit mehr als zehn Jahren auf großen Veranstaltungen wie dem Sonne-Mond-und-Sterne-Festival um die Stars und Sternchen der Rock- und Pop-Szene kümmerte. Und nun fiel das alles weg … zum Glück war Katja bereits seit einigen Jahren Mitglied im BNI, einem internationalen Unternehmer-Netzwerk. Gemeinsam mit den anderen Mitgliedern ihres Chapters hat sie gleich zu Beginn der Pandemie überlegt, wie sie ihre Kompetenzen während des Lockdowns anderweitig gewinnbringend einsetzen kann. Die Lösung war schnell gefunden – alle Unternehmen benötigten Hygienekonzepte und so absolvierte Katja innerhalb weniger Wochen eine Ausbildung zur Hygienebeauftragten. Sie hatte dann auch direkt durch das Unternehmernetzwerk die ersten Aufträge sicher und konnte mit dieser Expertise im Jahr 2022 sogar als Hygienebeauftragte die Welttournee einer der bekanntesten deutschen Rockbands begleiten. Katja ist jetzt über viele Monate im Voraus ausgebucht. Das wäre kaum möglich gewesen, wenn sie erst nach dem Beginn der Pandemie in das Netzwerk eingetreten wäre. Stabile, vertrauensvolle Beziehungen beruhen auf gemeinsamen Werten, und dazu muss man sich erst einmal intensiv kennenlernen. Das braucht Zeit.

Doch nun zurück zum Modell von Lux, Pallas und Christodoulou (2020). Die Autoren zeigen mit dem Zusammenspiel der fünf Faktoren, dass insbesondere die passiven Faktoren einen „Resilienz-Puffer" bieten, welcher in Krisenzeiten die Wirkung der aktiven Faktoren verstärken kann. So konnte Katja durch ihr Netzwerk flexibel ihre Ressourcen an die Marktveränderungen anpassen, damit ihre Eigenständigkeit behaupten und letztendlich sogar gestärkt aus der Krise gehen.

Auch auf die Arbeit von Lee und Miesing (2017) sind wir in den vorherigen Kapiteln bereits mehrfach eingegangen. Die Autoren zeigen, wie sich die retrospektiven Ansätze im Risiko- und reflektiven Krisenmanagement mit dem antizipativen Konzept beim Fehlermanagement kombinieren lassen. Das Modell ist vereinfacht in Abb. 5.3 dargestellt.

Im Grunde genommen geht es den Autoren darum aufzuzeigen, wie Entscheidungen in paradoxen Situationen durch die Kombination der drei Managementfelder verbessert werden können. Der Ausdruck „paradoxe Situation" ist sehr gut gewählt, denn einige dieser Situationen werden sich zur Krise, andere zur Chance und wieder andere zu New-Normal-Zuständen entwickeln. Die Fähigkeit, anstehenden Veränderungen mit guten Entscheidungen zu begegnen, ist natürlich eine Schlüsselkompetenz für die erfolgreiche Geschäftstätigkeit und damit auch eine Grundbedingung für organisationale Resilienz. In diesem Zusammenhang eignet

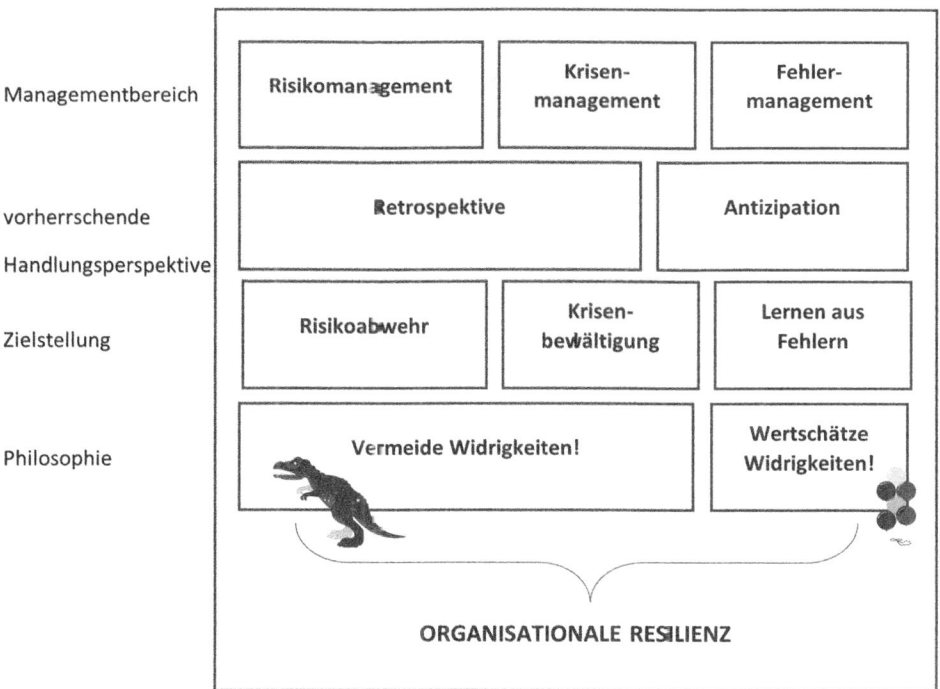

Abb. 5.3 Zusammenspiel von Risiko-, Krisen- und Fehlermanagement. (In Anlehnung an Lee & Miesing, 2017)

sich das Modell extrem gut als Ausgangspunkt für die organisatorische Gestaltung des Zusammenspiels der drei Bereiche im Unternehmen. Dabei wird das Fehlermanagement zunächst zur systematischen Analyse der paradoxen Situation eingesetzt. Die daraus gewonnenen Erkenntnisse werden im Anschluss im Risiko- und Krisenmanagement berücksichtigt, um sich bestmöglich auf das nächste paradoxe Ereignis vorbereiten zu können. Und damit wird der traditionelle Ansatz, negative Ereignisse möglichst im Vorhinein abzuwenden (also die klassische Risikovermeidung) um den für die VUKA-Konditionen erforderliche Fähigkeit der Chancennutzung (auf Basis der negativen Situationen) ergänzt. Es geht also wieder darum, eigentlich gegensätzliche Vorgehensweisen zu einem ausbalancierten neuen Ganzen zu machen. Und das gelingt am besten mit – ja, Sie ahnen es schon – dem ambidextren Management. Das dazu erforderliche Führungsverhalten haben wir ja bereits im letzten Abschnitt beschrieben. Mit Hilfe der Abb. 5.4 möchten wir nun noch einen Gesamtüberblick der Wirkung ambidextrer Vorgehensweisen auf die organisationale Resilienz geben.

Das theoretische Modell wurde auf der Basis von Literaturstudien und einem Action-Research-Projekt (vgl. Heinze, 2022) entwickelt und zeigt die Zusammenhänge zwischen ambidextrem Führungsverhalten, der ambidextren Gestaltung der Funktionen des Risiko-, Krisen- und Fehlermanagements und der Erlangung organisationaler Resilienz im Kontext der Anforderungen aus der VUKA-Welt. Die Herausforderung, die klassischen Retrospektiven zur Risikovermeidung mit modernen antizipativen Ansätzen zur Chancennutzung zu

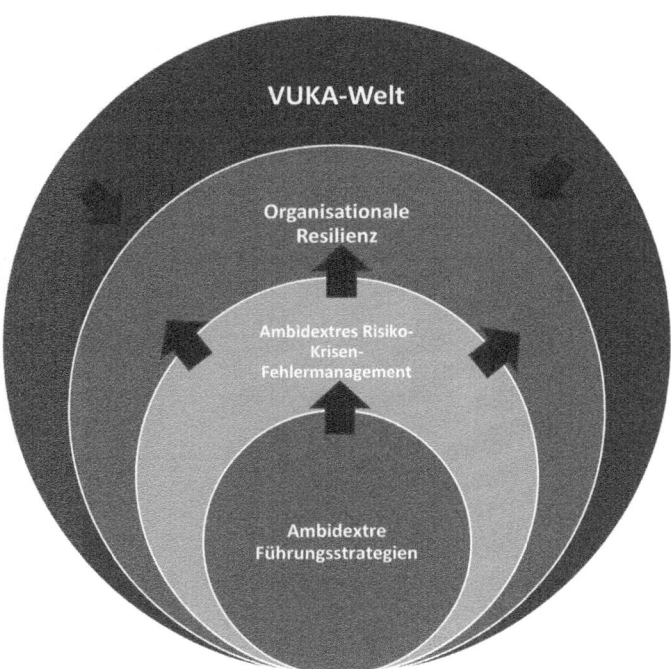

Abb. 5.4 Resilienzaufbau durch ambidextres Management in Anlehnung an Heinze, 2022

kombinieren, braucht neue Wege im Management und damit neue Ansätze bei der Führung. Die ständig neu auszubalancierende Kombination aus offener und enger Führung, wie sie die Theorie der ambidextren Führung vorsieht, bietet ein großes Potential, verlangt jedoch auch hohe Führungskompetenz. Daher gewinnt bei der Ausbildung der Führungskräfte die Entwicklung der personalen und sozialen Kompetenzen immer mehr an Bedeutung. Aber auch die methodischen Kompetenzen unterliegen der Halbwertzeit des Wissens und müssen regelmäßig aktualisiert werden. Die Rolle der Führungskraft als Kommunikator:in beinhaltet Tätigkeiten aus allen drei dieser Kompetenzbereiche. So stellt auch das Storytelling eine methodische Kompetenz dar, deren erfolgreicher Einsatz aber unheimlich stark von persönlichen und sozialen Kompetenzen abhängig ist. Und darum soll es nun noch einmal im nächsten Kapitel gehen. Sie begeben sich damit auf die letzte Etappe unserer gemeinsamen Reise, und nehmen nochmal neues Gepäck auf – die Storytelling-Toolbox. Was das ist? Das erfahren Sie im sechsten Kapitel – ready to turn pages?

Literatur

Ajayi, O. M., Odusanya, K., & Morton, S. (2017). Stimulating employee ambidexterity and employee engagement in SMEs. *Management Decision, 55*(4), 662–680. https://doi.org/10.1108/MD-02-2016-0107

Bass, B. M. (1985). Leadership: Good, better, best. *Organizational Dynamics, 13*(3), 26–40.

Boers, B., & Henschel, T. (2021). Entrepreneurial orientation and crisis: How family firms manage the COVID-19 pandemic. *REthinking Finance, 3*(1), Artikel 1357499, 65–72.

Branicki, L. J., Sullivan-Taylor, B., & Livschitz, S. R. (2018). How entrepreneurial resilience generates resilient SMEs. *International Journal of Entrepreneurial Behavior & Research, 24*(7), 1244–1263. https://doi.org/10.1108/IJEBR-11-2016-0396

Gebert, D., & Kearney, E. (2011). Ambidextre Führung. *Zeitschrift für Arbeits- und Organisationspsychologie A&O, 55*(2), 74–87. https://doi.org/10.1026/0932-4089/a000043

Heinze, I. (2022). Crisis management in SMEs from a leadership perspective. In S. Durst & T. Henschel (Hrsg.), *Crisis management for small and medium-sized enterprises (SMEs)* (S. 143–164). Springer International Publishing. https://doi.org/10.1007/978-3-030-91727-2_10

Henschel, T., & Lantzsch, A. D. (2020). Wie man den Wertbeitrag von Risikomanagement messen kann. *Risk, Fraud & Compliance, 14*(6), 7–14. https://doi.org/10.37307/j.1867-8394.2020.06.05

Kotter, J. P. (2014). *Accelerate: Building strategic agility for a faster-moving world.* Harvard Business Review Press.

Lee, J., & Miesing, P. (2017). How entrepreneurs can benefit from failure management. *Organizational Dynamics, 46*(3), 157–164. https://doi.org/10.1016/j.orgdyn.2017.03.001

Leitch, C. M., McMullan, C., & Harrison, R. T. (2009). Leadership development in SMEs: An action learning approach. *Action Learning: Research and Practice, 6*(3), 243–263. https://doi.org/10.1080/14767330903299464

Lux, W., Pallas, S., & Christodoulou, A. (2020). Anforderungen an ein resilientes Geschäftsmodell nach der Corona-Krise. *Controller Magazin,* (5), 38–45.

March, J. (1991). Exploration and exploitation in organizational learning. *ORGANIZATION SCIENCE, 2*(1), 71–87.

Oluwafemi, T. B., Mitchelmore, S., & Nikolopoulos, K. (2020). Leading innovation: Empirical evidence for ambidextrous leadership from UK high-tech SMEs. *Journal of Business Research, 119*, 195–208. https://doi.org/10.1016/j.jbusres.2019.10.035

Rosing, K., Frese, M., & Bausch, A. (2011). Explaining the heterogeneity of the leadership-innova-
tion relationship: Ambidextrous leadership. *The Leadership Quarterly, 22*(5), 956–974. https://
doi.org/10.1016/j.leaqua.2011.07.014

Tushman, M. L., & O'Reilly, C. A. (1996). Ambidextrous organizations: Managing evolutionary and
revolutionary change. *California Management Review, 38*(4), 8–30.

Storytelling-Toolbox

6

Hiermit öffnen wir zum letzten Mal unser Geschichtenbuch. Sie konnten uns auf einer Reise durch schwere Wetter begleiten. Wir konnten bestaunen, wie manche am Wandel der Zeit, an ihren Fehlern und an Krisen scheiterten und wie andere sie annahmen und gestärkt daraus hervorgingen. Von solchen Tragödien und Triumphen haben wir viel erzählt. Von tragischen Flugzeugabstürzen und ebensolchen Bundespräsidenten, von einem erfolgreichen englischen Städtchen und einer erfolgreichen spanischen Weltstadt. Von zufällig erfolgreichen Seefahrern und plötzlich erfolglosen Fußballtrainern. Von schwarzen Schwänen und schwedischen Elchen haben wir auch berichtet. Sie konnten lesen, was Angela Merkel in der Pandemie-Krise besser machte als andere ihrer Amtskollegen. Wir stellten Ihnen eine englische Hausärztin und eine stets positive Frühstückskellnerin eines Hotels auf Guernsey vor. Dazu einen Berliner Geschäftsmann, der hinter seinem Mahagonischreibtisch einsam scheiterte, und einen britischen Devisenhändler, der gleich eine ganze Bank mit in den Abgrund riss. Sie konnten Toyota bewundern, das aus der Not ebenso eine Erfolgstugend machen konnte wie das kalifornische Business Network International (BNI). Wir haben Nokia im tiefen Fall begleitet. Wir staunten über eine eigentlich top vorbereitete Wirtschaftsprüfungsgesellschaft, die dann doch ihre Mandanten gefährdete, weil sie von der Staatsanwaltschaft auf dem falschen Fuß erwischt wurde. Wir lernten, wie Balaji Singh sein Reiseunternehmen durch Krisen steuerte und wie die Top-Fork GmbH mit Unterstützung der Unternehmensberaterin Michelle zukünftig Risiken schneller erkennen kann.

Um Ihnen all das anschaulich zu erzählen, konnten wir auf Bewährtes zugreifen. „Wir sind gleichsam Zwergen, die auf den Schultern von Riesen sitzen, um mehr und Entfernteres als diese sehen zu können – freilich nicht dank eigener scharfer Sehkraft oder Körpergröße, sondern weil die Größe der Riesen uns emporhebt." hatte Bernhard von Chartres im Mittelalter über seinen Beruf als Gelehrter gesagt (McGarry, 1955). Das gilt absolut auch fürs Storytelling. Vom Dionysos-Kult im 5. Jahrhundert v. Chr. bis heute wurde die Möglichkeit, Informationen durch Geschichten zu verbreiten, immer weiter verbessert.

© Der/die Autor(en), exklusiv lizenziert an Springer Fachmedien Wiesbaden GmbH, ein Teil von Springer Nature 2023
I. Heinze et al., *Risky Stories – Storytelling strategisch im Risiko-, Krisen- und Fehlermanagement anwenden*, https://doi.org/10.1007/978-3-658-40310-2_6

Dem haben auch wir uns verschrieben und stellten Ihnen viele Beispiele vor. Dabei transportierten unsere Geschichten das nicht immer leichte Gepäck des Risiko-, Krisen- und Fehlermanagements. Wir stellten Prozessabläufe, Strukturreformen, Feedbackschleifen, Handbücher, Theorien und Typologien vor und boten verschiedene Antworten auf die Frage: Wie bewegen Sie Ihr Team dazu, all das in den Unternehmensalltag zu implementieren?

Denn wer in herausfordernden Zeiten organisationale Resilienz erreichen möchte, kann nicht dabei stehen bleiben, Interesse zu wecken und Relevanz aufzuzeigen. Die Bedeutung von Risiko- und Krisenmanagement sowie einer offenen Fehlerkultur ist zwar anerkannt, der entscheidende Schritt zur Umsetzung wird aber oft nicht vollzogen. Manchmal wird eine Fehlerkultur aus der Not heraus geboren, wie bei der japanischen Rohstoffknappheit nach 1945 und der *Kaizen*-Philosophie. In anderen Fällen gehen gute kulturelle Impulse auch wirklich von der obersten Ebene aus, wie bei dem zunächst gescheiterten Christian Finckh mit seinem aufgeschlossenen Vorgesetzten bei der Allianz. Oder es braucht eines bestimmten Anlasses, wie ein bevorstehendes schwieriges Mitarbeitergespräch, um sich als Managerin komplexen stellenspezifischen Kompetenzmodellen zu stellen, wie bei unserer Autorin.

Um unseren Empfehlungen nicht nur Anerkennung zu verschaffen, sondern auch bei ihrer Etablierung im Unternehmensalltag zu helfen, haben wir Storytelling als Kommunikationsmedium gewählt. Deshalb öffnen wir jetzt zusammen mit dem Mädchen auf Abb. 6.1 ein letztes Kapitel in unserem Buch.

Wir erzählen keine neuen Geschichten mehr, greifen aber auf bereits Erzähltes zurück. Vermutlich erinnern Sie sich noch an die ein oder andere Story. Falls Ihnen etwas doch nicht ganz griffbereit zur Verfügung stehen sollte: Durch nochmaliges Nachdenken verankern sich Dinge ohnehin viel besser in unserem Gedächtnis. Ein bisschen Redundanz schadet nicht.

Abb. 6.1 Storytelling auf den Punkt gebracht. (Quelle: Eigene Darstellung)

Das gilt fürs Erinnern ebenso wie fürs Erzählen. Gegenüber Ihrem Publikum sollten Sie Rückblenden oder Wiederholungen allerdings stets mit etwas Neuem kombinieren. Zum Beispiel einem neuen Zusammenhang oder einem neuen Ziel. Deshalb verbinden wir unsere Rückblicke in diesem Kapitel mit dem Blick darauf, wie Sie die richtige Art von Geschichte wählen können und wie sie Ihre Geschichte aufbauen. Am Schluss des Kapitels geben wir noch einige allgemeine Tipps zum Storytelling. Für den Fall, dass Sie unser kleines Story-Lager als griffigen Spickzettel möchten schauen Sie sich am besten unser „Cheat Sheet" am Kapitelende genauer an.

Beginnen wollen wir aber mit einer Ausgangsfrage. Wir haben in der Einleitung vier Erzählformate für Business-Stories empfohlen: Tragödie, Triumph, Anspannung und Veränderung. Weshalb haben wir Menschen überhaupt eine Affinität für bestimmte Erzählformen und Charaktere?

6.1 Warum Typologien so gerne eingesetzt werden

Zunächst sind Menschen erfahrungsorientiert. Wir alle haben im Laufe unseres Lebens einige Charaktere kennenlernen dürfen. Und wir wissen, dass Situationen sich in ganz unterschiedliche Richtungen entwickeln können. Am einfachsten ist die Vorstellung von einem guten oder eben einem schlechten Ausgang. Doch unsere persönliche Lebenserfahrung ist nur ein Teil der Erklärung für unsere Liebe zu Typologien und Mustern. Gibt es tiefer liegende Gründe dafür, weshalb sich unsere Lebensgeschichten in bestimmten Formen entwickeln oder weshalb wir stets danach trachten, sie in solchen zu kategorisieren? Nach genaueren Erklärungen suchen seit langem die Wissenschaften. Sie fanden Antworten und die zeigen uns Ursprünge der menschlichen Affinität für ganz bestimmte Rollen und Geschichten.

Warum wir bestimmte Charaktere immer wieder in Geschichten antreffen: Der Psychoanalytiker Carl Gustav Jung (Jung, 2018) entschlüsselte in den 1930ern das Konzept von Archetypen, die weltweit immer wieder in Erzählungen und Mythen anzutreffen sind. Sie erleichtern uns die Einordnung von Personen in Handlungen. Unser Gehirn wiederum ist als großer Energiefresser (es verbraucht bei nur zwei Prozent des Körpergewichts ca. 20 Prozent der Körperenergie (Pulido & Ryan, 2021)) immer dankbar dafür, wenn es ihm einfach gemacht wird. Immer wieder auftauchende Archetypen ermöglichen uns ein entspannteres Rezeptionsvergnügen. Wenn wir auf Helden, Rebellen, Kreative oder Weise treffen, erklären sich diese Rollen von selbst. Und sie tragen den Verlauf einer Geschichte. Deshalb hat Balaji Singh sein Team nicht direkt mit Insolvenz-Szenarien konfrontiert, sondern einen Kollegen aus seinem Netzwerk erschaffen, um Reaktanzen und Overhearing vorzubeugen (Felser, 2015). Bitte achten Sie auch einmal auf die Charaktere in Werbespots. Sie werden zahlreiche von Jungs Archetypen wiederfinden. Besonders spannend ist hierbei die im Lauf der Zeit veränderte Rolle des Produkts. Es ist kein Held mehr wie der muskelbepackte „Meister Propper". Es ist heute ein Mentor, der uns als Kunden auf den richtigen Weg führt und uns damit selbst die Heldenrolle überlässt. Werbespots haben kaum Zeit, Charaktere zu entwickeln. Und die benötigen sie auch nicht. Denn die Typen müssen laut Jung gar nicht erst sozial erlernt und verstanden werden. Er verortete sie im kollektiven a priori der menschlichen Psyche. Die Personen unserer Geschichten sind also bereits mit unserer Geburt Teil unserer eigenen Natur. Archetypen des Storytellings sind auch im Unternehmenskontext bekannt, wenn auch zumeist in anderer Form. Wie wir an unserer Risikomanagement-Typologie und den Fehler-Lern-Typen in Kapitel „Capture" gesehen haben sind Typologien auch hier gängige Praxis, um auf Zwischenebenen Zusammenhänge zu kommunizieren und Situationen zu analysieren.

Warum wir bestimmte Arten von Geschichten immer wieder antreffen: Derlei tief verwurzelte Muster existieren nicht nur für Charaktere, sondern auch für Plots. Der Mythenforscher Joseph John Campbell (Campbell & Moyers, 1991) entwarf den typischen Ablauf einer Heldenreise vom widerwilligen Aufbruch aus der gewohnten Welt ins Abenteuer, von Prüfungen und Kämpfen bis zur Belohnung und der Heimkehr in eine veränderte Welt. Dieses Konzept darf in kaum einem Storytelling-Seminar fehlen. Es wurde auch eine wichtige Grundlage für Hollywoods Drehbuchautoren (Vogel, 2007). Die Grundidee dabei: Alle existierenden Geschichten der Welt sind Varianten einer vorgefertigten Mythen-Schablone. Dieses Ursprungsmodell gibt den Ablauf vor. Weshalb ist das so? Hier liefert Campbell dieselbe Erklärung wie Jung. Es entspricht unserem Leben – sind wir nicht alle Helden unseres eigenen Alltags? – und ist deshalb Teil unserer menschlichen Grundausstattung. Weil eine derart verankerte Form nicht erst gelernt und verstanden werden muss, wie etwa Vokabeln oder Formeln, erleichtert es die Rezeption und wird jederzeit gerne gehört, gelesen oder gesehen. Natürlich gibt es von Campbells Ursprungsmodell ausgehend viele Variationen – sonst wäre es längst langweilig geworden. Man kann es mit dem Konzept des Automobils vergleichen. Das hat sich in seiner Grundidee über die Welt verbreitet. Und dennoch ist es bei weitem nicht immer der gleiche Wagen. Wir unterscheiden ihn nach Familienkutschen, Rennwagen und Stadtautos. Oder natürlich nach den bekannten Automarken, den aus der Grundidee entstandenen Familienzweigen.

Auf welchen Typen wir zugreifen, hängt von unseren Möglichkeiten und Zielen ab. Wir haben in diesem Buch das Storytelling für Unternehmen im Auge.

6.2   Erzählformen

Die von uns erzählten Geschichten lassen sich für Unternehmen in die Formen von Tragödie, Triumph, Anspannung und Wandel einteilen (schauen Sie dazu gerne auf das Cheat Sheet am Kapitelende).

Geschichten brauchen ein Ende. Bei unseren Held:innen waren das Tragödien und Triumphe. Die *Tragödien* endeten meist krachend. So wie der Sturz des Mobiltelefonriesen Nokia vom Thron in den Abgrund. Oder das weltweite Medienecho auf das verunglückte Radiointerview des VW-Chefs. Manchmal auch still wie beim Berliner Geschäftsmann. Und manchmal mit einer richtigen Konsequenz, wie beim Failure Friday. Wenn Staatsanwaltschaft und Polizei die Geschäftsräume einer Wirtschaftsprüfungsgesellschaft stürmten, krachte es sogar wortwörtlich.

Ebenso laut und aufsehenerregend sind meistens die *Triumphe*. Mercedes Marketing-Triumph als die schwedische Bruchlandung zu einem Technikschub genutzt werden konnte. Oder die Rettung eines Traditionshandwerks, mit dem sich eine ganze Region identifiziert. Und auch vor kleinerer Kulisse lassen sich Siege hervorragend feiern. Für die Leute der Top-Fork GmbH ebenso wie für die Top Destination GmbH und auch für John Rizzos Mutter nach der gelungenen Finanzierung eines „sensory room" für behinderte Kinder.

Denn hier ist stets klar: Ob Erfolg oder Misserfolg, Tränen oder Freude, Tragödie oder Triumph – all diese Geschichten liefern Ihren Mitarbeiter:innen klare Botschaften: „Nehmt es Euch als Warnung!" oder „Lasst Euch davon anspornen! Das können wir auch hinbekommen!" Tragödien und Triumphe sind erzählte, begeisternde oder aufrüttelnde Imperative. Indem sie motivieren, statt als Befehle verstanden zu werden. Sie lassen aufhorchen und zuhören, sie bewegen Einstellungen und Handlungen.

Tragödie oder Triumph oder Beides zugleich? Das steht am Anfang meist nicht fest. Gute Geschichten brauchen Herausforderungen. In der klassischen Struktur nach dem Philosophen Aristoteles (Aristoteles, 1982) gibt es Exposition, Komplikation, Auflösung. Bei Campbells „Heldenreise" müssen gleich mehrere schwere Prüfungen bestanden werden. Wie bei Balaji Singh, dessen Top Destination GmbH zuerst von der Digitalisierung und dann von einer Pandemie und deren Folgen getroffen wurde. Auch Peter Müllers Top-Fork GmbH musste als Folge von Marktveränderungen diverse Herausforderungen bewältigen und konnte in den dramatischen Veränderungen durch COVID-19 letztlich neue Chancen entwickeln. Auf dem Weg dahin war die drohende Ablehnung der zu Hilfe geholten Unternehmensberaterin Michelle durch das Team zu einer weiteren Herausforderung geworden.

Mit diesem potenziellen Widerstand treffen wir auch auf unser drittes Erzählmuster: die *Anspannung*. Im Fall der Top-Fork GmbH gab es verschiedene Erwartungshaltungen gegenüber einer Person, Michelle. Die können eben auch negativ sein und interne Spannungen erzeugen. Manchmal entsteht Anspannung durch äußeren Druck und führt zu – von außen betrachtet – dummen Fehlern. So wie bei Christian Wulffs falscher Einschätzung der Medienberichterstattung. Sie kann auch zu richtigen Handlungen führen. Ivan Misner beschloss, den unangenehmen Weg zu wählen und berichtete seinen Geschäftspartnern von den Schwierigkeiten seines Consulting-Unternehmens. Die offene zielorientierte Unterstützung durch diese Geschäftspartner ließ sich nach der Rettung seines Unternehmens sogar zu einem neuen Geschäftsmodell ausbauen. Anspannungen und Konflikte spielen sich jedoch oft im Stillen ab, bevor sie ihre Wirkung entwickeln.

Eine spezielle unternehmerische Form solcher sich im Stillen entwickelnden Spannungen mit großen Auswirkungen sind „Micropolitics" (Neuberger, 2015). Unternehmen haben klar definierte strategische und operative Ziele. Zugleich bestehen sie aus Menschen, die ebenso soziale Wesen wie auch Individuen sind. Sie interagieren als Gruppen mit all ihren Dynamiken und verfolgen als Einzelne ganz persönliche Ziele. Sie wollen Karriere machen, nur an bestimmten Projekten oder nur mit bestimmten Kolleg:innen zusammenarbeiten. Diese ganz persönlichen Agenden nennt man „Micropolitics". Auch sie entwickeln im Verborgenen Taktiken und Strategien, um diese Ziele zu erreichen. Das kann sehr kontraproduktiv für ihre Unternehmen und deren Ziele sein, etwa wenn Spannungen zwischen Mitarbeitenden oder Teams das Arbeitsklima nachhaltig stören. Das klingt subversiv und gefährlich – so muss es aber nicht in jedem Fall sein. Das Lexikon der Psychologie definiert „Anspannung" sowohl als „… Vorgang der Aktivierung von Kräften zur Leistungssteigerung als auch daraus resultierender Zustand erhöhter Leistungsbereitschaft (Leistung)."[1] Auch im Fall der „Micropolitics" finden Sie Energien vor, die Sie mit guter Führung für Ihr Unternehmen nutzen können. Die Kunst dabei ist es, diese zu kanalisieren. Dabei können Ihnen Geschichten helfen. Wenn Sie vermeiden möchten, dass eine bevorstehende Intervention durch Unternehmensberatungen auf Widerstände bei Ihrer angestammten Belegschaft stößt, können Sie zeigen, wie die Unternehmensleitung der Top-Fork GmbH die Unternehmensberaterin Michelle klug mit den Abteilungen in Kontakt brachte. Und wie diese es schaffte, ihre Hilfe als Anstoß zur Selbsthilfe zu kommunizieren. Dafür nutzten sie wiederum Bilder, Metaphern und Geschichten. Sie regten die Mitarbeiter:innen zur Reflektion an, zum Blick von außen auf sich selbst. Das half dem Team, Michelles Expertise anzunehmen. Und der Wille zur Veränderung kam von den Mitarbeitenden selbst.

Damit sind wir bei unserer vierten Kategorie, der *Veränderung*. Der antike Philosoph Heraklit stellte im 5. Jahrhundert v. Chr. fest: „Niemand kann zweimal in denselben Fluss steigen, denn alles fließt (panta rhei/πάντα ῥεῖ) und nichts bleibt." (Ovid, 2021) Mit „alles" meinte er nicht nur den Fluss, sondern auch die Menschen selbst, die sich verändern. In unseren Wirtschaftssystemen ist Veränderung eine zentrale Herausforderung. Man kann sie auch als den Kern moderner Wertschöpfungsprozesse sehen. Der Ökonom Joseph Schumpeter (Schumpeter, 2021) beschrieb den Kapitalismus schon 1942 einprägsam als „schöpferische Zerstörungen". Nur aus dem Wandel können Innovationen (ein Begriff, den ebenfalls Schumpeter in die Ökonomie einführte) und qualitative Verbesserungen entstehen. Veränderungen sind also Teil unseres Lebens und unseres Wirtschaftssystems. Und doch fallen sie uns oft schwer. Schon alleine, weil Veränderungen Entscheidungen verlangen. Und die sind mit Verantwortung verbunden, weil sie etwas Unumkehrbares einleiten, das durch die von uns getroffene Entscheidung mit uns persönlich verbunden bleibt. „krisis / κρίσις" bedeutet neben „Entscheidung" auch „Wendepunkt".

Wir erzählten im Kapitel „Skills" von einer Frau, die in der Winterlandschaft zwei Möglichkeiten hatte, um zur eingeschneiten Hütte zu kommen. Sie musste solch eine Entscheidung treffen. Der eingeschlagene Weg konnte sich als kleiner Fehler (Mühsal) oder großer Fehler (ein gebrochenes Bein) herausstellen. Aber immerhin musste sie die Entscheidungsverantwortung nur für sich selbst tragen. Die Mitverantwortung für Andere und weitere Faktoren machen uns Entscheidungen noch schwerer. Neben Verantwortung und Entscheidungen sind Umstellungen oder Abschiede (von Menschen oder Gewohnheiten) Teil von Veränderungsprozessen. Das alles ist nicht leicht. Wer in der internen Unternehmenskommunikation Wandel als Druck kommuniziert oder mit abstrakten Zahlen um sich wirft, wird es schwer haben. Viel besser ist es, diese Prozesse erlebbar und nachfühlbar zu machen. „Sie können zwar einem Argument widersprechen, nicht aber einer Erfahrung", wie wir in Kapitel „Share" sagten.

---

[1] https://www.spektrum.de/lexikon/psychologie/anspannung-psychische/1065

Wird ein notwendiger Wandel zu abstrakt formuliert, kann sich Ihr Publikum in Distanzen flüchten: „Diese Zahlen sehen nicht gut aus. Aber trau keiner Statistik, die du nicht selbst gefälscht hast." Oder es kommt zu einem Third-Person-Effekt: „Das betrifft andere. Mich aber wohl kaum." Die Folge von all dem ist ein immer weiter so Ein „sense of urgency" (Sie erinnern sich an John Kotter im Kapitel Capture) kommt so kaum auf. Uns werden Umstände nicht deshalb klar, weil man uns mehr Fakten liefert, sondern weil wir etwas nachempfinden können. Wer in einer Geschichte am Schicksal des mittelständischen Bauunternehmens teilhaben kann, dessen Geschäftsführer trotz zunehmender Schieflage keinerlei strukturelle Veränderungen vornahm (sinnbildlich steht hier der teure neue Dienst-BMW), der kann auf seine eigene Arbeitswelt in schwierigen Zeiten blicken und sich in Anbetracht der vor Augen geführten Tragödie sagen: „Wir werden das besser machen."

Vielleicht so, wie die Bewohner von Frome, die ihr Städtchen als Community Connectors von einem trostlosen Relikt besserer Zeiten zum lebenswertesten Ort Englands machten.

Oder wie die Einwohner von Barcelona, die eine Chance nutzten, um ihre Stadt umzugestalten und langfristig lebenswerter und attraktiv zu machen. Hier konnten wir sehen, wie sich aus einer notwendigen Veränderung auch der passende „sense of urgency" entwickelte. Wir können uns mit den Menschen freuen, dass ihre Geschichten zu Triumph-Erzählungen wurden und sie uns zum Vorbild nehmen.

Balaji Singh war durch seine von Geschäftspartnern als überflüssig belächelte freiwillige Jahresabschlussprüfung auf einschneidende Gesetzesänderungen ebenso vorbereitet, wie er auch die heranziehende Bedrohung für die Touristikbranche durch COVID-19 ernst nahm. Hier sehen wir das leider seltene Talent, drohende Risiken zu antizipieren und ihnen proaktiv zu begegnen. Je eher wir in Veränderungsprozessen handeln, desto weniger Druck kann sich aufbauen. Bereits bei herandämmernden Herausforderungen änderte das Hotel aus dem Kapitel „Capture" sein Business Modell in Richtung eines kundenorientierten Ansatzes mit optimierten Serviceangeboten. Und so konnte man bei zunehmendem Kostendruck den Dumpingstrategien der Mitbewerber durch Investitionen ins Stammpersonal begegnen. Welche Ihrer Mitarbeitenden denken beim Hören dieser Geschichte nicht „Ich bin Stammpersonal. Bei uns soll es ebenso laufen!" Als die *Australia Post* durch die Digitalisierung gezwungen wurde, ihr Vertriebsmodell zu ändern, reagierte sie nicht mit wildem Aktionismus. Man leitete die notwendigen Umstrukturierungen mit einem Storytelling-Event inklusive Learning Histories (vgl. wieder das Kapitel Capture) ein. In beiden Fällen ist eine wichtige Lehre aus den Geschichten auch, dass eine Führung besser mit Veränderungen umgehen kann, wenn sie auf ihre Mitarbeiter eingeht und lernt, deren Erfahrungen und Meinungen in Strategien einzubeziehen. Sie leben uns in diesen Beispielen die Prinzipien von Agilität und Ambidextrie vor.

Tragödien, Triumphe, Anspannungen und Veränderungen können für sich selbst stehen. Oft zeigt uns die Erfahrung aber auch, dass sie ineinander übergehen. Veränderungen bedeuten oft Anspannungen. Und je nachdem wie wir damit umgehen, drohen uns Tragödien oder es locken Triumphe. Geschichten kommen eben aus dem Leben selbst, sie spiegeln es und erreichen erst dadurch einen Vorbildcharakter.

6.3   Geschichten entwerfen – unsere Tipps für Ihre Business-Stories

Nachdem Ihnen die Erzählformate geläufiger sind, möchten wir noch unsere Gedanken zur Wahl passender Geschichten sowie zum strukturellen Aufbau dieser Geschichten mit Ihnen teilen.

6.3.1   Wahl der Geschichte

Nicht jede Art des Erzählens passt zu jeder Situation. Sie sollten den Unfall von Lady Diana nicht als Komödie erzählen. Um die richtige Zuordnung zu finden, helfen Ihnen die klassischen „W-Fragen". Bei der Wahl der Erzählform also vor allem „Was?" – „Was geschieht aktuell mit meinem Unternehmen?" oder „Was ist los auf meinem Absatzmarkt?". Es geht zunächst darum, sich seiner Situation klar zu werden, um eine entsprechende Form der Erzählung zu wählen. Die andere wichtige Frage lautet dann „Weshalb?" – „Weshalb erzählen wir gerade diese Geschichte?" oder „Warum und mit welchem Zweck haben wir sie gewählt?" Wir müssen uns also über die Richtung unseres Denkens, über unsere Ziele und unsere Unternehmensphilosophie im Klaren sein. In der Einleitung empfahlen wir Ihnen, mit Brücken zwischen wichtigen Teilen Ihrer Story zu arbeiten. Holen Sie das Publikum ab und teilen Sie mit, weshalb Sie gerade diese Geschichte erzählen. Nur wer klare Ziele benennen kann und sich mit ihnen identifiziert, wird seine Botschaften an seine Stakeholder bringen. „In Dir muss selbst brennen, was Du in anderen entzünden willst", sagte der Kirchenvater Augustinus (Müller, 2002) im dritten Jahrhundert. Und die lange Erfolgsgeschichte seiner Kirche beruhte nicht zuletzt auf Storytelling durch Missionare und Bibel.

Erinnern Sie sich daran, dass wir alle nur Zwerge auf den Schultern von Riesen sind. Auch wir mussten das Geschichtenerzählen nicht neu erfinden. Das zu behaupten wäre auch allzu vermessen bei einer der ältesten Kultur- und Medientechniken überhaupt. Die Idee der wichtigsten Ausgangsfragen zu ihrer Corporate Philosophy mit „What" und „Why" stammt, wenn auch in anderer Form, vom Unternehmensberater Simon Sinek (Sinek, 2009). Zusammen mit „How" formt er daraus den Golden Circle „What we do, How we do it and Why we do it ." Sie sollten wissen, was Ihr Business ist, wie Sie es managen und vor allem weshalb Sie gerade mit diesem Angebot in dieser Branche sind. Dann inspirieren Sie Ihre Stakeholder. Diese Idee ist ebenfalls ein Dauerbrenner bei Storytelling-Seminaren.

Wenn Sie nun die richtige Form mit den richtigen Charakteren gefunden haben, können Sie die Daten und Fakten zu einer spannenden Geschichte entwickeln, die dann überzeugend auf die Zielgruppe zugeschnitten präsentiert wird. Um möglichst authentisch zu sein, ist es immer gut, Ihre wichtigsten Markenbotschafter mit einzubeziehen: Ihre Mitarbeiter:innen. Dazu haben wir ebenfalls verschiedene Ansätze empfohlen. Die „Learning Histories" aus der MIT-Untersuchung oder den „Failure Friday" beispielsweise. Man kann den Mitarbeiter:innen diese Schritte auch durch Formen der Gamification nahe bringen. Beispielsweise durch Comic-Vorlagen, deren Sprechblasen mit Erfahrungen aus dem Unternehmen gefüllt werden sollen. Abb. 6.2 zeigt eine solche Vorgehensweise mit Asterix-Comics, die zum Beispiel bei E.ON eingesetzt wurde.

Bildrechte: [Hillmann (2017)]

Und natürlich sind Sie auch selbst gefordert. Gehen Sie achtsam durchs Leben. Dann dienen Ihnen die vielen kleinen Begebenheiten und Begegnungen als unerschöpflicher Brunnen. Unser Tipp: Legen Sie sich ein kleines Geschichtenlager an. Hier findet dann zum Beispiel die freundliche Kellnerin aus der Einleitung unseres Buches mit ihrem gut gelaunten „What can I do for you this morning" Platz. Überhaupt hat Aufschreiben neben dem positiven Effekt, dass Sie die Alltagsgeschichten nicht vergessen, noch einen weiteren Vorteil: Gedanken werden – anders als beim Sprechen und Denken – auf eine visuelle Ebene transportiert und dadurch von einer Außen-Perspektive her betrachtet. Wissende

Abb. 6.2 Einsatz von Comics zur Kulturdiagnose bei E-ON. (Quelle: Hillmann, 2017, S. 72)

(Sie, es ist ja Ihr Erlebnis) kommen so in Distanz zum eigenen Wissen und können ihre Erfahrungen objektiver einordnen. Laut dem Medien- und Literaturwissenschaftler Walter J. Ong (Ong, 1987) wird erst so eine gute Zugänglichkeit zur Geschichte ermöglicht.

Am besten legen Sie eine Tabelle an, in der Sie Ihre Erlebnisse dann bereits den bekannten Arten der Business-Stories (Triumph, Tragödie, Anspannung, Veränderung) zuordnen. Hierzu empfehlen wir, auch gleich möglichen Vortragsweisen mit zu entwickeln. Das kann Ihnen beim Einstieg in Ihre Story helfen und Sie sind bestens vorbereitet, wenn der Moment gekommen ist.

6.3.2 Ablauf einer Geschichte

Nun kommt der Tag, an dem Sie eine Botschaft mit Hilfe von Storytelling an den Mann, die Frau, das Team bringen möchten. Sie schauen in Ihr Geschichtenlager und finden bestimmt auch die richtige Geschichte. Oder Sie finden auf eine andere Weise eine gute Inspiration. Wie formen Sie daraus aber nun eine Geschichte, die spannend und informativ ist, mit der Sie die gewünschten Emotionen und Reaktionen erzeugen können? Hier verraten wir Ihnen unsere persönliche Vorgehensweise.

6.3.2.1 Der Einstieg
Der Einstieg muss schnell und spannend sein. Gerade in den ersten Minuten einer Geschichte geht es um die Aufmerksamkeit Ihres Publikums. Für dieses besteht in unserer Mediengesellschaft nicht mehr die Herausforderung, an Informationen zu kommen, sondern deren Flut zu filtern. Da somit ein harter Wettbewerb auf Seiten der Sender (Massenmedien, Unterhaltung, Marketing und natürlich auch Sie als Storyteller) um die Aufmerksamkeit der Empfänger herrscht, spricht man von einer „Ökonomie der Aufmerksamkeit " (Lanham, 2007; Franck, 2019). Jetzt denken Sie vielleicht: „Das betrifft mich nicht. Es ist meine Belegschaft, die in einem Raum sitzt und mir zuhören muss." Richtig, je nach Umgebung und Relevanz für die Zuhörer steigt auch die Aufmerksamkeitsspanne. Dennoch kann auch die strengste Umgebung keinen inneren Eskapismus verhindern. Wenn unser Gehirn Informationen nicht mehr aufnehmen will, beginnt es mit welcher spannenden Lieblingsbeschäftigung? Genau, mit einem inneren Storytelling. Ihr Publikum sieht Sie an, die Gedanken gehen allerdings auf eine Reise. Haben Sie schon einmal einen richtig anstrengenden und schwer zu verstehenden Text gelesen? Dann kennen Sie wahrscheinlich das Phänomen, dass Sie nach einigen Seiten frustriert bemerken, dass alles nochmal gelesen werden muss. Sie haben zwar die Worte enkodiert, Ihre Gedanken waren aber woanders. Ganz abgesehen davon, dass es nicht Ziel einer von uns empfohlenen ambidextren Führung sein kann, Ihr Team zum Zuhören zu zwingen. Eine angenehme Atmosphäre ist hier hilfreicher, um gemeinsam in einer Komfortzone zu starten. Dort dürfen Sie allerdings nicht zu lange ausharren. Sie möchten Ihr Publikum aktivieren und nicht deaktivieren. Beginnen Sie mit Relevanz. Das muss nicht unbedingt der intensive Blick hinter einem auf Ihr Publikum deutenden Zeigefinger sein: „I am talking to YOU!" Es können auch ein Spannungsbogen, eine unglaubliche Begebenheit, erstaunliche Fakten, ein Schaustück,

eine provokante Behauptung oder eine Herausforderung sein. Man spricht hier vom Cold Opener (eigentlich im englischen Original nur Cold Open, aber im deutschen Umfeld hat sich Cold Opener etabliert). Unser Buch entstand zu großen Teilen während der Corona-Pandemie, und so wurden viele der Herausforderungen unserer Protagonist:innen in eben diesem Kontext eingeleitet. Alle sind davon betroffen, jeder sitzt im selben Boot. Hier treffen wir auch auf einen Unterscheid zwischen Geschichten in einem Lehrbuch und Geschichten im Unternehmensalltag. Es ist nicht dasselbe, Geschichten in einen fließenden Text (also im Kontext) einzubauen, oder vor einem Publikum von Null zu starten.

6.3.2.2 Der Hauptteil

Nachdem es Ihnen mit Cold Opener und Relevanz gelungen ist, Neugier und Emotionen zu wecken, entwickeln Sie Ihre Geschichte. Dabei können Sie sich an dem klassischen Schema „Herausforderung – Lösung" bzw. „Herausforderung – Scheitern" orientieren. Ist auch ein ganz anderer, ganz individueller Weg möglich? Vielleicht denken Sie dabei an den Erfolg des Films „Pulp Fiction", der geschickt mit Handlungs- und Zeitebenen spielt? Neben der so wichtigen Authentizität der Inhalte muss die Geschichte schließlich auch Ihnen entsprechen. Richtig, ohne Authentizität keine Motivation Ihres Publikums. Dennoch gilt: Profis gelingt es, mit der Struktur zu spielen. Alle anderen können bei Experimenten mit der Form nicht gewinnen. Halten Sie sich daher am besten an die angebotenen Abläufe und behalten Sie den wahren Kern Ihrer Geschichten im Fokus. Der Hauptteil ist auch der Teil, in dem Sie mit Kohärenz und rotem Faden Ihr Anliegen entwickeln und stärken müssen.

6.3.2.3 Die Botschaft

Wiederholen Sie Ihre zentrale Botschaft an entscheidenden Stellen (Faustformel: nicht mehr als drei). Bei mündlichen Präsentationen empfehlen sich davor Pausen. Ihre zentrale Botschaft ist meistens leicht zu formulieren, wenn Sie sich über das „Why?" Ihrer Erzählung, Ihres Unternehmens und Ihres Produkts im Klaren sind.

Deckt sich das mit den emotionalisierenden Stellen Ihrer Geschichte sind Sie nahe an der Perfektion. Diese Stellen zu finden ist aus der Außenperspektive zumeist leichter. Pitches halten wir daher zum Beispiel vor einem Testpublikum.

So lassen sich auch Schwachstellen finden. „In writing, you must murder our darlings" ist eine der verbreitetsten Autorenregeln (Quiller-Couch, 1916) inklusive des entsprechenden Links siehe Anmerkungen. Erzählen Sie also nichts Überflüssiges. Auch wenn Sie selbst diese Passagen mögen – Kohärenz erreichen Stories durch Priorisierungen und Streichungen. Erinnern Sie sich daran, dass wir bei Frome weiter ausholen mussten als bei Barcelona, über das ohnehin schon alle viel wissen.

Lassen Sie Ihre Botschaft durch eine Person Ihrer Erzählung verkünden. Ihre Handlungen benötigen dazu Gesichter. Ein heruntergekommenes englisches Städtchen kann spannend sein. Wirklich empathisch gestalten sie die Story aber durch Menschen. In dem Fall die Hausärztin Helen Kingston. Auch Underdog-Geschichten schaffen meistens viele Sympathien. Und man kann sogar Gegenstände personalisieren, das geschieht z. B. in Cartoons oder Werbung. Man spricht dann von „Animismus" oder „Anthropomorphismus".

6.3.2.4 Der Ausstieg

Ob Sie eine *happy ending story* oder eine *tragically ending story* erzählen. Da Sie Ihr Team aktivieren möchten, bietet sich ein Call-to-Action als Abschluss an. Slogans wie „Pack den Tiger in den Tank", „Just do it" oder „Make America Great Again" (erstmals erfolgreich verwendet im 1980er Wahlkampf Ronald Reagans (Reagan, 2004)) sind deshalb so wirksame Claims, weil sie die Menschen in ganz einfachen Worten auffordern etwas zu tun. In der Werbung wird gerne mit prägnanten Claims gearbeitet, die möglichst eingängig sind – aber nicht unbedingt das ausdrücken, was man wirklich von seinem Publikum möchte wie „Tanken Sie bei uns!" oder „Kaufen Sie unsere Sneaker!" oder „Verhelfen Sie mir zur Präsidentschaft". Man möchte Sie eigentlich auffordern, dass Sie vom Publikum zu Kunden werden. Das ist für ein Publikum aber kein ausreichendes „Why". Nike zu tragen, um Teil der Nike-Community und damit cooler zu werden schon eher. Also „Just do it".

Da haben Sie es mit Ihrem Team leichter. Die sind bereits an Bord. Also scheuen Sie sich nicht, Ziele zu formulieren. Sollten Sie zum Beispiel für einen Vortrag auf unsere Geschichten zugreifen, dann ist der Call-to-Action aus der Küche der Hotelkette Upstalsboom, in der Bodo Janssen das verborgene Talent seines Spülers Frank entdeckte: „Interessiere Dich für die Talente Deines Mitarbeiters und setze sie ein!" Der Call-to Action aus der gelungenen Umstellung der Australia Post ist: „Vertrau in die Erfahrungsgeschichten Deiner Angestellten!"

Nachdem Sie Ihre Story strukturiert haben, geht es nun zum Schluss noch um das Erzählen an sich, dazu haben wir noch einige kurze Tipps zu ***Auftritt, Stil und Zahlen, Daten, Fakten*** zusammengestellt.

Der Auftritt: Bevor Sie sich an Ihr Publikum wenden, prüfen Sie Ihre Inhalte auf Corporate Language. Das gilt vor allem, wenn Sie als Externe auftreten. Wir haben deshalb auch schon unangenehmes Feedback nach einer Präsentation annehmen müssen – wörtlich sagte eine Mitarbeiterin in der Nachbesprechung: „Die Präsentation war toll. Aber an Ihrer Wortwahl habe ich gemerkt, dass Sie unseren Spirit nicht atmen." Zum richtigen Auftritt gehören auch die passenden Hilfsmittel und Medienkanäle. Neben unserem Interesse fürs Thema schreiben wir auch gerne. Deshalb dieses Buch.

Der Stil: Die folgenden Stil-Empfehlungen sind universell, nicht speziell auf den Unternehmenskontext bezogen. So wie man auch nicht nur freundlich zu seinen Mitmenschen sein sollte, wenn man ihnen etwas verkaufen möchte, sondern eigentlich immer, sollte man auch bei jedem Storytelling diese Auswahl des guten Stils befolgen. Im Wesentlichen geht es darum, den kognitiven Rezeptionserwartungen Ihres Publikums entgegen zu kommen. Erinnern Sie sich an unsere Informationen aus der Einleitung: „Blanke Daten, Zahlen, Fakten und langweilige PowerPoint-Präsentationen stellen (…) keine Ereignisse dar und lösen an sich auch kaum Emotionen aus." Finden Sie den Zugang zum Körpergedächtnis Ihres Publikums. Umschmeicheln Sie deren Amygdala und limbischen Systeme, indem Sie alles mit Bildern und Metaphern wie Reiseziele, Hubschrauber, Vögel, Elche und einem full english breakfast garnieren. Das veranschaulicht das Abstrakte. Dazu gehört es auch, verständlich zu bleiben. Komplizierte Fachsprache kann zwar den Eindruck Ihrer Kompetenz erhöhen. Sie schickt Ihr Publikum aber zu schnell in die Stresszone – mit der Folge? Na klar, Abschalten und inneres Storytelling.

Dass *Zahlen, Daten und Fakten* kaum Emotionen hervorrufen, bedeutet nicht, ganz auf sie zu verzichten. Sie müssen sie eben nur gut verkaufen, indem Sie sie in einen spannenden Rahmen einbetten. Scheuen Sie sich auch nicht vor Informationen, die Gefühle hervorrufen können. War es nicht ein schönes Detail, dass der italienische Investor Pierluigi Coppo bis zu seiner Pensionierung Vorstand des von ihm geretteten Porzellanherstellers Rosenthal blieb? Ebenso hilfreich kann es ein, Orte und Zeiten zu benennen. Das kennen Sie vielleicht aus Wochenzeitungen, z. B. „In einem kleinen Büro am Stadtrand des verschlafenen Wuppertal sitzt Herr Lemke und hütet in seinen Aktenbergen seit 20 Jahren einen Schatz ….“

Auch wer sich an erprobte Story-Abläufe hält, kann seiner Kommunikation mit etwas *Innovativem* mehr Pepp verleihen. Werden Sie nach Möglichkeit multisensorisch. Wir empfahlen bereits Schaustücke einzusetzen. Auch Gerüche sind je nach Branche möglich. Im Deutschen Historischen Museum wurden „Karl Marx und der Kapitalismus" nahbar, indem man Proletarierschweiß und Geld riechen konnte[2]. Und Sie können Geschichten nicht nur sinnlich erzählen, sondern auch erlebbar machen. Dazu bieten sich die Ansätze der „Gamification" an. Wir gaben mit Lego Serious Play™ ein aktuelles Beispiel.

Am Ende des Kapitels angelangt präsentieren wir Ihnen nun noch das bereits angekündigte „Cheat Sheet", s. Tab. 6.1. Hier haben wir alle Stories, mit denen wir Sie in diesem Buch

Tab. 6.1 Cheat Sheet zum Storytelling im Risiko-, Krisen- und Fehlermanagement

Kategorie	Kurzbeschreibung	Nachzulesen in
Tragödie	Ein *Bundespräsident*, der die Tragweite eines möglichen Skandals völlig anders einschätzte als die Medien.	Kapitel Skills, Kap. 2
	Die Wirtschaftsprüfungsgesellschaft und ein unverhoffter *Besuch der Staatsanwaltschaft*.	Kapitel Skills, Kap. 2
	Der still und heimlich *scheiternde* Berliner Geschäftsmann.	Kapitel Skills, Kap. 2
	Das mittelständische Bauunternehmen, dessen Geschäftsführer trotz zunehmender Schieflage *psychologische Bedrohungsabwehr* statt echtem Krisenmanagement betrieb.	Kapitel Capture, Kap. 3
	Der *finnische Marktführer*, der seine Cash-Cow nicht opfern wollte.	Kapitel Capture, Kap. 3
	Ein *Flugzeugabsturz*, dessen Trauersong ein Hit wurde.	Kapitel Capture, Kap. 3
	Familie Werner, die ihren Bürobedarfshandel zu zögerlich auf das *Onlinegeschäft* umstellte.	Kapitel Capture, Kap. 3
	Ein Top-Manager und sein Wellen schlagendes *Interview-Desaster*.	Kapitel Share, Kap. 4
Tragödie/ Triumph	Christoph Kolumbus, dessen Entdeckung Amerikas ebenso Triumph wie Tragödie war und deshalb am Übergang zwischen der Tragödien- zur Triumphsammlung steht.	Kapitel Skills, Kap. 2

(Fortsetzung)

---

[2] https://www.deutschlandfunkkultur.de/ausstellung-karl-marx-deutsches-historisches-museum-dhm-100.html

Tab. 6.1 (Fortsetzung)

Kategorie	Kurzbeschreibung	Nachzulesen in
Triumph	Die freundliche *Frühstückkellnerin* des Hotels auf Guernsey.	Kapitel Einleitung, Kap. 1
	*John Rizzo*s Mutter und ihr Erfolg für Kinder.	Kapitel Einleitung, Kap. 1
	Wie man aus *gescheiterten Kopfsprüngen* lernt.	Kapitel Capture, Kap. 3
	Wie man aus *gescheiterten Fahrradfahrversuchen* lernt.	Kapitel Einleitung, Kap. 1
	Ivan Misner, der in Kalifornien aus einem Hilferuf ein neues Geschäftsmodell generierte.	Kapitel Skills, Kap. 2
	Wie Kaizen-Erfinder *Masaaki Imai* für Toyota aus Knappheit Gewinn machte.	Kapitel Skills, Kap. 2
	Bodo Janssen, der CEO der Hotelkette Upstalsboom, mit einem bewegten Leben und einem talentierten Tellerwäscher.	Kapitel Capture, Kap. 3
	Die fiktive Story von Diplom-Ingenieur Peter Müller und der Unternehmensberaterin Michelle bei der *Ertüchtigung der Top-Fork GmbH*.	Kapitel Share, Kap. 4
	Balaji Singh, der (fiktive) proaktive Unternehmer mit dem richtigen Gespür für das *Risiko- und Krisenmanagement der Top Destination GmbH*.	Kapitel Share, Kap. 4
	Der schwer einzuordnende Fall des Pharmariesen *Johnson & Johnson*, wo nach einem Giftanschlag so viel richtig gemacht und dennoch ein massiver Wertverlust verbucht wurde.	Kapitel Share, Kap. 4
	Die Rettung des Porzellanherstellers *Rosenthal* in allerletzter Minute, die wir ebenso wie *Angela Merkels Lockdown-Rede* als *Story within a Story* bei unserer Fiktion der Top Destination GmbH eingebaut haben.	Kapitel Share, Kap. 4
An-spannung	Wie „Freund Zufall" einer Interim-Managerin half, bei *Transformationen* die Notwendigkeit des „*Verlernens*" *gewohnter Verhaltensweisen* zu erkennen.	Kapitel Skills, Kap. 2
	Ein Devisenhändler, der mit seinen *vertuschten Fehlern* ein Fiasko auslöste.	Kapitel Skills, Kap. 2
	Eine Interim-Managerin, ein schwieriges *Mitarbeitergespräch* und die Hilfe eines bildhaften Kompetenzmodells.	Kapitel Skills, Kap. 2
	Der Fußballtrainer und -philosoph *Jürgen Klopp* im Abstiegskampf.	Kapitel Capture, Kap. 3
	Ein Boxer, dem die Außenperspektive half, seine *falsche Selbsteinschätzung* zu überwinden.	Kapitel Capture, Kap. 3

(Fortsetzung)

Tab. 6.1 (Fortsetzung)

Kategorie	Kurzbeschreibung	Nachzulesen in
Wandel	Wie die *Australia Post* die Umstellungen der Digitalisierung mit Erfahrungsgeschichten bewältigte.	Kapitel Einleitung, Kap. 1
	Wie sich eine positive Fehlerkultur bei der *Allianz* auf Innovationsfähigkeit ausgewirkt hat.	Kapitel Skills, Kap. 2
	Eine Frau, die in einer *Tiefschneelandschaft* den richtigen Weg wählen musste.	Kapitel Skills, Kap. 2
	Ein Hotel, das durch *gute Führungskultur* resilient mit der COVID-19-Krise umgehen konnte.	Kapitel Capture, Kap. 3
	Das Städtchen *Frome* und die Stadt *Barcelona* mit ihrem guten sense of urgency.	Kapitel Capture, Kap. 3
	Nasim Talebs schwarzer Schwan als Symbol-Tier für höchst unwahrscheinliche Ereignisse.	Kapitel Share, Kap. 4
	Die fiktive Event-Managerin Katja, die sich beizeiten ein starkes *Netzwerk* geschaffen hatte und so die *Krise als Chance* nutzen konnte.	Kapitel Generate, Kap. 5

mit dem Risiko-, Krisen- und Fehlermanagement vertraut machen wollten, noch einmal in den Kategorien Tragödie, Triumph, Anspannung und Wandel zusammengefasst. Ob diese Darstellungsform auch für Ihr persönliches Geschichtenlager passt, entscheiden Sie selbst.

Mit diesem Werkzeugkasten dürfte Ihnen eine gute Geschichte gelingen. Es wird Sie freuen und vielleicht auch ein bisschen stolz machen, wenn Sie damit Positives bewirken. Zum Unternehmenserfolg beitragen oder Ihr Team motivieren zum Beispiel. Verlieben Sie sich aber dennoch nicht zu sehr in den Erfolg dieser einen Story. Sonst drohen Sie zur erwähnten Platte mit Sprung zu werden (vgl. unsere Einleitung). Versuchen Sie also, nicht immer dieselbe Geschichte zu erzählen. Es gibt dem Autor Ronald B. Tobias (Tobias, 1993) zufolge ohnehin nur 20 Masterplots und alle existierenden Romane sind deren Varianten. Vermutlich haben Sie also noch Luft nach oben und finden auf Ihrer Reise mit dem Storytelling noch viele Schätze.

6.4   Fazit

Das war eine lange Reise mit viel Gepäck. Werden Sie sich noch an die Orte Skills, Capture, Share und Generate erinnern? Wir sind da optimistisch. Neben all den Eindrücken von diesen spannenden Orten haben sich an manchen auch Geschichten ereignet, die Ihr Gedächtnis für bewahrenswert hielt. Diese haben Ihr limbisches System angesprochen und Hormone und Botenstoffe aktiviert. Wir lernen gerne aus Geschichten, weil sie unterhaltsam sind. Weil wir aus ihnen Neues erfahren. Weil sie uns mit anderen Menschen verbinden. Sie gehen uns ganz persönlich etwas an. Wer Geschichten erzählt, gibt auch stets etwas von sich selbst preis.

Mit Ihrem Unternehmen sitzen Sie nicht immer bei leckeren Drinks an Traumstränden. Sie geraten auch in schwere Wetter. Hier ist Risiko-, Krisen- und Fehlermanagement gefragt. Zwar ist dessen Relevanz anerkannt, die Umsetzung erfolgt allerdings zögerlich. Vielleicht aus zu großer Angst vor Fehlern und einer Kultur der Unsicherheitsvermeidung heraus (Hopfener & Bier, 2018; Wiegel & Frese, 2018; Horvath et al., 2021). Dass in Herausforderungen nicht nur Gefahren, sondern auch Chancen stecken ist bekannt. Wir haben Ihnen Wege gezeigt, diese Chancen zum Aufbau organisationaler Resilienz zu nutzen. Und zwar mit Hilfe von Storytelling. Denn Geschichten öffnen uns die Augen und verändern unsere Perspektive, so können verborgene Schätze gefunden und geborgen werden. Geschichten werden so zu praktischen Handlungshilfen.

Und mit dem Geschichten entwerfen und erzählen ist es wie mit dem Fahrradfahren: Am Anfang unsicher, doch je häufiger Sie es machen, desto besserer werden Sie darin. Deshalb ist unser abschließender Call-to-Action ein denkbar einfacher: Probieren Sie es aus!

Literatur

Aristoteles. (1982). *Poetik*. Reclam.

Campbell, J., & Moyers, B. (1991). Myth and the modern world. *The Power of Myth*, 3–35.

Felser, G. (2015). *Werbe- und Konsumentenpsychologie* (4. Aufl.). *Lehrbuch*. Springer.

Franck, G. (2019). The economy of attention. *Journal of Sociology, 55*(1), 8–19. https://doi.org/10.1177/1440783318811778

Hillmann, M. (2017). *Unternehmenskommunikation kompakt. Das 1 x 1 für Profis* (S. 72). Springer Gabler.

Hopfener, A., & Bier, S. (2018). Risikomanagement im Zeitalter der Digitalisierung: Rolle und Herausforderungen. *Risiko Manager, 9,* 10–16.

Horvath, D., Klamar, A., Keith, N., & Frese, M. (2021). Are all errors created equal? Testing the effect of error characteristics on learning from errors in three countries. *European Journal of Work and Organizational Psychology, 30*(1), 110–124. https://doi.org/10.1080/1359432X.2020.1839420

Jung, C. G. (2018). *Archetypen: Urbilder und Wirkkräfte des kollektiven Unbewussten*. Edition CG Jung/Patmos.

Lanham, R. A. (2007). *The economics of attention: Style and substance in the age of information*. University of Chicago Press; Reprint Edition.

McGarry, D. D. (1955). *The metalogicon of John Salisbury*. University of California Press.

Müller, H. (2002). Zum Text von Augustinus, Enarrationes in Psalmos 51–60 (I). *Wiener Studien, 115*, 293–314. http://www.jstor.org/stable/24751375. Zugegriffen am 27.08.2022.

Neuberger, O. (2015). *Mikropolitik und Moral in Organisationen: Herausforderung der Ordnung*. utb GmbH.

Ong, W. J. (1987). *Oralität und Literalität*. Westdeutscher Verlag.

Ovid. (2021). *Metamorphosen*. Anaconda.

Pulido, C., & Ryan, T. A. (2021). Synaptic vesicle pools are a major hidden resting metabolic burden of nerve terminals. *Science Advances, 7*(49), eabi9027.

Reagan, R. (Hrsg.). (2004). *Tear down this wall: The Reagan revolution-a national review history*. A&C Black.

Schumpeter, J. (2021). *The theory of economic development*. Routledge Classics.

Sinek, S. (2009). *Start with why: How great leaders inspire everyone to take action*. Penguin Group.

Tobias, R. B. (1993). *20 master plots: And how to build them*. Penguin Random House.

Vogel, C. (2007). *The writer's journey: Mythic structure for writers*. Michael Wiese Productions.

Wiegel, J., & Frese, M. (2018). *Das Konzept Eigeninitiative: Proaktivität fördern, Unternehmenskultur prägen, Innovationskraft steigern*. *EBSCO Ebook*. Campus.

The manufacturer's authorised representative in the EU is Springer
Nature Customer Service Centre GmbH, Europaplatz 3, 69115 Heidelberg,
Germany. If you have any concerns regarding our products, please
contact ProductSafety@springernature.com

Printed and bound by CPI Group (UK) Ltd, Croydon, CR0 4YY

24/04/2026

02096341-0018